# NASAに学ぶ
# 英語論文・レポートの書き方
## NASA SP-7084 テクニカルライティング

メアリ・K・マカスキル　著
片岡英樹　訳・解説

共立出版

# 訳・解説者まえがき

　訳・解説者は、30年以上にわたってテクニカルライティングを企業、大学、研究所で教えてきました。その間、研究者・技術者が英文ドキュメントを書く際に、よりどころとなるスタイルガイド（表現形式集）を収集してきました。インターネットで調べていたとき、古典的名著、William Strunk Jr. (1918), *The Elements of Style* とともに、NASA SP-7084(1998), *Grammar, Punctuation, and Capitalization* (*A Handbook for Technical Writers and Editors*) が紹介されているのを見つけました。早速入手し分析したところ、これはテクニカルライティングの研究者、学習者そしてテクニカルライターにとって非常に有用なものであると感じました。

　そこでNASAの担当部署に、このSP-7084の翻訳出版の許可を申請し、正式な許可通知（2005年9月26日）をもらいました。そしてどのような形で紹介、出版するのがいいか数年暖めていました。そこで2008年末、SP-7084の「英文法編」について技術情報協会（株）の月刊誌「研究開発リーダー」に連載記事として2008年12月から2009年5月までの半年間翻訳連載を行いました。その後、SP-7084の完訳・解説本として、2009年12月に『NASA SP-7084ハンドブックに学ぶテクニカルライティング』のタイトルで京都大学学術出版会から出版致しました。

　出版後、多くの読者の方からその有用性についての評価、ならびに改善すべき点についていろいろご意見を頂き、その反響の大きさに訳・解説者も驚いた次第です。特に工学関係のみならず、医学関係の方からもいろいろなところで取り上げて頂き、かつ非常によい評価を頂いたのは大きな喜びです。

　そこで今回、頂いたご意見、ならびに修正すべき点、改善点を反映するとともに、新しく書き下ろした部分（本書第1章）を新しく追加して改訂増補出版することに致しました。

　そのため、NASA当局に第1章として訳・解説者の書き下ろしの部分を追加したいこと、それにより「原著の第1章から4章」はそれぞれ1章ずつずらし、「第2章から第5章」にしたいこと、および句読点の章（第4章）は、日本人読者の利便性を考慮して、説明の順番を重要順（原著はアルファベット順）に変更したいこと、そして出版社の変更について、許可をお願いし、正式に文

書で許可が得られた（2011年7月30日）ので、京都大学学術出版会のご了解のもと、新しく共立出版（株）から出版する運びになりました。

　本書は、第1章「テクニカルライティングの学習の基本」（訳・解説者書き下ろし部分）、第2章「テクニカルライティングに必須の英文法の基本」、第3章「テクニカルライティングにおける文の構成力を高める基本」、第4章「テクニカルライティングに必須の句読点使用の基本」、および第5章「テクニカルライティングにおける大文字使用の基本」の5つの章から構成されています。
　ここで使われている「テクニカルライティング」という言葉ですが、欧米ではよく知られていますが、日本ではまだまだ馴染みがないこともあり、本書（改訂増補版）では、第1章「テクニカルライティングの学習の基本」を新しく追加し、「テクニカルライティング」の理解がより促進されるよう、ならびに学習の参考になるよう充実を図りました。
　テクニカルライティングは、ウイリアム・S・ファイファー（William S. Pfeiffer）によれば、次のように定義されている。
　"The term *technical writing* includes all written communication done on the job. It originally referred only to writing done in fields of technology, engineering, and science, but it has come to mean writing done *in* all professions and organizations."
(William S. Pfeiffer, *Pocket Guide to Technical Writing* (Prentice Hall 1998) p.1)
(「テクニカルライティング」とは、仕事上でなされる全ての書面によるコミュニケーションであると言える。最初は技術、工学および科学の分野でのライティングを指していたが、今日では、「全ての職業や組織」でなされるライティングを意味するようになった）（片岡 2004：70)。
　もともと、科学技術文書を書くにはそのためのルールがあり、これを守らないと信頼されないということから、ルールが確立されてきました。これらの基本ルールを使用すれば、より効果的、効率的に文書を書くことが出来ることから、現在では単に「科学技術文書」にとどまらず、「ビジネス文書」、「一般文書」にも広がってきています。
　すなわち、約30年前までは、テクニカルライティングは「科学技術情報を伝

達するための特殊分野のライティング」であったものが、今やもっと身近になり、学生、先生方、ビジネスパーソンにとって毎日の業務で発生する書類の**「必須の書き方の技術」**となってきているのです。

　今回、研究者・技術者にとって**「テクニカルライティングの基本」**であるNASAで使用されている「生のライティング教材」に触れる良い機会を提供できることは訳・解説者にとっても大きな喜びです。使用されている専門用語は特殊ですが、本書には英文テクニカルライティングの基本中の基本のルールが凝縮されています。

　特に第2章の「テクニカルライティングに必須の英文法の基本」は、よく言われているように日本人が得意としている分野であるので、その考え方、守るべきルールは初心者であっても容易に理解できると思います（本書のNASAの例文は、馴染みのない単語が登場するため専門外の人にとっては少し難しく感じるかもしれませんが）。むしろどのようにNASAで英文法が教えられているか興味深いところです。また、第3章の「テクニカルライティングにおける文の構成力を高める基本」は、文の書き方の基本原則で訳・解説者が啓蒙しているONE WORD＝ONE MEANING® （一語・一義／一義・一語）、ONE SENTENCE＝ONE IDEA® （一文・一概念／一概念・一文）、ONE PARAGRAPH＝ONE TOPIC® （一段落・一話題／一話題・一段落）につながるものです（これらは訳・解説者の登録商標®です）。

　第4章の「テクニカルライティングに必須の句読点使用の基本」および、第5章の「テクニカルライティングにおける大文字使用の基本」は、日本人が不得意なもので、**正式な英文文書を書く上で必ずマスターしておく必要がある**ものです。特に第4章は、NASA当局の許可のもと、日本人読者が理解そして利用しやすいように、重要度の順で句読点の使用方法を詳細に説明していますので、利用価値が高いと思います。

　このハンドブックには、このように我々日本人にとっても非常に有用なものが詰め込まれていますが、ネイティブ用に書かれているため、難しいところがあります。そこで日本人読者のため、著者の意図を尊重しつつ、文を分け、順番を変えて説明したり、良い例と悪い例を明確に表示したり、原文に

番号、下線を付加したり、太文字に変更したりしています。さらに理解を促進するため、各例文に見出しをつけ、および訳・解説者のコメントを ➡ 矢印で示して解説を補うとともに、必要な場合例文を新しく追加（この場合、原著の原文と明確に区別できるように、➡ 矢印を追加例文の最初に付加）してわかりやすい説明を心がけるなどの工夫をしています。また索引を使い易いよう、強化しています。

　本書が研究者、技術者、管理者（マネージメント）およびテクニカルライター、メディカルライター、編集者、校正者、査読者、翻訳者、ビジネスパーソン、先生方、学生、そしてこれからテクニカルライティングを学ぼうとする初心者の方々にとって、科学技術英文・ビジネス英文・一般英文を書くときのガイドになれば幸いです。そして本書を利用された方がアカデミック、あるいはビジネスで成功することを願っています。さらに教材としても使われるなら、訳・解説者の大いなる喜びです。

　そして本書の応用編でもある拙著『必携技術英文の書き方55のルール』（創元社）もぜひお読み頂ければと思います。これらを通じて**グローバルで生き残る「英文テクニカルライティング技術（書く技術）」**がさらにブラッシュアップされ、強化され、**アカデミック、ビジネスにおいて目的を達成される**ことを願ってやみません。

　最後に、今回のNASA SP-7084の翻訳改訂増補出版につき、心よく許可頂いたNASA当局に厚く感謝するとともに、本書の出版にあたり、ご了解頂いた京都大学学術出版会、そして出版の労をとって頂いた共立出版株式会社、およびその他関係者の皆さんのご協力、ご支援に心より感謝致します。

　さらに、本書の「第1章の記述」および「第2章から第5章の日本語訳・解説」についてはすべて訳・解説者の責任であること、ここに申し添えておきます。

2011年9月　　　　　　　　　　　　　　　　　　　　　　　　　　片岡英樹

# Acknowledgments

First and foremost, I would like to thank the NASA (National Aeronautics and Space Administration) authorities for granting me the permission of the translation into Japanese of NASA SP-7084, 1998 entitled "Grammar, Punctuation, and Capitalization—A Handbook for Technical Writers and Editors" authored by Mary K. McCaskill as well as the permission of including my written first chapter preceding the four written by Ms. McCaskill with the reordering of the punctuation paragraph, and with the modified title.

In addition, we would like to thank the NASA authorities for granting us the subsequent commercial publication of the Japanese version in Japan under the Publishing Agreement dated July 30, 2011 between Gary G. Borda, Agency Counsel for Intellectual Property, National Aeronautics and Space Administration and Mitsuaki Nanjo, Managing Director of my publisher, Kyoritsu Shuppan Co. Ltd., and for kindly exchanging the additional confirmation letters by e-mail between the NASA authorities and Kyoritsu Shuppan Co. Ltd., before publishing.

Furthermore, I would like to thank Routledge (the Taylor & Francis Group), and Japan Society for Technical Communication (JSTC) for allowing me to incorporate their materials into examples in this book.

Finally, I would like to thank Ms. Lynn Heimerl, Manager of NASA-wide STI Program Office for her attention and help in publishing this time in Japan the newly enhanced translation version of SP-7084.

Hideki Kataoka

# まえがき

　本書の第2章から第5章の4つの章は、もともとNASAラングレーリサーチセンターの技術編集部門用スタイルマニュアルの一部として書かれたものです。これらの章はラングレーリサーチセンターの技術文書出版部門の専門家（主として技術編集者）向けに書かれたものですが、私の部門の責任者のすすめもあって、この部分を技術文書を出版する人々にも使えるようにしたものです。

　本ハンドブックは、プロのテクニカルライター、編集者および校正者向けに書かれています。しかしながら、専門が他の分野（例えば、研究開発あるいはマネージメント）であっても書く機会がある人、あるいは他人の著作物を校閲する人にとって、本ハンドブックは有益であると思います。例文およびその例文の訂正例を注意深く検討することによって、私の編集技法の秘訣をご理解頂けると思います。特に編集者はこれらに興味を持たれると思います。

　私はNASAラングレーリサーチセンターの技術編集者であることから、ラングレーリサーチセンターの研究者・技術者によって書かれたドキュメントの中から、ほぼすべての例文を抽出しました。これらの例文は高度の技術内容であることから、理解するのが難しいとは思いますが、技術編集者および他の技術文書出版の専門家は、自分の仕事を遂行するにあたって「英文法」（第2章）、「文の構成法」（第3章）、「句読法」（第4章）、および「大文字使用法」（第5章）を理解しておく必要があると思います。

　これら4つの章を書くにあたって、技術編集者として15年の経験の間に次第にわかってきたことがあります。すなわち、「英文法」、「句読法」、および「大文字使用法」の多くの規則は、その道の専門家のあいだでも見解が異なること、我々の通常の言語のようにこれらの規則は絶えず変化していること、そしてこれらの規則は、確証がある場合、時には破られることがあるということです。したがって、多くのライティングおよびその編集は文の表現形式、あるいは好みの問題といえます。本書の内容のいくつかは、特に「大文字使用法」の章は、表現形式の問題です。

　ラングレーリサーチセンターにおいて編集の際、我々「NASAラングレー編集部門」が選択した用法は、読者の皆さんが本書を読まれればご理解頂けると思います。ここで「NASAラングレー編集部門」とは、ラングレーリサー

チセンターの編集スタッフのことです。ラングレーリサーチセンターの表現形式が他のものより優先して使用されるということを意味するものではありませんが、もし優先して使用する表現形式をお持ちでなければ、ラングレーリサーチセンターの伝統的な編集方式は、「歴史があり、そしてそれは各方面で尊重されている」ということを述べておきたいと思います。

　最後に、その伝統的な編集方式、およびそれを確立した先人達や私を指導訓練してくれた人達に感謝を申し上げます。また、NASA アムスリサーチセンターのアルバータ・L．コックス（Alberta L. Cox）氏、および 本ハンドブックの校正を行って頂いたジェット推進研究所のメアリ・フラン・ビュラー（Mary Fran Buehler）さんに、お礼を申し上げます。

　　　　　　　　　　　　　　メアリ・K・マカスキル（Mary K. McCaskill）
　　　NASA ラングレーリサーチセンター（NASA Langley Research Center）

# 目　　次

訳・解説者まえがき　i
Acknowledgments　v
まえがき　vii

## 第1章　テクニカルライティングの学習の基本

### 1.1. コミュニケーション技術はなぜ必要か ……………………………… 3
### 1.2. テクニカルライティングとは ……………………………………… 4
　1.2.1. テクニカルライティングの定義　4
　1.2.2. テクニカルライティングの目的　6
　1.2.3. テクニカルライティングの範囲　7
　1.2.4. テクニカルライティングの対象とするドキュメント　7
　1.2.5. テクニカルライティングと文学の違い　8
　1.2.6. テクニカルライティングの6原則　9
　1.2.7. テクニカルライティングの特徴　11
### 1.3. テクニカルライティングの学習法 ………………………………… 15

## 第2章　テクニカルライティングに必須の英文法の基本

### 2.1. テクニカルライティングに必須の英文法とは ……………………… 18
### 2.2. 名詞の所有格のポイントを知る ……………………………………… 19
　2.2.1. 所有格の作り方　19
　2.2.2. 無生物名詞の所有格　20
### 2.3. 代名詞を明確にする …………………………………………………… 22
　2.3.1. 先行詞　22
　2.3.2. 人称代名詞　24
　2.3.3. 関係代名詞　26
　2.3.4. 指示代名詞　32

## 2.4. 動詞を効果的に運用する … 35
2.4.1. 動詞の時制　35
2.4.2. 動詞の仮定法　40
2.4.3. 動詞の態　42
2.4.4. 動詞の数の一致　43

## 2.5. 形容詞を正しく使う … 50
2.5.1. 冠詞の使い方　50
2.5.2. 複合修飾語の正しい使い方　53

## 2.6. 副詞の曖昧な使い方は避ける … 60
2.6.1. 誤った位置に置かれた副詞　61
2.6.2. 修飾が曖昧な副詞　62
2.6.3. 分離不定詞の使い方　63

## 2.7. 前置詞の使用に慣れる … 66
2.7.1. 熟語をつくる前置詞　66
2.7.2. 文の終わりの前置詞　66
2.7.3. 前置詞の繰り返し　67

## 2.8. 接続詞の論理的な関係を知る … 70
2.8.1. 等位接続詞の正しい使い方　70
2.8.2. 従位接続詞の正しい使い方　74

## 2.9. 準動詞を効果的に使う … 80
2.9.1. 等位動名詞と等位不定詞　80
2.9.2. 動名詞または不定詞をとる動詞　81
2.9.3. 懸垂準動詞　82

# 第3章　テクニカルライティングにおける文の構成力を高める基本

## 3.1. 文の構成力を高める5つの手法とは … 98
## 3.2. 主語と動詞の関係を力強くする手法 … 99
3.2.1. 主語を明確にする　99
3.2.2. 動詞を力強くする　104

3.2.3. 主語と動詞の関係を改善する　111
## 3.3. パラレリズムにより一貫性をとる手法 ……………………………115
3.3.1. パラレリズムを必要とする接続語を選択する　116
3.3.2. 箇条書きにする　118
## 3.4. 簡潔に書く手法 …………………………………………………121
3.4.1. 冗漫さをさける　121
3.4.2. 文を短くする　125
3.4.3. タイトルを簡潔にする　128
## 3.5. 比較を効果的に行う手法 ………………………………………132
3.5.1. 形容詞と副詞の比較級を正しく使う　133
3.5.2. あいまいな比較はさける　136
3.5.3. 比較構文を効果的に使う　140
## 3.6. 文を強調する手法 ………………………………………………147
3.6.1. 文の構成により強調する　147
3.6.2. 句読点を使って強調する　151

# 第4章　テクニカルライティングに必須の句読点使用の基本

## 4.1. 句読点の機能とは ………………………………………………156
## 4.2. ピリオド（Period） ………………………………………………158
4.2.1. 略語のピリオド　159
4.2.2. ピリオドの慣用的用法　160
4.2.3. 他の句読点とともに使うピリオド　162
## 4.3. セミコロン（Semicolon） ………………………………………165
4.3.1. 等位節のセミコロン　165
4.3.2. 連続する要素のセミコロン　167
4.3.3. 説明句と説明節のセミコロン　169
4.3.4. 省略構文のセミコロン　170
4.3.5. 他の句読点とともに使うセミコロン　170

## 4.4. コロン（Colon） ……………………………………………… 172
- 4.4.1. 導入のコロン 172
- 4.4.2. コロンの慣用的用法 180
- 4.4.3. 他の句読点とともに使うコロン 180

## 4.5. em ダッシュ（Em Dash） …………………………………… 181
- 4.5.1. 囲い込みのダッシュ 181
- 4.5.2. 分離のダッシュ 184
- 4.5.3. ダッシュの慣用的用法 187
- 4.5.4. 他の句読点とともに使うダッシュ 188

## 4.6. en ダッシュ（En Dash） …………………………………… 189

## 4.7. コンマ（Comma） ……………………………………………… 191
- 4.7.1. 分離のコンマ 191
- 4.7.2. 囲い込みのコンマ 204
- 4.7.3. コンマの慣用的用法 214
- 4.7.4. 他の句読点とともに使うコンマ 217

## 4.8. ハイフン（Hyphen） ………………………………………… 219
- 4.8.1. 分綴のハイフン 219
- 4.8.2. 接頭辞のハイフン 220
- 4.8.3. 接尾辞のハイフン 222
- 4.8.4. 複合語のハイフン 222

## 4.9. スラッシュ（Slash） ………………………………………… 227

## 4.10. アポストロフィ（Apostrophe） …………………………… 230

## 4.11. 丸カッコ（Parentheses） …………………………………… 232

## 4.12. 角カッコ（Brackets） ………………………………………… 236

## 4.13. イタリック体（Italics） ……………………………………… 237
- 4.13.1. 強調のイタリック体 237
- 4.13.2. 専門用語のイタリック体 238
- 4.13.3. 差別化のイタリック体 239
- 4.13.4. 記号のイタリック体 240

4.13.5. イタリック体の慣用的用法　240
4.13.6. ローマ体以外の書体のイタリック体　244
4.13.7. 句読点のイタリック体　245

## 4.14. 引用符（Quotation Marks） 246
4.14.1. 引用符の正しい使い方　246
4.14.2. 区別を必要とする語句に使う引用符　248
4.14.3. 他の句読点とともに使う引用符　251

## 4.15. 省略符（Points of Ellipsis） 254

## 4.16. 疑問符（Question Mark） 256

# 第5章　テクニカルライティングにおける大文字使用の基本

## 5.1. 大文字を効果的に使うには 262
## 5.2. 文スタイルにおける大文字使用 264
5.2.1. 文の大文字　264
5.2.2. 引用文の大文字　266
5.2.3. 疑問文の大文字　267
5.2.4. 箇条書きの大文字　268
5.2.5. 文でない要素の大文字　270

## 5.3. 表題スタイルにおける大文字使用 272
## 5.4. 頭字語と略語における大文字使用 277
5.4.1. 頭字語の大文字　277
5.4.2. 略語の大文字　278

## 5.5. 固有名詞とその形容詞における大文字使用 280
5.5.1. 個人名と肩書き　283
5.5.2. 地理上の名前　286
5.5.3. 官公庁の名前　288
5.5.4. 公共の場所と公共機関の名前　289
5.5.5. 暦（月、曜日、休日等）と時間の名称　290

5.5.6. 科学技術の名称　292
　5.5.7. 著作物のタイトル　293
　5.5.8. その他の固有名詞　295

用語解説　299
文献一覧　305
索引　311

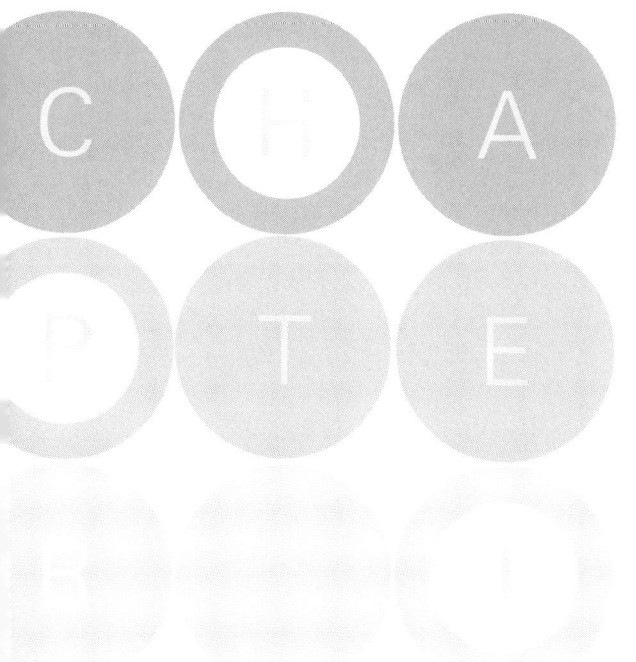

第 1 章
テクニカルライティングの
学習の基本

第 1 章　テクニカルライティングの学習の基本

　訳・解説者は、米国ミシガン大学で**テクニカルライティング**を学んでから、約30年以上にわたって企業、大学、研究所で研究者・技術者（ビジネスパーソン）に「テクニカルライティング」を指導してきた。しかしながら、欧米ではよく知られた、文書を書く基本中の基本技術である「テクニカルライティング」をまだまだ知らない人が多く、かつ学習方法は「専門用語（科学技術用語、熟語、言い回し）」、「英文法」を覚えることを中心としたいわゆる「学校英語（記憶力中心）」の延長で、アカデミック、ビジネスに通用するコミュニケーション技術からはほど遠いものである。これではグローバルで成功する英文ドキュメントを作成することは困難であり、ルールが確立している「テクニカルライティング」の正しい学習法を知り、その基本を身につけることが必須であり、また早道でもある。

 ## コミュニケーション技術はなぜ必要か

　研究者・技術者（ビジネスパーソン）は、自分自身の価値を、仕事仲間、依頼人（編集者、顧客）、上司に納得させることができなければ、その技術（専門）スキルは、「**気付かれず**」「**評価されず**」「**利用されず**」に終わってしまう。すなわち、研究者・技術者は「自分自身のやっていることは何か」「その専門（技術）スキルはなぜ重要か」を「他の人にコミュニケーション（伝達）」できなければ、優れた専門（技術）スキルは「余分な物」（費用・時間を使って）になってしまう。そのため、コミュニケーション技術、特に「**書くコミュニケーション技術**」の習得はどうしても必要である。そして書くコミュニケーション技術の必要性の背景として
(1)　情報化発展社会
(2)　国際化発展社会
(3)　科学技術発展社会
の3つがあげられる。

　すなわち、「情報化発展社会」により、IT技術が急速に進歩し、インターネット、Eメールでコミュニケーションする時代に入り、「**書いて仕事をすることが普通**」になってきた。また「国際化発展社会」により、地球規模での交流、相互依存がますます進展し、より「**発信が重要**」になってきた。そして「科学技術発展社会」により、科学技術は複雑になり口頭では説明できない状況となり、「**書いて説明することが必須**」となってきた。

　このような状況下、「効果的、効率的に書くコミュニケーション技術」を習得することがどうしても必要であり、研究者・技術者（ビジネスパーソン）にとって書くコミュニケーション技術、すなわち、「**テクニカルライティング**」が欧米のように、成功するため、生き残るために必須となってきた。

第1章 テクニカルライティングの学習の基本

 **テクニカルライティングとは**

　テクニカルライティング（technical writing）は、欧米では、technical composition, technical communication, instrumental writing, professional writing等いろいろな呼び方がある。日本では「工業英語」、「工業技術英語」、「科学工業英語」、「科学技術英語」、「技術英文」、「技術英語」等に訳され、「技術」（テクニカル）に特化した特殊な分野の英語であるとして認識され、研究者・技術者が必要とするものと長い間思われてきた。ところが、コンピュータ産業の急速な進歩とともに、家庭にまで、科学技術用語（IT用語）が入ってくるに及んで、一般の人達にも「テクニカルライティング」は少しずつではあるが認識されるようになってきた。ただ呼称が「テクニカルライティング」ということもあって、初心者にはとっつきにくい言葉であることは否めない。

　現在では、双方でコミュニケーションする（伝える）ことが目的であることから、テクニカルライティングは、technical communication（テクニカルコミュニケーション）として呼ばれるようになってきている。

　訳・解説者は、テクニカルライティングは、「word, sentence, paragraphの構成技術」であることから、書くコミュニケーション技術そのものであると考えている。

　テクニカルライティングをよりよく理解するため、「テクニカルライティングの定義」、「テクニカルライティングの目的」、「テクニカルライティングの範囲」、「テクニカルライティングの対象とするドキュメント」、「テクニカルライティングと文学の違い」、「テクニカルライティングの6原則」、「テクニカルライティングの特徴」について、以下詳細に説明しよう。

### 1.2.1. テクニカルライティングの定義

　テクニカルライティングは、約30年前までは、科学技術情報を**正確に効率的**に述べる**「特殊な技術」**として以下のように定義されていた。

Technical writing is a specialized field of communication whose purpose is to convey technical and scientific information and ideas accurately and efficiently.

(H. M. Weisman, *Basic Technical Writing* [Charles E. Merrill Publishing Co., 1985], p3.)

しかしながら、現在では、以下のように、仕事上行われるすべてのライティングを指すようにその定義が変わってきている。

The term *technical writing* includes all written communication done on the job. It originally referred only to writing done in fields of technology, engineering, and science, but it has come to mean writing done *in* all professions and organizations.

(William S. Pfeiffer, *Pocket Guide to Technical Writing* [Prentice Hall, 1998] p1.)
(テクニカルライティングとは仕事上でなされる全ての書面によるコミュニケーションであると言える。最初は、技術、工学、および科学の分野でのライティングを指していたが今日では、**すべての職業や組織でなされるライティング**を意味するようになった［片岡 2004：70］)。

　もともと、科学技術文書を書くにはそのためのルールがあり、これを守らないと国際的に科学技術文書をやり取りする上で信頼されないことから、基本ルールが確立されてきた。これらの基本ルールを適用すれば、より効果的、効率的に文書を書くことができるため、現在では、単に科学技術文書にとどまらず、論文・レポート、ビジネス文書、英文一般文書にも広がってきている。
　すなわち、テクニカルライティングは科学技術情報を伝達する特殊な分野のものから、もっと身近な、学生、教師、ビジネスパーソンが毎日作成する書類の「**必須の書き方の技術**」となってきている。
　訳・解説者は、テクニカルライティングにおける"テクニカル"は、「科学工業技術」という意味ではなく、「**技法**」の意味であって、テクニカルライティングは、「ライティング・テクニック」(書く技法)として広く解釈すべきと考えている。したがって、テクニカルライティングは、**各分野で「専門用語を使って仕事をするための書く技術」**であるとし、訳・解説者は、Professional-Oriented Writing (PROW)、あるいは Expert-Term Operating Writing (ETOW) と呼称している（片岡 2004：70）。

## 1.2.2. テクニカルライティングの目的

テクニカルライティングは実用文（アカデミックおよびビジネス文）を対象とするので、文学、エッセイと違って、読み手を感動させたり、喜ばせたりするのではなく、「明確」に、「正確」にかつ「効果的」に書く必要がある。

例えば、電気洗濯機のマニュアルにおいて、伝える内容が明確に、順序良く、正確に書かれていなければ、その洗濯機が損傷したり、人身事故につながったり、いわゆる Product Liability（製造物責任）問題に発展することになる。

テクニカルライティングは、基本的に2つの目的、すなわち「**通知すること（報告すること）**」、「**問題を論じること（説得すること）**」を有している。

実際の仕事では、まず仕事の課題（タスク）が与えられ、次にそのタスクを実際に行い、次に、その結果を通知（報告）するわけであるが、ここで「テクニカルライティング」が発生する。

そこでまず「読んでもらう対象」は誰かを決め、次に内容として「どの情報（データ）を使用するか取捨選択」し、そして「報告する」のか「説得する」のか決め、それらの決まった「レトリックのパターン*」を使って文書を書き、かつ読み手に適する用語を使って、読み手に読んでもらい、最終的に「**読み手に行動を起こさせる**」（**説得する**）一連のプロセスである。このように、通知する（**報告する**）内容があって、読み手に行動を起こさせる（**説得する**）ためにテクニカルライティングの目的があると言える。

訳・解説者は、この一連のプロセスにおいて、さらに以下の原則を考慮すべきであると考えている。すなわち、

(1) **S**peed（出来るだけ早く）（→テクニカルライティングはタイミングよく早く効率的に書く。）
(2) **S**truggle（努力をして）（→テクニカルライティングは工夫して効果的に書く。）
(3) **J**oy（喜べる成果をだす）（→テクニカルライティングは望んだ結果を得るために書く。）

---

＊注）ここでレトリックのパターン＊とは、よく知られた効果的な「10のレトリックのパターン」を指し、6つの「報告文のレトリックのパターン」および4つの「説得文のレトリックのパターン」のことをいう（片岡 2004：183）。

の3原則、「出来るだけ早く、努力をして、喜べる成果をだす」という「SSJの原則」である。

テクニカルライティングは、どんなに内容があっても、スピードは欠かせないというわけである。

### 1.2.3. テクニカルライティングの範囲

テクニカルライティングの範囲は、図1.に示すように薄い灰色で示した分野が、一般に日本ではテクニカルライティングとして使われている範囲であるが、現在では、矢印で示すようにビジネス・コミュニケーション（ビジネスライティング（通信文））の範囲に急速に広がってきている。現在では「ビジネス・コミュニケーション＝テクニカルライティング」であるといっても過言ではない。

なお、「広告宣伝のコピーライティング」と「法律関係のライティング」は、科学技術的な性格のものが「テクニカルライティングの範囲」に含まれる。

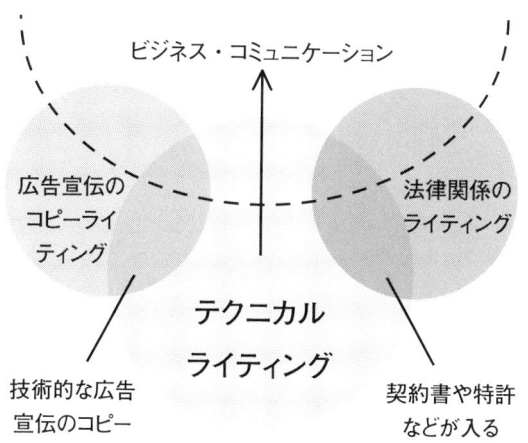

図1．テクニカルライティングの範囲（Ⓒ日本工業英語協会HP　2011　転載許諾。矢印は訳者が付加。）

### 1.2.4. テクニカルライティングの対象とするドキュメント

欧米では、テクニカルライティングの対象となるドキュメントは、一般的にShort Report/Long Report, あるいは Formal Report/Informal Report（図表含

む) に大まかに分類されている。日本では、論文、レポート、カタログ、マニュアル、提案書、企画書、スペック（仕様書）、アブストラクト（抄録）、特許文、契約書、レター（Eメール、Fax）、エントリーシート、感想文、履歴書、経歴書等のすべてのビジネス文書（文学以外）が対象である。

これらの文書は「専門用語」、「文法」は同じであるが、広義には書くレトリック（修辞法）が異なる。狭義にはフォーマット（様式）が違うといえる。

このことから、これらの文書を効果的、効率的に書くには、研究者、技術者、管理者（ビジネスパーソン）は、「書くレトリック」を学習することがどうしても必要である（片岡 2004：182）。

## 1.2.5. テクニカルライティングと文学の違い

テクニカルライティングと文学の違いについて、夏目漱石の有名な文学書、「吾輩は猫である」の冒頭のよく知られたフレーズ"吾輩は猫である。名前はまだない。"を使って説明してみよう。

この英訳として"I am a cat. I have no name yet."（そのままの英訳）がすぐ思いつくだろう。しかし何がいいたいのかすぐにはわからない。文学は、

(1) トーン、歯切れが重要である（→文を楽しむ）。
(2) 長さは自由である（→作者次第である）。
(3) イメージ（意味）は読む人によって違ってくる（→読み手に想像させる）。

という特質をもっている。

すなわち、**文学は「読みたい人が楽しむために読む」**ものであって、正確に、明確に伝えなければならないというものではない。また読みたくない人を読ませようと工夫しているものでもない。

一方、テクニカルライティングでは、"I am an unnamed cat."と一文で表現される。その本質は、

(1) 事実を伝えることが重要である（→楽しむ文ではない）。
(2) 短ければ短いほどよい（→読み手の負担を考慮する）。
(3) 読み手が変わっても常に同じ解釈である（→誤解がない）。

つまり、**テクニカルライティングは、文を楽しむのではなく、情報を得るため、"仕方なく"読むもので、文は無味乾燥でストレートに伝える表現**をとる。そのため、書き手は「読みたくない読み手にいかにして読んでもらうか工夫する」ことがどうしても必要である。そのための基本は、次に述べる3C（Clearness, Conciseness, Correctness）である。特にマニュアル等では、3Cで書かれていないと事故につながり、PL（Product Liability：製造物責任）問題に発展する場合があることはすでに述べた通りである。

このように、「文学」と「テクニカルライティング」ではレトリック（修辞法）が異なる。

## 1.2.6. テクニカルライティングの6原則

テクニカルライティングにおいて守るべき原則は、次の「テクニカルライティングの6原則」に集約される。まず、書く上で守るべき一番大事なのは「Honesty（誠実さ）」と「Transparency（透明性）」の2つである。次に重要なのは伝統的な、いわゆるテクニカルライティングの基本である3つのC（「Clearness（明確さ）」、「Conciseness（簡潔さ）」、「Correctness（正しさ）」）と「Emphasis（強調）」である。これらについて以下説明しよう。

(1) 「Honesty（誠実さ）」とは、**真実を述べ、読者をミスリードしてはならない**というテクニカルライティングの重要な規範である。現在のハイテク社会の中で読み手が情報を利用する際、その書き手の情報は「読み手が賢明な選択ができる助けになっていなければならない」。そして書き手は「誠実でなければならない」。誠実でなければ、読み手に損害を与えることになる。すなわち、読み手に情報を誤解させたり、故意に重要な情報を省いたりすることは、重大な結果をもたらす。例えば、家電製品のマニュアルの表現が適切でないと、読み手（ユーザー）に怪我をさせたり、最悪の場合、感電（死）を引き起こす場合がある。そして、書き手が不誠実であると、書き手自身およびその組織は重大な法的責任に直面し、大きな代償（賠償金額）を支払うことになる。

(2) 「Transparency（透明性）」とは、簡単そうに見えるが、意外に難しい、**事

**実を注意深く記載しなければならない**というテクニカルライティングの重要な規範である。論文・レポートは、研究者（技術者）の研究に読み手が唯一アクセスできる方法であり、研究者の実験室を直接覗ける窓でもある。そこで、わずかな間違いがあっても、読み手（審査者）を混乱させたり、不快にさせる。

　別の観点でいえば、transparency は倫理の問題で、「客観的で偏見（バイアス）があってはならない」ということである。もし書き手が情報を歪曲していると読み手に疑いを抱かせた場合、読み手はドキュメントのすべての有効性を疑うだろう。論文・レポートは明確で、効果的に構成されていなければないとともに、「科学的根拠を有し、公明正大」でなければならない。

(3) Clearness（明確さ）とは、読み手が容易に理解できる**単一の意味を伝えるドキュメント（文）を作成しなければならない**という基準である。すなわち、「不明確なテクニカルライティングは、危険である。」ということである。例えば、注意を怠って作成された不明確な建築規則は、建築請負業者がお金を節約するため、不良材料あるいは不良技術を使うことを招く。

　また、「不明確なテクニカルライティングは、高いものにつく。」ということである。例えば、顧客コールセンターの電話コストは、ドキュメント（マニュアル）におけるテクニカルライティングが不明確だと増加する。明確であれば、「問い合わせ電話」そのものや「問い合わせ時間」を大幅に削減できる。

(4) Conciseness（簡潔さ）とは、ドキュメントは、科学技術上の説明を明確にするために、主題の内容を詳細に述べることが必要であるが、読み手に対し**「有益」かつ「簡潔」に述べなければならない**という基準である。この「有益さ」と「簡潔さ」のバランスをとるため、書き手は、対象とする読み手、目的、および主題を考慮し、明確さを実現するのに必要十分の長さ、つまり「長すぎない文のドキュメント」にしなければならない。すなわち、「多くの情報をいかに簡潔な文にして伝えるか」を工夫するということである。

(5) Correctness（正しさ）とは、文法、句読点、スペル、語法の**「約束事」を守らなければならない**という基準である。この基準を破ることは文を不適切なものにし、読み手を困惑させる原因となる。「文に誤りが多いと、書き手が収集した、分析したそして説明した科学技術情報は、すべて不適切なものである」と読み手に思わせ、書き手（著者）の専門性を疑わせることになる。

(6) Emphasis（強調）とは、伝えたい内容の中で**何が重要であるかメリハリをつけなければならない**という基準である。重要な情報が何であるか直ちにわかるように文を構成しなければ、読み手は見過ごしてしまい、タイミングよく適切な行動をとることができない。その結果ドキュメントの所期の目的が達成できないことになる。すなわち、「重要な情報は強調する」、「重要でない情報は強調しないか、削除する」、あるいは「語句の位置を変えるか、削除する」ことによって、伝えたい内容を強調することである。

### 1.2.7. テクニカルライティングの特徴

次にテクニカルライティングが「一般英文と相違する6つの特徴」について以下説明しよう。

(1) 正確な表現が使われる。
事実、理論、観察が間違っていれば、どんなによく書かれた科学技術文書も効果的でなくなる。書かれた科学技術情報が正確でなければ、装置を正しく運転することも、正確な実験も行えないのみならず、場合によっては、人体に危害が及びPL問題となる。エッセイ、新聞、小説等では、例えば、セラミックを、「美しい」、「もろい」、「重い」、「不透明」、「堅い」と表現してもよいが、科学技術英文では「原料は」、「製造プロセスは」、「破壊強度は」、「厚さは」、「表面粗さは」等を正確に述べなければならない。

(2) ダイレクトな表現（直接的表現）が使われる。
科学技術英文は、誰が読んでも同じ理解、正しく行動を起こすようにダイレクトな表現が使われる。

Set at a high temperature. →Set at 500℃.
　一般分野で用いられる英語は、読み手により、色々な内容を伝達する。例えば、"a fascinating house" という表現では、「どんなに素晴らしい家」かは、読む人によって認識が異なる。「3階建てで、シャンデリアがあって、建坪が200坪」等、ダイレクトな表現がないとあいまいで、読み手に想像させることになる。

(3)　専門用語、技術用語が使われる。
　personal computer, radio, television, cell, semiconductor 等の専門用語を他の一般用語で言い換えては正確に伝わらない（その分野の専門家には通じない）。

| <一般用語> | <専門用語（技術用語）> |
|---|---|
| ● to check（チェックするために） | → to investigate（調査するために） |
| ● reduction（削減、減少） | → chemical reduction（化学還元） |
| ● reaction（反応、反作用、反動） | → enzyme reaction（酵素反応） |
| ● to move（動かすため） | → to accelerate（加速するため） |
| ● about/roughly/around（約） | → approximately（近似的に） |
| ● to melt（溶かすために） | → to dissolve（溶解するために） |
| ● to set in motion（動かすために） | → to actuate（作動させるために） |

(4)　音節の多い言葉が使われる。
- give → donate（寄付する）、administer（投与する）
- have → possess（所有する）、incorporate（組み入れる）
- need → necessitate（必要とする）、request（要求する）
- good → excellent（優秀な）、sophisticated（複雑で精巧な）

- A protein **is soluble** to the extent of 100 g/L in aqueous solution.
　（たんぱく質は水溶液中100g/Lの程度まで溶ける。）
　　→ A protein possesses the quality of solubility to the extent of 100 g/L in aqueous solution.（たんぱく質は水溶液中で100g/L程度の溶解性を有

する。)

- The material **is not hard enough**.
  (その材料は十分固くない。)
    → The material lacks the property of hardness. (その材料は硬度が不足している。)

(5) 具体的な表現が使われる。
あいまいな、一般的表現ではなく、具体的な表現をとる。
- job → manager of the Human Resources Department, accountant, sales manager
- plant → tulip, morning glory
- 「近接スイッチが作動した」→ The proximity switch is set in motion.
  ↓
  The proximity switch is actuated.

(6) 物が中心となって展開される。
会話では、I, We, He, She, They 等の「人」が中心で展開するが、科学技術英文では「もの」が中心（主語）で文が展開される。例をあげよう。
- I tested the defective RNA viruses at the clean room of a hospital.
  (私は欠損 RNA ウイルスを病院のクリーンルームで検査した。)
    → The defective RNA viruses were tested at the clean room of a hospital and sent to the laboratory for further analysis.
  (欠損 RNA ウイルスは病院のクリーンルームで検査され、さらに分析されるために研究所に送られた。)
  「物（the defective RNA viruses）」（下線部）が中心となって展開していく。

- 「そのリレーにソケットが必要である」

  好ましくない例

  We need the socket for the relay.

### 好ましい例

The relay requires the socket.
→ 「物」（リレー）（下線部）が主語となって展開される。なお、一人称代名詞（I、We）が使われる場合については、2.3.2.項24, 25頁を参照されたい。

● 「半導体にドーパントがあると伝導性が良くなる」

### 好ましくない例

If there is a dopant in the semiconductor, it gives the semiconductor good conductivity.

### 好ましい例

(The presence of) a dopant in the semiconductor provides it with good conductivity.
→ 科学技術英文では、条件節（if-clause）を下線部のように短い語句の主語に変え、単文で簡潔に表現する傾向がある（原因結果の文）。逆に和訳するときは、「半導体にドーパントの存在が……」と訳すのでなく「半導体にドーパントがあると……」という条件節風に訳すと自然な文章になる。

 ## テクニカルライティングの学習法

　テクニカルライティングを学習するにはどうしたらいいか。
それには、まず**定番となっている**、**テクニカルライティングに関する参考書を読んで学習する**ことである。訳者自身、テクニカルライティングを教えることになってから、英文文書を書く際のより所となる、「英文スタイルガイド（表現形式集）」を収集研究してきた。そこで分かったことであるが、専門分野に関係なく変わらない共通のものとして、古典的名著である"The Elements of Style"（初版は1918年）、次に約30年前から定番となっている"The Elements of Technical Writing"（初版は1982年）、そして著名な"Chicago Manual of Style"（初版は1906年）を読んで学習することである。

　特に優先して使用する英文スタイルガイドをお持ちでない場合、あるいは探しておられる場合、あるいは、さらにブラッシュアップされたい場合には、NASAのライティングの基本書である、本書の「第2章から第5章」を学習されることをお勧めする。
　原書はnativeのプロのテクニカルライター、編集者用に書かれており、科学技術文書についての「NASAの伝統的な編集スタイル」で歴史があり、各方面で尊重されている。そしてテクニカルライティングの基本である3C（Clearness, Conciseness, Correctness）が数多くの実例を使って具体的に説明されているので、研究者・技術者、管理者、テクニカルライティングの学習者、学生、先生方、テクニカルライター、編集者、査読者、翻訳者にとって非常に有用である。そして、書き手が「本来の意図とは異なる文意の英文」を書いてしまう「ミス」とその「修正方法」をNASAの実際の例文を使って教示してくれているので、非常に説得力があり、理解しやすい。
　すなわち、「本来の意図とは異なる文意の英文」を書くことおよび「曖昧な文」を書くことが**NASAにとって重大な結果をもたらす**ことになることから、くどいほど説明されており、これは分野に関係なく「ライティングに共通の必須事項」で、論文・レポート、各種科学技術英文文書（スペック、マニュアル、提案書、特許・契約文書等）、ビジネス英文文書を書く上で非常に参考になる。

## 第1章　テクニカルライティングの学習の基本

　さらに日本人学習者が学ぶべき、文書をより効果的にするための「文を強調する」手法についても詳しく説明（3.6.項147頁）されており、これらが、一貫して**「NASA テクニカルライティングのフィロソフィー」**となっている。

　しかしながら、この有用な原著は、native用に書かれているため、そのままではテクニカルライティングの日本人学習者にとって理解しづらいところがある。そこで「訳者まえがき」にも述べたように、本訳・解説書には特に日本人学習者（初心者から専門家まで）のために理解が促進されるよう、解説ならびに索引その他に数多くの工夫がなされている。

　巻末には用語解説ならびに参考文献を挙げてあるので、さらに学習されたい方はこれらを参照されるとよい。そうすることにより、**テクニカルライティングの学習がさらに強化される**。

　最後に、本訳・解説書の学習法として、初心者の方は第1章から順番に、実務者、専門家の方は第2章から5章を必要と思われる箇所から読まれることお勧めする。そして一度読まれたあとは、必要に応じて何回も読み返して、繰り返して使っていくうちに自然に英語論文・レポートおよび各種科学技術英文・ビジネス英文に必要な、グローバルで生き残るための「書く技術の基本」を身につけることができる。

　本章（第1章）は、NASA当局（著作権者）の許可を得て、訳・解説者が書き下した。

# 第2章
## テクニカルライティングに必須の英文法の基本

第2章　テクニカルライティングに必須の英文法の基本

## テクニカルライティングに必須の英文法とは

　すべてのライティングは互いに関連する「考え」が出発点となる。書き手は「考え」を表す用語を選択し、「考え」の関係を示すため構成を行う。この構成を句、節、および文に展開する場合、英文法および句読法の規則に従って行うことになる。英文法の規則は古代以来、十数世紀にもわたって発展し、今日でもなお変化が続いている。このように、英文法の規則は絶えず変化し一様ではないが、約束事項は存在する。英文法や句読法の機能については Linton (1962) に詳しく述べられている。約束事項を有する英文法や句読法の規則そのものは「考え」を効果的に述べるのに妨げにならないし、またこれらすべての規則に従えば、効果的なライティングが保証されるということでもない。効果的なライティングには「よい構成法」、すなわち、「文の構成要素の効果的な配列」が必要である。

　編集者は、英文法と句読法が論文・レポート作成において正しく適用されているかを確かめる責任がある（しばしば編集と呼ばれる段階のことである）。しかしながら、Van Buren and Buehler (1980) によって定義されるように、編集にあたって効果的な文構造に改善するため、時には英文法が正しくてもあえて文を修正することがある。

　本章では「英文法」について検討し、第3章では修正方法にポイントを置いた、「文の構成力を高める手法」について検討する。*Webster's Ninth New Collegiate Dictionary* によれば、英文法とは**「単語の分類研究」**、**「単語の形態（格、代名詞の性別、時制等）研究」**および**「文の機能研究」**である。

　本章は英文法の最終的な参考書であることを意図しているものではなく、**テクニカルライティング**でしばしば遭遇する英文法問題について述べ、かつ英文法の専門家間で意見が分かれている場合に、どれを選ぶかの方法を示すことを意図している（以下英文例文は、理解を促進するため必要に応じ、見出し（良い例、悪い例含む）、下線、太字、数字、⮕ 矢印を訳者が付加している）。

## 2.2. 名詞の所有格のポイントを知る

名詞は「格」と「数」によってその形が変化する。名詞の数による変化については通常問題はおこらない（ただし、代名詞の数と、その名詞に対応する動詞の変化は問題となる場合がある）。格には3つあり、それは、「主格」、「目的格」、「所有格」である。英語では、主格の名詞と目的格の名詞は同じ形を有する。

### 2.2.1. 所有格の作り方

名詞の所有格を作るのに好ましい規則を、NASA ラングレーリサーチセンター編集部門（以下「NASA ラングレー編集部門」とする）では、以下のように定めている (G.P.O. 1984; Rowland 1962)。

■ s が最後にない単数名詞、複数名詞の所有格を作るにはアポストロフィ・エス ('s) を付加する。

&lt;単数名詞の所有格&gt;　　　&lt;複数名詞の所有格&gt;
- man's　　　　　　　　　men's

■ s が最後にある単数固有名詞、複数固有名詞の所有格は、アポストロフィ (') のみを付加する。

&lt;単数固有名詞の所有格&gt;　&lt;複数固有名詞の所有格&gt;
- Jones'　　　　　　　　　Joneses'

ある英文法の専門家 (Skillin et al. 1974; Bernstein 1981) は、このルールに一部異議を唱えている。単数固有名詞の所有格は、その名詞が s で終わる場合であってもアポストロフィ・エス ('s) を付加すべきであると述べている（例えば Jones' でなく Jones's とする）。しかしながら、3つの s が並ぶことは常に避けなければならない（例えば Jesus' が好ましく、Jesus's（3つの s）とはならない）。

■複合名詞の所有格を作るには、複合名詞の最後にアポストロフィ・エス ('s) を付加する。

- sister-in-law's home　　　（義理の姉（妹）の家）
- John Doe, Jr.'s report　　　（ジョン・ドウ・ジュニアのレポート）
- patent counsel's decision　　（特許弁理士の決定）

■共同の事物の所有格を作るには、共同の最後の部分にアポストロフィ・エス ('s) を付加する。なお、事物の個々についての所有格を示すには、個々の部分にアポストロフィ・エス ('s) を付加する。

- Wayne and Tom's office　（one office）
  （ウエインとトムの事務所（1つの事務所））
- editor's, proofreader's, and typist's tasks
  （編集者の、校正者の、およびタイピストの仕事）

## 2.2.2. 無生物名詞の所有格

かっては、無生物名詞の所有格にはアポストロフィ・エスは使われなかった。すなわち、laminate's strength よりも strength of the laminate が好まれた。この規則の例外は、生命体の集合（つまり、人の集まりなど）を表す無生物単語（例えば company's profits, university's curriculum）および単位、時間を表す単語（例えば 2 hours' work）の場合である。現在では、これら両者とも（アポストロフィ・エスと of）使われない。以下に示すように名詞をそのまま使う (Skillin et al. 1974)。

- laminate strength　　　（ラミネートの強度）
- company profits　　　（会社の収益）
- university curriculum　（大学のカリュキュラム）
- 2 hours work　　　　　（2時間の仕事）

■しかしながら、無生物名詞が生命をもっているような特性を有する場合には、

## 2.2. 名詞の所有格のポイントを知る

アポストロフィ・エスが使用される（Bernstein 1981）。

- computer program's name （コンピュータプログラムの名前）
- Earth's rotation　　　　　（地球の自転）

■アポストロフィ・エスが無生物名詞に使用されるかどうかは熟語（辞書、参考書に掲載されている慣用語句）になっているかどうかで決まる。以下の場合にはアポストロフィ・エスは使用しない。

- systems' analyst（システムのアナリスト）
  - ➡ アポストロフィ・エスは使用しない（the analyst of the systems と表現する）。
- table's top（テーブルのトップ）
  - ➡ アポストロフィ・エスは使用しない（the top of a table と表現する）。

## 2.3. 代名詞を明確にする

すべての代名詞は「数」、「性別」および「人」に合致する先行詞（その代名詞が指している具体的な名詞）を必要とする。さらに、ある代名詞は「主格」、「所有格」、および「目的格」であることを示すため、その形を変える（例えば、代名詞 he では、he（主格）、his（所有格）、him（目的格）のように形を変える）。

■アポストロフィは、「所有格代名詞」を作るのに決して使用されることはない（➡ 例えば they は they's とならない）。

### 2.3.1. 先行詞

代名詞に関する多くの文法的ミスは先行詞がどれなのかが曖昧なことにより起こる。以下の文はこの例である。

悪い例 1　代名詞の先行詞が曖昧な例
- He foresaw aircraft applications and thus emphasized rectilinear motion. **This** causes complicated integral equations for other types of motion.
 （彼は航空機への適用を予測し、そこで直線運動を重視した。このこと（？）が、他の種類の運動について複雑な微分方程式を立てることになった原因である。）
  ➡ 指示代名詞 This〔このこと〕（下線部）が、「予測したこと」か「重視したこと」のどちらを示すのかが曖昧なため、読み手は混乱する。

良い例 1　代名詞の先行詞を明確にした例
- He foresaw aircraft applications and thus emphasized rectilinear motion. <u>This emphasis</u> causes complicated integral equations for other types of motion.
 （彼は航空機への適用を予測し、そこで直線運動を重視した。この（直線運動）の重視が、他の種類の運動について複雑な微分方程式を立てることになった原因である。）
  ➡ 下線部のように This emphasis とすれば、代名詞 This の先行詞は em-

phasized rectilinear motion であることが明確になる。

( 悪い例2 ) 関係代名詞の先行詞が曖昧な例
- The boundary condition becomes a source term, **which** permits use of the Green function.
(その境界条件が生成項になり、それが（？）グリーン関数の使用を可能にしている。)
  ➡ which の先行詞が boundary condition か source term かが曖昧で文は不明確となっている。

( 良い例2 ) 理由を示す従属節に書き直した例
- <u>Because</u> the boundary condition becomes a source term, the Green function can be used.
(その境界条件が生成項になるため、グリーン関数が使用できる。)
  ➡ Because を使って、理由を示す従属節にすれば文意は明確になる。

■以下の例文では、代名詞 it はその先行詞 pressures から離れすぎている。このため、代名詞 it は単数、pressures は複数と「数の不一致」が不注意から起きてしまった例である。

( 悪い例 ) 代名詞の数の不一致の例
- Required surface <u>pressures</u> are obtained in several ways, for example, from blade element theory or experimental measurements. Whatever the technique, <u>it is</u> usually available.
(必要な表面圧力はいくつかの方法、例えばブレード要素理論あるいは実験測定から得られる。手法が何であろうと、それは（？）通常得られる。)
  ➡ 下線部は数で一致しなければならないので it is を、they are あるいは the pressures are に訂正する必要がある。

一方、上記の ( 悪い例1，2 ) の文において、代名詞の **This** および **which** は、前の文や節を漠然と指しており、明確な名詞の先行詞を有していない。Ebbitt and Ebbitt（1978）によれば、このような**代名詞の「漠然とした参照」**は、非公式（私的）なライティングでは許されても、正式なライティングでは許されず避けるべきであるとしている。名詞あるいは節の先行詞が明確でないと、「漠然とした参照」になる危険性がある。 悪い例2 では、一見するとwhichは直前にあるsource termを指しているようにみえる。

■代名詞の先行詞についての文法的ミスは簡単に避けられる。すなわち、すべての代名詞について、「明確で適切な先行詞があるかどうか」をチェックし、「先行詞と代名詞の数・性・人の一致」を確実に行うことである。

## 2.3.2. 人称代名詞

### 一人称代名詞

　Tichy and Fourdrinier（1988）は、**テクニカルライティングにおいて受動態が良く使われる**のは、一人称代名詞（I, We）を使用するのを回避するためであるとしている。1900年代の初期に、一人称代名詞は主観的であるため、客観性をもたせるという理由から、テクニカルライティングでは使用されなくなった。しかしながら、Tichy and Fourdrinier は、客観性は必ずしも得られないと述べている。ライティングの専門家は、一人称代名詞の使用を禁止しないし、場合によってはむしろ使用を奨励している（CBE 1978; AIP 1978; Houp and Pearsall 1984; Mills and Walter 1978）。

　このことから、以下の 良い例1 に示すように科学技術文書で一人称代名詞 we は、特に「著者および研究スタッフの意見」を表現したい場合には使用される。（「著者等の we」と呼ぶ）。

良い例1 「著者等の we」の例
- We believe that this effect is due to nozzle aspect ratio.
  （著者等はこの効果はノズルアスペクト比によるものであると考えている。）

　複数の「著者の一人であるIとその他の著者 others を指す we（**「著者等の we」**）」と「読み手 you と著者Iを指す we（**「編集上の we」**）」の使用は区別す

## 2.3.代名詞を明確にする

べきである（Ebbitt and Ebbitt 1982）。科学技術文書では、この「編集上の we」は、以下に示すようにしばしば数式の紹介において使われる。

**良い例 2** 数式を紹介する場合の「編集上の we」の例
- Now we define a recursive relation for the (k+l)th iteration:
$$P_{k+1}=(X_{T/k}\ X_k)^{-1}$$
（ここで我々（読者と著者の私）は、(k+1) 番目の反復に対する再帰的関係を次のような式で定義する。すなわち、$P_{k+1}=(X_{T/k}\ X_k)^{-1}$ である。）

Tichy and Fourdrinier (1988) は、we の先行詞は具体的に誰であるかわかるように明確にすべきであることを推奨している。彼らはまた、一人称代名詞をどんな場合に使って、どんな場合に使うべきでないかについても述べている。

## 代名詞の性

三人称単数代名詞は「性」を示す場合、その形が変化する（例えば he, she）。
代名詞が男性、女性のどちらかの性を言及する場合、あるいは先行詞の性が未知の場合、男性代名詞を使うことは文法的には正しい。しかしながら、最近では、このルールに異論が起きている。

■すなわち、先行詞が女性かもしれない場合、男性代名詞の使用を避けることが好ましい。そこで以下の **良い例 1** に示すように、しばしば先行詞を複数形にして「性の明示を避ける」ことが行われる。

**悪い例 1** 不用意に男性代名詞を使った例
- An editor must have guidelines on which to base his revisions.
（編集者は彼の校正のよりどころとなるガイドラインを持たなければならない。）
➡ his は、女性の編集者を除外した印象を与えるのでよくない。

**良い例 1** 複数形にして性の明示を避けた例
- Editors must have guidelines on which to base their revisions.
（編集者等は彼等の校正のよりどころとなるガイドラインを持たなければならな

い。)
🡪 複数形 Editors, their で表現すれば、男性、女性双方を含むことになる。

あるいは、以下の 良い例2 のように用語を変更してもよい。

> 悪い例2   不用意に男性名詞を使った例

- The listener may not fully perceive the sound because <u>his</u> ear has a critical summation time of 1 sec.
  (聴取者は彼の耳が1秒の臨界累計時間をもつため、完全には音を知覚できないかもしれない。)

  🡪 his は、女性の聴取者を除外した印象を与えるのでよくない。

> 良い例2   用語を変えて性の明示を避けた例

- The listener may not fully perceive the sound because <u>the human ear</u> has a critical summation time of 1 sec.
  (聴取者は耳が1秒の臨界積算時間をもつため、完全には音を知覚できないかもしれない。)

  🡪 the human ear と用語を変えれば、男性、女性双方を含むことになる。

## 2.3.3. 関係代名詞

関係代名詞は代名詞としてだけでなく、接続詞としても機能する。関係代名詞は従属節で先行詞の名詞と置き換わって、残りの文に接続する働きをもつ。
(例文は訳者が付加)

■who と whom は「人」に関係する先行詞に使う(下線部は先行詞)。

🡪 The money was donated by <u>a local businessman</u> **who** wishes to remain anonymous.
(そのお金は匿名を希望する地元のビジネスマンによって寄付された。)

🡪 <u>Part-time workers</u>, the majority of **whom** are women, are doubly disadvantaged.
(パートタイム労働者は、その大半は女性であるが、二重に不利益を受けてい

## 2.3. 代名詞を明確にする

る。)

■which は「もの」に関係する先行詞に使う (下線部は先行詞)。
- The animals were reared in conditions **which** approximated the wild as closely as possible.
  (その動物達はできるだけ野生に近似した条件で飼育された。)

■that は「もの」に関係する先行詞に、まれに「人」に関係する先行詞に使う (下線部は先行詞)。
- I live in a house **that** is easily accessible from the station.
  (駅から便利な家に住んでいます。)
- It is you **that** should reply to the letter.
  (その手紙に返信しなければならないのは、あなたです。)

「人」に関係する先行詞に使用する関係代名詞 that のまれな使用例で、[It is～that...] の構文による強調。この that は who で置き換えできる。

■whose は、唯一、所有格の関係代名詞であるが、Bernstein (1981) によれば、「人」あるいは「もの」のいずれの先行詞でも使用できる。英文法の専門家はこれに異議を唱え、無生物名詞に使用する場合、whose の使用に反対する。NASA ラングレー編集部門は、**of which** がどの先行詞をさすか不明確の場合には、whose の使用を優先する。

## 関係代名詞の曖昧な先行詞

**悪い例1** 関係代名詞 which の先行詞が曖昧な例
- A low-cost process has been developed for making alumina, the limited availability and cost **of which** have previously inhibited its widespread use.
  (アルミナを製造するための安価なプロセスが開発されたが、その (?) 入手制限と価格により、以前は広く利用されることが妨げられていた。)
  - which が、process を指すのか alumina を指すのかが曖昧。

## 第2章 テクニカルライティングに必須の英文法の基本

**良い例1** 関係代名詞 whose の使用により先行詞を明確にした例

- A low-cost process has been developed for making <u>alumina</u>, **whose** limited availability and cost have previously inhibited its widespread use.
(アルミナを製造するための安価なプロセスが開発されたが、アルミナの入手制限と価格により、以前はアルミナが広く利用されることが妨げられていた。)

　➡ whose を使えば、先行詞アルミナを指すことが、明確になる。

**悪い例2** 関係代名詞 which の先行詞が曖昧な例

- The <u>attenuation</u> is accompanied by <u>an echo</u> the amplitude **of which** is above the background level and the position **of which** is related to the depth of the region.
(その減衰は反射波がともない、その減衰（?）（反射波?）の振幅は暗騒音レベルを上回り、その（?）位置はその領域の深さに関係する。)

　➡ which が attenuation を指すのか echo を指すのかが曖昧。

**良い例2** 関係代名詞 whose の使用により先行詞を明確にした例

- The attenuation is accompanied by an <u>echo</u> **whose** amplitude is above the background level and **whose** position is related to the depth of the region.
(その減衰は反射波がともない、その反射波の振幅は暗騒音レベルを上回り、その反射波の位置はその領域の深さに関係する。)

　➡ whose を使えば、先行詞 echo をそれぞれ明確に指し示すことができる。

## which と that の使いわけ

■which は、非制限的関係節（非制限的関係詞節ともいう。その節を省略しても文の意味が変わらないような省略可能な節）に使用される。例をあげよう。

- The most common examples of panel methods are the aerodynamic codes of Hess and Smith (ref. 26), **which were originally developed for nonlifting surfaces**.
(パネル法の最も一般的な例はヘスとスミス（参考文献26）の空気力学コードであ

## 2.3. 代名詞を明確にする

る。それ（空気力学コード）はもともと、非揚力体表面用に開発されたのであるが。）

  ➡ which 以下（下線部）は挿入節（非制限的関係節）で、省略できる。

■which は、また制限的関係節（制限的関係詞節ともいう。その節なしでは文が曖昧になる、省略できない節）に使用される。制限的関係節および非制限的関係節においては、句読点は重要で、その使用には注意が必要である。すなわち、非制限的関係節はコンマによって囲い込みされるが、制限的関係節にはコンマは使用しない（4.7.2.項206頁参照）。

■that は、常に制限的関係節に使用される（Bernstein 1981）。例をあげよう。

- The most common examples of panel methods are the aerodynamic codes **that** Hess and Smith (ref. 26) designed for nonlifting bodies.
（パネル法の最も一般的な例は、Hess と Smith（参考文献26）が非揚力体用に設計した空気力学コードである。）
  ➡ that 以下（下線部）は aerodynamic codes を限定している制限的関係節で省略できない。

■that は制限的関係節を導入するが、that ではなく which が使用される「3つの例外」がある。例をあげよう。

(1) which は、前置詞の後に使用される（Bernstein 1981）。
- The shading in figure 2 indicates elements **in** which fibers have failed.
（図2における陰影の部分はファイバーが損傷した構成部品を示す。）
  ➡ 前置詞（この場合は in）の後には that ではなく which が使われる。

(2) which は、指示代名詞 that の後に使用される（Bernstein 1981）。
- The most commonly used aerodynamic code is **that** which Hess and Smith (ref. 26) designed for nonlifting bodies.
（最も一般的に使用される空気力学コードはヘスとスミス（参照文献26）が非揚力

体用に設計したそれ（空気力学コード）である。）
→ 指示代名詞 that の後には that ではなく which が使われる。

(3) which は、節または（挿入）句が関係代名詞とその先行詞の間にある場合に使用される（Fowler 1944）（太字は先行詞）。
- Finite bodies can undergo **motions**（such as spinning）which complicate the equations.
（有限物体はその方程式を複雑にする（スピニング（きりもみ降下）のような）運動を受ける。）
→ 挿入句 such as spinning が先行詞 motions と関係代名詞の間にあるので、that ではなく which が使われる。

## that の省略

that は、制限的関係節では省略される場合がある。しかし「NASA ラングレー編集部門」はこの省略をお勧めしない。例をあげよう。

好ましくない例　that を制限的関係節で省略した例
- The model they analyzed is the most realistic one studied.
（彼らが分析したモデルは調査された中で最も現実的な例である。）
→ that を省略したせいで制限的関係節 they analyzed（下線部）がどこにつながるのか一見しただけではわかりにくい。

推奨例　that を制限的関係節では省略しない例
- The model that they analyzed is the most realistic one studied.
（彼らが分析したところのモデルは調査された中で最も現実的な例である。）
→ that があるおかげで they analyzed（下線部）が The model を修飾するということが明確になる。

## who と whom の正しい使い方

who（およびその派生語 whoever）は「格」を示すため形を変える唯一の関係代名詞である。関係節において文脈上、その関係代名詞が主格（who）か目的

格 (whom) のどちらをとるかを決めるのが困難な場合がある。それを決める最も簡単な方法は、「関係節を3人称代名詞に置き換え、独立節に変えて検討してみる」ことである。例をあげよう。

**悪い例** 間違った関係代名詞を使用した例
- Information derived from this contract may be transmitted to those **who** the Defense Department has cleared to receive classified information.
(本契約に由来する情報は、国防総省が機密情報を受け取ることを許可した人達には送信してもよい。)
  - 下線部の関係節において who と whom のいずれを使ったら正しいのか迷う。

そこで、「関係節を独立節に変更した文」(上記 **悪い例** の下線部の関係節を独立節にしたもの) を作って検討してみる。

**検討文** 代名詞が主格と目的格のどちらをとるか独立節にして検討した例
- The Defense Department has cleared **them** to receive classified information.
(国防総省が彼らに機密情報を受け取ることを許可した。)
  - このように3人称代名詞の「目的格 them」を必要とすることがわかる。このことから、関係代名詞も以下の **良い例** に示すように、目的格 whom でなければならないことがわかる。

**良い例** 正しい格の関係代名詞を使用した例（目的格 whom を使用）
- Information derived from this contract may be transmitted to those **whom** the Defense Department has cleared to receive classified information.
(本契約に由来する情報は、国防総省が機密情報を受け取ることを許可した人達には送信してもよい。)
  - whom を使えば先行詞 those を正しく修飾する関係節になる。

## 2.3.4. 指示代名詞

指示代名詞は「目の前、あるいは近くにあるもの (this, these)」、あるいは「より離れたもの (that, those)」を説明する場合に使われる。テクニカルライティングにおいては、指示代名詞に関して、避けなければならない2つの問題がある。すなわち、「漠然とした参照」(3.2.1.項104頁参照) と「不完全な比較」(3.5.2.項136頁参照) である。

### 漠然とした参照は避ける

指示代名詞は、前の文で示された考えを参照するのにしばしば使われる。しかしながら、漠然となりがちであるので、正式な書類ではこのような「漠然とした参照の指示代名詞の使用」はさけるべきである (Ebbitt and Ebbitt 1982)。

**悪い例1** 漠然とした参照の指示代名詞を使用した例

- The entire noise prediction methodology for moving bodies becomes autonomous. **This means that** improved models can be incorporated simultaneously in pressure and noise calculations.
  (移動物体に対する全ノイズ予測方法論は自律的になる。このことは、改善モデルは圧力計算とノイズ計算に同時に組み込まれることを意味する。)

  ⮕ This が前の文の「方法論を指すのか」「自律的になるということを指すのか」が曖昧。しばしば、以下の **良い例1** のように指示代名詞は削除し、そのかわりに Thus のような接続副詞に置換すれば明確になる。

**良い例1** 漠然とした参照の指示代名詞の使用を避けた例 (Thus の使用例)

- The entire noise prediction methodology for moving bodies becomes autonomous. **Thus**, improved models can be incorporated simultaneously in pressure and noise calculations.
  (移動物体に対する全ノイズ予測方法論は自律的になる。したがって、改善モデルは圧力計算とノイズ計算に同時に組み込まれる。)

  ⮕ This means that を削除し、第1文と第2文の関係を明確にするために因果関係を表す接続副詞 Thus を使用する。

## 2.3. 代名詞を明確にする

**悪い例2** 漠然とした参照の指示代名詞を使用した例
- Most loads could be reduced 0.8 percent if voltage was more closely regulated. Nonessential loads such as payloads could take advantage of **this**, but essential loads could not.
  (たいていの負荷はもし電圧がより厳密に制御されたら、0.8％減少させることができたであろう。有効搭載量のような非本質的な負荷はこれ（？）を利用できたはずであるが、本質的な負荷は利用できなかったであろう。)
  ➡ this が Most loads could be reduced 0.8 percent を指すのか、voltage was more closely regulated を指すのか曖昧である。

**良い例2** 漠然とした参照の指示代名詞の代わりに具体的な語を使用した例
- Most loads could be reduced 0.8 percent if voltage was more closely regulated. Nonessential loads such as payloads could take advantage of **voltage regulation**, but essential loads could not.
  (たいていの負荷はもし電圧がより厳密に制御されたら、0.8％減少させることができたであろう。有効搭載量のような非本質的な負荷は電圧制御を利用できたはずであるが、本質的な負荷はできなかったであろう。)
  ➡ 指示代名詞 this の代わりに、具体的な語 voltage regulation を使用すれば、文意を明確にできる。

## 不完全な比較は避ける

指示代名詞は、不完全な比較文の文意を明確にするために、以下の **良い例1**、**良い例2** に示すようにしばしば使われる。

**悪い例1** 不完全な比較文の例
- The errors in this prediction are greater than in table Ⅲ.
  (この予測の誤差は表Ⅲにおける（？）よりも大きい。)
  ➡ 表Ⅲにおける何と比べて誤差が大きいのかが、明確でない。

**良い例1** 指示代名詞を入れることにより明確な比較文にした例
- The errors in this prediction are greater than **those** in table Ⅲ.

（この予測の誤差は表Ⅲの誤差よりも大きい。）
> errors を示す指示代名詞 those を入れれば、予測の誤差と表Ⅲの誤差との比較であることが明確になる。

そして、以下の 悪い例2 は先行詞が曖昧な例であるが、その場合 良い例2 に示すように、先行詞と意味が一致する指示代名詞（この場合 that）を加えて比較の対照を明確にすることである。

悪い例2　先行詞が曖昧な不完全な比較文の例
- West's results were in better agreement with **ours** than those of Long et al.
（ウエストの結果は、ロングらの結果より我々のもの（？）とよりよく一致した。）
    > ours が意味上、results あるいは agreement のどちらの先行詞を指すのかが曖昧。

良い例2　先行詞と一致する指示代名詞を加えて明確な比較文にした例
- West's results were in better agreement with ours than **that** of those of Long et al.
（ウエストの結果は、ロングらの結果の一致より我々の結果とよりよく一致した。）
    > 比較しているのは agreement についてであるので、その指示代名詞 that を入れて比較の対照を明確にする。または、
- West's results were in better agreement with ours than **with** those of Long et al.
（ウエストの結果は、ロングらの結果との一致より我々の結果との一致の方がより良好であった）
    > with を入れれば agreement についての比較になり、比較の対象が明確になる。

その他の比較についての検討例は、3.5.項132頁を参照されたい。

## 2.4. 動詞を効果的に運用する

動詞は動作を表わす品詞で、人、時制、法、態、および数を表すときにその形を変える。

### 2.4.1. 動詞の時制

動詞は「動作」あるいは「こと」が起こる時制、時間を示すとき、その形を変える。英語には**6つの時制**（tense）、すなわち、「現在形」、「現在完了形」、「過去形」、「過去完了形」、「未来形」、「未来完了形」がある。この6つの時制は継続的な動作を示すのに、それぞれ進行形を有している（IRS 1962）。ライティングの専門家は科学技術文書において、どの時制が使われるか特定はしていない。しかし、**時制**は「**動作する時間が変わるとき変化する**」ということでは意見は一致している。例えば、論文・レポートを書く際、要素内では時制は一貫していなければならない。**論文・レポートにおける動詞の時制**は以下の「論説の4要素」から理解できる（Buehler 1970）。

＜論説の4要素＞
 (1) **解説**（物事がどのようにして、なぜ起こるかを説明する） ➡ 現在形
 (2) **叙述**（何が起こったかを述べる） ➡ 過去形
 (3) **描写**（図表によりイメージを与える） ➡ 現在形
 (4) **論拠**（理由を挙げることによって納得させる） ➡ 現在形

上記の4要素はしばしば組み合わされて使用される。例えば、論文・レポートの「結果と考察」において、試験品あるいは試料の挙動（＝叙述）は図表を使って、「結果」の表示（＝描写）と「結果」の説明（＝解説）により考察される。「叙述」は**通常過去形**で表現され、一方、「描写」と「解説」は**現在形**で表現される。時制の一貫性とは、必ずしもすべての文が同じ時制であることを意味しない。同じ観点（あるいは上記論説の4つの各要素）を述べる時には、文は同じ時制をとるということである。述べる内容は一貫性を保つため、その時制は一定のものをとるが、観点が変わると、それに応じて時制も変化する。

第 2 章　テクニカルライティングに必須の英文法の基本

## 論文・レポートの独立節の時制

論文・レポートの各部分の時制には決まったルールはない。しかしながら、もし書き手の文が時制に一貫性がない場合、それを校閲、編集するには、以下の指針が役立つ。すなわち、

■サマリー（概要）は通常過去形で書く。　➡ (2) 叙述。

■過去の研究（例えば参照文献にある）は通常過去形で書く。　➡ (2) 叙述。

■恒久施設は現在形で書く。　➡ (1) 解説。

■特定の研究のための実験手順および装置は通常過去形で書く。　➡ (2) 叙述。

■図表に示された結果は現在形で書き、研究した試験品、試料等の挙動は過去形で書く。　➡ (3) 描写、(2) 叙述。例をあげよう。

（良い例 1）　図表に示された結果は現在形で書く例（描写の例）
- Typical fracture profiles **are shown** in figure 21. These profiles **show** that fracture mode <u>changed</u> with cyclic exposure. The specimens <u>failed</u>…
（代表的な破壊断面は図21に示される。これらの断面は破壊モードが周期的な暴露により変化したことを示す。試料は……失敗した。）

　➡ このように、図表に示されている結果は現在形（are shown, show）で書く（(3) 描写）。今回の研究の試験結果、試料の挙動は過去形（changed, failed）で書く（(2) 叙述）。

（良い例 2）　試験結果は過去形で書く例（叙述の例）
- As shown in figure 10, the authoritative rolling moment <u>is</u> a nonlinear function of roll rate, so that as spin rate **increased**, the propelling moments **became** equal.
（図10に示されるように、信頼できる回転モーメントは回転速度の非線形関数であ

2.4. 動詞を効果的に運用する

り、そこではスピン速度が増加するにつれ、推進モーメントは等しくなった。)

◯ このように、図表に示された結果は現在形（is）で書く（(3) 描写）。今回の研究の試験結果は過去形（increased, became）で書く（(2) 叙述）。

■結果の理由（(4) 論拠）を述べる場合には、以下の例文に示すように現在形で書く。

（良い例）　結果の理由は現在形で書く例（論拠の例）

- The data failed to provide any reasonable estimates for C$n_r$. <u>This failure **can be attributed** to the small excitation of yawing velocity</u>.
（そのデータは C$n_r$ に合理的な推定を与えることに失敗した。この失敗は横揺れ速度の小さな励振によるものである。）

◯ 下線部は結果を示す前文の理由を述べているので、現在形で書く。

■結論部分では、結論そのものを除いて通常過去形で書く。すなわち、導き出された結論（演繹）は研究調査の条件に関係なく「一般真理」であるので現在形で書く。 ◯ (1) 解説。

■アブストラクト（要約）は通常現在形で書く。 ◯ (1) 解説。

◯ アブストラクト（abstract：要約）は、論文・レポートにおいて基本的に背景、方法、結果、結論の4つのパラグラフで構成され、通常語数制限（例えば200ワード）がある要約のことをいう。
一方サマリー（summary：概要または要約）は、アブストラクトのように特に4つのパラグラフに分ける必要はなく、重要なポイントを選んで、かいつまんで簡潔に述べる概要または要約のことをいう。特にサマリーには recommendation（推奨提案）があるのが特徴である（例えば、executive summary（忙しい企業のトップ向けの要約）があるが executive abstract とは呼ばない）。

## 時制の順序

　文における「主動詞」と「従属動詞」の時間的関係は、主動詞と従属動詞の時制の変化によって表される。**時制の順序は複雑**で、ほとんどすべての文法書やライティングの本で取り上げられ、考察されている。以下に**「時制の3つの基本指針」**を示す。より理解を深めるために、他の英文法書や参考書を参照されることをお勧めする（番号づけは訳者による）。

(1) 主動詞が現在形（あるいは未来形）である場合、従属動詞はいずれの時制もとることができる。例をあげよう。

**良い例1**　主動詞が現在形で従属動詞が現在形である例

- The data indicate that lift **increases** with angle of attack up to $\alpha=35°$.
（本データから揚力は $\alpha=35°$ までの仰え角で増加することを示す。）
  - ➡ 主動詞 indicate が「現在形」の場合、従属動詞 increases は「現在形」の時制を取ることができる。

**良い例2**　主動詞が現在形で従属動詞が過去形である例

- The data indicate that the specimen **failed** in a noncumulative mode.
（本データから試料は非累積モードで故障したことを示す。）
  - ➡ 主動詞が indicate「現在形」の場合、従属動詞 failed は「過去形」の時制を取ることができる。

**良い例3**　主動詞が現在形で従属動詞が未来形である例

- The data indicate that propellers **will have** a place as a propulsive device of the future.
（本データからプロペラは今後の推進装置になるであろうことを示す。）
  - ➡ 主動詞 indicate が「現在形」である場合、従属動詞 have は「未来形」の時制（ここでは will have）をとることができる。

(2) 主動詞が過去形である場合は、従属節が一般真理あるいは継続中の動作を

表すのでなければ、従属動詞も過去形でなければならない。例をあげよう。

### 良い例1　主動詞が過去形で従属動詞が過去形である例
- The data <u>indicated</u> that lift **increased** with angle of attack up to $\alpha=35°$.
  (本データから揚力は $\alpha=35°$ までの仰え角で増加したことを示した。)
    - 主動詞 indicated が「過去形」である場合、従属動詞 increased は「過去形」の時制でなければならない。

### 良い例2　主動詞が過去完了形で従属動詞が現在形（一般真理）である例
- Previous studies <u>had indicated</u> that alumina **is** a suitable fiber for reinforcement.
  (先行研究からアルミナは補強用に適当な繊維状粒子であることを示していた。)
    - 主動詞 had indicated が「過去完了形」であっても、従属動詞 is は「現在形」の時制を取ることができる（「アルミナは補強用に適当な繊維状粒子である」ということは一般真理であることから、従属動詞は現在形となる）。

(3) 従属動詞の現在形は「主動詞と同じ時点に起こった動作」を示す。従属動詞の過去形あるいは現在完了形は「主動詞の動作の前に起こった動作」を示す。この原則は分詞（現在分詞、過去分詞）によく見られる。例をあげよう。

### 良い例1　従属動詞が現在分詞の例
- Photographs **indicating** nearly laminar flow <u>justified</u> this assumption.
  (ほぼ層流を示した写真はこの仮説を証明した。)
    - 「層流を示した写真の時点」（従属動詞の indicating は現在分詞なので）と「仮説を証明した時点」とは、同じであったことを示す。

### 良い例2　従属動詞が過去分詞の例
- Photographs **taken** during an earlier test <u>justified</u> this assumption.
  (初期テスト中に撮られた写真はこの仮説を証明した。)
    - 「写真が撮られた時点」（従属動詞の taken は過去分詞なので）は「この仮説を証明した時点」より前であったことを示す。

## 2.4.2. 動詞の仮定法

英語には**直説法、命令法、仮定法**の「3つの法（mood）」がある。

科学技術文書では、ほとんどすべての動詞は直説法である。命令法は、「手順の指示」あるいは「手順の記述」に使われる。テクニカルライティングでは、仮定法はまれにしか使われず、英語から姿を消しているのも同然である。しかしながら、以下に示すように**仮定法を必ず使用しなければならない2つの場合**がある（Bernstein 1981）。

(1) 仮定法（仮定法現在）は命令（指示）、提案、推奨あるいは要求を示すために使用される。
　　▶ なお、イギリス英語では「should＋動詞の原形」が使われる。

【良い例1】　指示を示す仮定法現在が使われる例（that 節）
- The console operator <u>instructed that</u> the preflight inspection **be** repeated.
（その制御台のオペレーターは飛行前の検査は繰り返し行うよう指示した。）
　　▶ 指示を示す仮定法現在で動詞の原形（ここでは be）が使われる。
　　　［instruct that＋動詞の原形の構文］

【良い例2】　推奨を示す仮定法現在が使われる例（that 節）
- The committee <u>recommends that</u> this research **be** continued.
（その委員会は、本研究は継続すべきであることを推奨する）
　　▶ 推奨を示す仮定法現在で動詞の原形（ここでは be）が使われる。
　　　［recommend that＋動詞の原形の構文］

(2) 仮定法（仮定法過去）は、現在または未来において可能性の乏しい条件、あるいは現在の事実に反する条件を示すために使用される。例をあげよう。

【良い例1】　現在または未来において可能性の乏しい条件を示す仮定法の例
- **If** the integral **were** not singular, the question **could be** solved easily.
（その積分が万一特異でなかったら、その問題は容易に解けたはずである。）

➡ 下線部の仮定法（仮定法過去）は、実際にはその反対の条件、すなわち、「その積分は特異であって、容易には解けないこと」を意味する。

(良い例2) 現在または未来において可能性の乏しい条件を示す仮定法の例
● Up to now, all discontinuous fiber-reinforced composites have low ductility. **If** their ductility **were improved**, they **would be** highly attractive materials for aircraft applications.
（今まで、すべての短繊維強化型複合材は延性が低かった。この延性が万が一、改善されたら、これらの複合材は航空機の用途にとって非常に魅力的な材料になるだろう（が、実際にはそうならないだろう）。）

➡ 下線部の仮定法（仮定法過去）は、実際にはその反対の条件、すなわち「改善はされるのは難しく、魅力的な材料にはならないだろう」ということを意味する。

■仮定法は以下に示すように書き手が「**強い疑いを暗示したい場合**」のみ使用すべきである。すなわち、上記の「If... were 構文」の仮定法（仮定法過去）ではなく、以下の(良い例)の「**If... was 構文**」（仮定法過去）の使い方にすることである。この場合、書き手の態度に微妙な変化があることに注意を要する。

(良い例) 現在の事実に反する条件を示す仮定法の例（強い疑いを暗示している例）
● **If** their ductility **was improved**, they **would be** highly attractive materials for aircraft applications.
（それらの延性がもし改善されたら、それらは航空機の用途にとって非常に魅力的な材料になるだろう。）

➡ 下線部の仮定法は、現在はだめでも「将来改善されたら、魅力的な材料になるだろう」という意味の条件つきの、可能性が五分五分であるような仮定表現で、**強い疑いを示している例**である（全くできないことを意味してはいない点で、「If... were 構文」の仮定法（仮定法過去）とは異なる）。

## 2.4.3. 動詞の態

　動詞の態（voice）とは、「主語が行動を起こす側（能動態）」か、「行動を受ける側（受動態）」かを示すものである。ライティングの専門家は、圧倒的に能動態を好む。なぜなら能動態は直接的で、明確で、自然であるからである。受動態の過度の使用は、文体を弱くし、責任を曖昧にする。とはいえ、能動態が好まれるのは、受動態が不適当だからではない。Tichy and Fourdrinier (1988) は、「**受動態が適切である5つの場合**」を以下のように分類している。

**＜受動態が適切である5つの場合＞**

(1) 動作主が重要でない、知られていないあるいは動作主を述べるべきでない場合。
　　➡ The first smallpox vaccination **was given** in 1796（Bly et al. 1982）.
　　（最初の天然痘の予防接種は1796年に提供された。）（片岡 2004：117）
　　このように動作主がわからないか、簡単に述べられない場合、受動態が使用される。

(2) 動作を受ける「人」（あるいは「もの」）を強調する必要がある場合。
　　➡ His daughter **was run over** by a dump truck.
　　（彼の娘さんがダンプトラックに轢かれたのです。）
　　このように動作を受ける人（His daughter）を強調する場合、受動態が使用される。

(3) 文が能動態ではまとまりがなく、文のつながりが不自然になる場合。
　　➡ The Prime Minister rose to speak and **was listened to** with enthusiasm by the great crowd.
　　（首相は話すために立ち上がり、（話は）大群衆によって熱心に聞かれた。）
　　能動態にすると（The Prime Minister rose to speak and the great crowd listened to him with enthusiasm.）、このように文のつながりが不自然になる場合、上記のように受動態が使用される。

(4) 能動態が連続することによる単調さをなくすため、変化が必要な場合。

(5) 弱い命令形が必要な場合（例えば、The figures **should be corrected** quickly.

(その図はただちに修正すべきである。) というふうに婉曲に命令を伝えた方がいい場合)。

上記(1)、(2)は、テクニカルライティングにおいて受動態がよく使われる例である。なお、受動態の文を能動態に変更すべき場合については、3.2.2.項108頁を参照されたい。

## 2.4.4. 動詞の数の一致

**動詞は数においてその主語と一致しなければならない**。これは単純かつ絶対的なルールである。しかしながら、「動詞と名詞の数の不一致」はよく起こる文法的ミスである。

このようなミスは、時には「主語と動詞の間に介在する語」によって引き起こされ、またある時には「主語の数を決めるのが困難であること」によって起こる。以下の例に示すように、単数か複数かが紛らわしい名詞がある。

- Aeronautics　（航空学）：単数
- equipment　　（装置）：単複同じ
- apparatus　　（器具）：単数
- hardware　　（ハードウエア）：単複同じ
- apparatuses　（器具）：複数
- phenomena　　（現象）：複数（単数は phenomenon）
- criteria　　　（判断基準）：複数（単数は criterion）
- data　　　　　（データ）：複数

英文法の専門家の間では名詞 data の数に関して意見が一致していない。Bernstein (1981) は、「data は複数名詞である」という伝統的な考えを示している。しかし、Tichy and Fourdrinier (1988)、Ebbitt and Ebbitt (1982)、および IRS (1962) では、data はその文脈の意味により、単数になったり複数になったりする集合名詞であるとしている。「NASA ラングレー編集部門」は、**data は複数である**としている。ある特定の名詞の数について問題がある場合には、辞書もしくは用例の本で調べることをお勧めする。なお、ちなみに data の単

数形は datum である。

## 等位接続詞（and, or, nor, and/or）によって結合された主語

■and によって結合された主語はその主語が単数あるいは複数であっても、通常複数形の動詞をとる（以下の例文は訳者が付加）。

⮕ But <u>recent research</u> **and** <u>commentary</u> **have suggested** that the emphasis upon eye witness identification may lead to questionable results. (Good 2002: 307)
（しかし、最近の研究と論評によれば、目撃証人の鑑定を重視するのは疑わしい結果を導くかもしれないことを示唆した。）
ここで and で結合された research と commentary は 2 つの異なった事柄であるので、動詞は複数形 have suggested をとる。

なお、例外として、以下のような主語（下線部）は単一と見なされるので、動詞は単数形をとる。

⮕ <u>The confusion</u> **and** <u>uncertainty</u> **is** compounded by doubt regarding the question whether the complete liquidation and reorganization provisions can have concurrent application. (Good 2002: 308)
（清算と更正の独立条項が競合適用になるかどうかの問題についての疑念によって（精神的な）混乱と不安が、倍加される。）
ここで、and で結合された語 confusion、uncertainty は、単一の精神的状態を述べているので動詞は単数形 is をとる。

■or あるいは nor で結合された単数の主語は、単数形の動詞をとる（以下の例文は訳者が付加）。

⮕ <u>One apple</u> **or** <u>one orange</u> **is** then added to the juicer.
（リンゴ 1 個あるいはオレンジ 1 個が、それからジューサーに入れられる。）

⮕ **Neither** <u>the runner</u> **nor** <u>the coach</u> **wants** to lose the 800-m relay

race.
（その走者あるいはそのコーチのいずれも、その800メートルリレー競走に負けたくないと思っている。）

■単数形の主語と複数形の主語が or あるいは nor で結合された場合には、動詞に近い主語に動詞の数を一致させる（以下の例文は訳者が付加）。

> Two oranges **or** one apple **is** then added to the juicer.
> （オレンジ2個あるいはリンゴ1個が、それからジューサーに入れられる。）

> **Neither** the sprinter **nor** his coaches **want** to lose the 100-m race.
> （短距離走者あるいはその彼のコーチ達もいずれもその100メートル競走に負けたくないと思っている。）

■主語が and/or で結合される場合、動詞の数は and/or の解釈によって決まる。すなわち、単数形の動詞あるいは複数形の動詞のいずれかが使用される。Bernstein (1981) は、「and/or の使用は大げさで、避けるべきである」ことを推奨している。多くの場合、and か or のどちらかの使用で十分である（以下の例文は訳者が付加）。

> When you borrow money from us, your driver license **and/or** health insurance certificate **are** required to show us. （片岡 2004：90）
> （当社からお金を借りるときには、運転免許証もしくは健康保険証あるいはその両方を提示しなければならない。）

この例文のように、よく考えずに機械的に and/or をいれてしまうと「運転免許証もしくは健康保険証あるいはその両方の提示」の意味となるので、大げさで過剰要求になる。この場合は and/or ではなく単に **or** とするだけで十分である。

## 介在する句を有する動詞の数

主語と動詞間に介在する句は動詞の数に影響を与えない。すなわち動詞は常

に主語と一致する（下線部は介在する句を示す）。例をあげよう。

> **良い例1** 動詞の数に影響を与えない介在する句の例（as well as の例）

- **Damping ratio** <u>as well as frequency</u> **agrees** with the experimental values.
  （減衰比は周波数と同様に実験値と一致する。）
  - ➡ 下線部の「介在する句」as well as frequency の影響を受けず、主語 Damping ratio（単数）と動詞 agrees（単数）は数で一致する。

> **良い例2** 動詞の数に影響を与えない介在する句の例（plus の例）

- **This error** <u>plus any other systematic errors</u> **appears** in the output of the instrument.
  （この誤差プラス他のシステム誤差はその計器の出力に現れる。）
  - ➡ 下線部の「介在する句」plus any other systematic errors の影響を受けず、主語 This error（単数）と動詞 appears（単数）は数で一致する。

## 集合的主語の数

「人」や「もの」のグループを示す単数の「集合的主語」は、以下の例に示すように、そのグループが「一つの単位であると考えられる場合」には単数として扱われ、そのグループの構成が「個々であると考えられる場合」には、複数として扱われる。

> **良い例1** 単数として扱われる集合的主語の例

- <u>Langley's research staff</u> **is** well-known for <u>its</u> achievements in aeronautics.
  （ラングレーの研究スタッフは航空機設計の業績でよく知られている。）
  - ➡ この場合の Langley's research staff は一つの単位であると考えられるので単数扱いであり、動詞も単数形 is をとる。

> **良い例2** 複数として扱われる集合的主語の例

- <u>Langley's research staff</u> **do not** all publish <u>their</u> results in report form.
  （ラングレーの研究スタッフは、彼らの出した結果をレポートの形で必ずしも全て出版するわけではない。）

## 2.4. 動詞を効果的に運用する

　🔶 この場合の Langley's research staff はグループの構成の個々の構成員を示すと考えられるので複数扱いにし、動詞も複数形 do not をとる。

■ most, all, some, half, part, percent のような語の数は、後に続く、あるいは後に続くと想定される句の名詞の数によって規定される。以下に most と percent の例をあげる。

● **Most** of the measurements **contain** this error.
　（その測定の多くは、この誤差を含んでいる。）
　　🔶 the measurements が複数なので、次に続く動詞も複数形 contain をとる。

● **Most** of the disagreement between the plots **is** attributed to this error.
　（この実験間の不一致の多くは、この誤差にあると考えられている。）
　　🔶 the disagreement が単数なので、次に続く動詞も単数形 is をとる。

● Six **percent** of the chord **has** laminar flow.
　（その翼線の 6 %は、層流を有している。）
　　🔶 the chord が単数なので、次に続く動詞も単数形 has をとる。

● Of the subjects tested, six **percent rate** all the noises acceptable.
　（試験検体の中で 6 %が、すべてのノイズに対し、許容できると評価されている。）
　　🔶 通常の語順に直した場合には six percent of the subjects tested となることから、the subjects が複数なので、次に続く動詞も複数形 rate をとる。

■ 複数名詞の主語が単一測定値であると考えられる場合には、単数を示す動詞が使用される。

● Twenty liters of fuel **has passed** through the combustion system.
　（20 リットルの燃料が、燃焼系を通過した。）

■ 複数名詞の主語が個々の部分であると考えられる場合には、以下のように複数を示す動詞が使われる。

- <u>Twenty milliliters of water</u> **were added**, one at a time, to the solution.
  （20ミリリットルの水が一度にその溶液に加えられた。）
  ⇒ 「20ミリリットル」の水は通常個々の集まり（複数）と考えられるので、複数形の動詞 were added をとる。

## 間違って省略された be 動詞（助動詞）

受動態の動詞を有する重文では、以下の例文のように be 動詞（助動詞）が間違って省略されることがあるので注意を要する。例をあげよう。

( 悪い例 )　重文において間違って be 動詞を省略した例
- The wing plate was fabricated from nickel 201, its surface polished, and <u>nickel rods</u> welded to its edge.
  （翼板はニッケル201から製造され、その翼板表面は研磨され、そしてニッケル棒がその翼板の端に溶接された。）
  ⇒ nickel rods（下線部）は複数であるので「省略された be 動詞の単数形 was」（太字の was）は適用できないので文法的に誤りである。

( 良い例 )　重文において正しく be 動詞を付加した例
- The wing plate was fabricated from nickel 201, its surface polished, and <u>nickel rods</u> **were** welded to its edge.
  （翼板はニッケル201から製造され、その翼板表面は研磨され、そしてニッケル棒がその翼板の端に溶接された。）
  ⇒ nickel rods（下線部）は複数であるので、be 動詞の複数形 were を付加しなければならない。

このように、主語と数が一致していれば、be 動詞（助動詞）を省略すること

は文法的に正しいが、主語と数が一致していない場合には省略できない（Rowland 1962）。

## 2.5. 形容詞を正しく使う

　修飾語は、ほとんどのライティングで使用されるが、その置かれる位置は、文構造上非常に重要である。**形容詞は**、副詞と比べ、**修飾する名詞あるいは代名詞の近くに置かれる。**

　単一語の形容詞および複合修飾語は、名詞や形容詞句や節の前に置かれる。「修飾語の位置」についての考察は3.2.3.項111頁を、および「形容詞の原形、比較級、最上級」については、3.5.1.項133頁を参照されたい。

### 2.5.1. 冠詞の使い方

#### 不定冠詞　a と an

■不定冠詞 a は子音で始まる語の前で、an は母音で始まる語の前で使われる。

■a あるいは an の不定冠詞が、略語あるいは頭字語（acronym）の前に置かれるかどうかは、その最初の文字による。しかし、著者が読み手に略語あるいは頭字語をどのように読んで欲しいかによる（Bernstein 1981）。
例えば、多くの人は M.A. を Masters of Arts（文学修士）として発音するよりも、「エムエイ」（em-ei）と発音するので、<u>an</u> M.A. degree のように a でなく an をつけるのが適切である。同様に、<u>an</u> NACA（en-ei-shi-ei、エヌエイシーエイ）airfoil（一つの NACA の飛行機の翼）も NACA（National Advisory Committee for Aeronautics：国家航空諮問委員会、NASA の前身）と1字ずつ区切って綴り通りに発音する略語（⇒ 頭文字語：initialism ともいう）であるので不定冠詞 an をつける。
しかしながら、NASA は通常、文字として読まず、NASA は「ナサ」と一つの単語のようにつづけて発音（Nは子音となる）（＝頭字語）するので、<u>a</u> NASA airfoil（NASA の飛行機の翼）と an ではなく a をつける。

#### 等位形容詞における冠詞の扱い

　等位形容詞（同じ名詞を独立して修飾する、重要度が同じの2つ以上の形容詞）

## 2.5. 形容詞を正しく使う

の前で、冠詞を繰り返すか、繰り返さないかによって文の意味が異なってくるので注意を要する（Rowland 1962）。

■ それぞれの等位形容詞が異なった「もの」や「人」を示す場合には、修飾される名詞が**単数の時には冠詞は繰り返し、複数の時には冠詞は繰り返さない**。

（悪い例） 定冠詞が欠如している例（文意が違ってくる例）
- **The** transverse and shear strain is calculated for each specimen.
  （横方向剪断応力は、各々の試料によって計算される。）
  - ➡ この例では、等位形容詞（transverse と shear）が修飾する名詞は単数の strain であるので、冠詞は（この場合定冠詞の the が shear 直前にないと横方向剪断応力となって文意が異なってくる）transverse と shear に繰り返してそれぞれつける必要がある。

（良い例1） 定冠詞を繰り返す例（意図した文意にする例）
- **The** transverse and **the** shear strain is calculated for each specimen.
  （横方向応力と剪断応力は、各々の試料によって計算される。）
  - ➡ このように修飾される名詞 strain は単数なので定冠詞 the を transverse と shear に繰り返してそれぞれつける。下線部は1つのかたまりであるので動詞は単数形の is をとる。あるいは、

（良い例2） 複数名詞を修飾する場合は定冠詞は不要の例
- The transverse and shear **strains** are calculated for each specimen.
  （横方向応力と剪断応力のそれぞれは、各々の試料によって計算される。）
  - ➡ このように strains と複数にすれば、shear の前に定冠詞 the を繰り返してつける必要はない。

■ 等位形容詞が一つの「もの」や「人」を示す場合には、冠詞は繰り返さない。例をあげよう。

第2章 テクニカルライティングに必須の英文法の基本

（悪い例） 不定冠詞 a を繰り返すのは間違いの例
- A more nonlinear and **a** lower stress-strain **curve** resulted from the test.
  （より非線形曲線とより小さい応力ひずみ曲線はこの試験から生じた。）
  - ➡ この場合、冠詞 a を繰り返すのは間違いである。この文のように2つの等位形容詞（more nonlinear と lower stress-strain）にそれぞれ冠詞 a を付けると、2つの別の曲線（複数）を示すことになり、単数 curve と一致せず、文法的に誤りとなる。

（良い例） 単数名詞を修飾する等位形容詞には不定冠詞は繰り返さない例
- A more nonlinear and lower stress-strain **curve** resulted from the test.
  （1本のより非線形の、より小さい応力ひずみ曲線はこの試験から生じた。）
  - ➡ この文のようにすれば、2つの等位形容詞が1本の曲線を修飾することになる。その場合、不定冠詞 a は繰り返さないことに注意。

## 冠詞の省略

最近のライティング、特にジャーナリズムでは、冠詞を省略する傾向がある。「NASA ラングレー編集部門」は、「記号のリスト」、「図のキャプション」、「表題およびタイトル」には**伝統的な省略法（冠詞の省略法）を使用**している。例をあげよう。

（良い例1） 記号のリストの例（冠詞の省略例）
- $u$      ratio of [the] wing mass to [the] mass of air in [a] truncated cylindrical cone enclosing [the] wing.
  （$u$ とは、翼を収めている、斜切円錐柱体における空気質量に対する翼質量の比のこと）
  - ➡ 記号リスト（使用した記号を定義する一覧表）では、[the]、[a] の定冠詞、不定冠詞は省略される。

（良い例2） 図のキャプションの例（冠詞の省略例）
- Figure 1. Effect of leak area on pressures, heating rates, and temperatures in [the] cove and at [the] bulkhead.

（図1．凹面部と隔壁における圧力、温度上昇速度、温度に関する漏洩面積の効果。）

🔵 図のキャプションでは、このように定冠詞［the］は省略される。

（ 良い例3 ）　タイトルの例（不定冠詞の省略例）
- Spectral Broadening by [a] Turbulent Shear Layer.
（乱流剪断層によるスペクトル拡大。）

🔵 タイトルではこのように不定冠詞［a］は省略される。

　一方で、Bernstein（1981）は、この省略法を「言語の美観を損ねる」ものであると主張している。
　したがって、著者あるいは編集者の判断によって、記号リスト、図のキャプション、表題およびタイトルにおいて、冠詞を省略することなくそのまま保持してもよい。

## 2.5.2. 複合修飾語の正しい使い方

　テクニカルライティングは、複合修飾語、すなわち、他の語を修飾する「言葉の組み合わせ」であふれている。例をあげよう。

（ 悪い例1 ）　長い複合修飾語の例（わかりにくい例）
- The annular suspension and pointing system for space experiments is described.
（宇宙実験用の環状懸架位置表示システムが説明される。）

🔵 annular suspension and pointing（下線部）は長い複合修飾語で、annular がどれを修飾しているのかわかりにくい。

（ 悪い例2 ）　長い複合修飾語の例（わかりにくい例）
- These values identify the beginning of shock wave boundary layer interaction.
（これらの値は衝撃波境界層の相互作用の始まりを明らかにしている。）

🔵 shock wave boundary layer（下線部）は長い複合修飾語で、shock wave

## 第2章 テクニカルライティングに必須の英文法の基本

がどれを修飾しているのかわかりにくい。

**悪い例3** 長い複合修飾語の例（わかりにくい例）
- <u>Separated flow wing heating rate</u> values increase sharply toward a constant value.
  （分離流翼温度上昇速度値は一定値に向かって急激に増加する。）
  ➡ Separated flow wing heating rate（下線部）は長い複合修飾語で、wing がどれを修飾するのか、あるいはされるのかわかりにくい。

■著者や編集者は、これらの複合修飾語にどんな場合に、どのようにハイフンをつけたらよいのかしばしば悩む。Bernstein（1981）は、**ハイフンは、曖昧さを避けるためにだけ使用すべき必要悪である**と考えている。確かに、複合修飾語には必ずしも常にハイフンをつける必要もないし、またハイフンの付加は必ずしも曖昧さを防ぐことにはならない。

■複合修飾語にハイフンをつけるかどうか悩む前に、文意を明確にするため、「複合修飾語を前置詞句に変更してみる」ことである。長い複合修飾語を明確にするため、前置詞句へ変更するには、論文・レポートの文においては数回の変更で十分である。以下に示す「前置詞句に置き換えた例」は、ハイフンをつけた「長い複合修飾語」（下線部）の例よりも明確である。

**悪い例1** ハイフンをつけた長い複合修飾語の例（わかりにくい例）
- The annular <u>suspension-and-pointing</u> system for space experiments is described.
  （宇宙実験用の環状懸架位置表示システムが説明される。）
  ➡ annular が suspension-and-pointing か system のどれを修飾しているかが、わかりにくい。

**良い例1** 前置詞句に置き換えた例（明確になった例）
- The annular system <u>for suspension and pointing</u> <u>of space experiments</u> is described.

## 2.5. 形容詞を正しく使う

(宇宙実験の懸架位置表示用の環状システムが説明される。)

⮕ 長い複合修飾語を前置詞 for, of により下線の2つの前置詞句（for suspension and pointing と of space experiments）にそれぞれ分けることにより、意味が明確になる。

**悪い例2** ハイフンをつけた長い複合修飾語の例（わかりにくい例）

- These values identify the beginning of shock-wave-boundary-layer interaction.

(これらの値は衝撃波境界層の相互作用の始まりを明らかにしている。)

⮕ ハイフンでつながれた長い複合修飾語 shock-wave-boundary-layer が意味不明である（interaction は一つの層では起こりえないため）。

**良い例2** 前置詞句に置き換えた例（明確になった例）

- These values identify the beginning of interaction between the shock wave and boundary layer.

(これらの値は衝撃波境界層間の相互作用の始まりを明らかにしている。)

⮕ 長い複合修飾語の概念を前置詞 between を使って前置詞句 between the shock wave and boundary layer（下線部）にすれば、衝撃波と境界層間の相互作用という意味が明確になる。

**悪い例3** ハイフンをつけた長い複合修飾語の例（わかりにくい例）

- Separated-flow wing heating-rate values increase sharply toward a constant value.

(分離流翼温度上昇速度値は一定値に向かって急激に増加する。)

⮕ ハイフンでつながれた長い複合修飾語 Separated-flow wing heating-rate により示される意味が曖昧である。すなわち、wing が Separated-flow によって修飾されるのか、wing が heating-rate を修飾するのかが曖昧。

**修正例3** 前置詞句に置き換えた例（しかし、かえって読みにくくなった例）

- Heating rates on the wing over which the flow is separated increase

sharply toward a constant value.
（流れが分離される翼の温度上昇速度は一定値に向かって急激に増加する。）

→ この例では、長い複合修飾語を前置詞句で分離したが、前置詞句が2つもできて（下線部）かえって読みにくい。

上記の 修正例3 に示すように、前置詞句が多すぎるとかえって文をぎこちなくし、読み進むのが困難となる。以下の 良い例3 はこれを改善した「好ましい前置詞句の例」である。

良い例3　好ましい前置詞句の例（前置詞句を少なくした例）
- Separated-flow heating rates <u>on the wing</u> increase sharply toward a constant value.

（翼に関する分離流温度上昇速度は一定値に向かって急激に増加する。）

→ このように、前置詞句を1つ（下線部）にすることにより、読みやすく、理解しやすくなる。

■複合修飾語のハイフンに関する一番の拠り所は、G.P.O. (1984) である。我々は時に、その「ルール6.16」の原則を忘れがちであるので注意を要する。すなわち、「意味がすでに明瞭であり、さらに読みやすさを支援する要素がなければ、一時的に、あるいは複合語を作るためにハイフンを使う必要はない。**通常の順序で使用できる語を不必要に複合語にすることは避けるべきである。**」という原則を思い起こすことである。

■複合修飾語が述部形容詞（「be動詞を含む連結動詞」（appear, become, seem 等）のあとにくる形容詞）である場合は以下の例のようにハイフンをつけない。

良い例　ハイフンをつけない複合修飾語の例（be動詞の後の例）
- The aircraft <u>was</u> **flight tested**.（その航空機は飛行テストされた）

→ 複合修飾語 flight tested が be 動詞の後にきているのでハイフンをつけない。

## 2.5. 形容詞を正しく使う

■ しかし、辞書で述部形容詞としてハイフンをつけられた形容詞（複合修飾語）があることに注意を要する（IRS 1962）。例えば、The method is **well-known**.（その方法はよく知られている。）

■ 以下に、複合修飾語に「ハイフンがつかない例」と「ハイフンがつく例」を示す（番号づけは訳者が付加）。

### <複合修飾語にハイフンがつかない例>（下線部は複合修飾語を示す）

(1) 複合修飾語の最初の語が、比較級あるいは最上級の場合、ハイフンはつかない。
   - higher order calculations（高次の計算）

(2) 複合修飾語の最初の語が、[-ly] で終わる副詞の場合、ハイフンはつかない。
   - relatively accurate prediction（相対的に正確な予想）

(3) 複合修飾語が英語以外の外国語（ラテン語）の語句である場合、ハイフンはつかない。
   - *a priori* condition（先天的条件）

(4) 複合修飾語が固有名詞の場合、ハイフンはつかない。
   - North Carolina coast（ノースカロライナの海岸）

   例外として、
   - Anglo-American plan（アングロ・アメリカの計画）の場合には、ハイフンがつく

(5) 複合修飾語の2番目に特定な文字あるいは数がある場合、ハイフンはつかない。
   - material 3 properties（材料3の特性）

(6) 複合修飾語が引用符でくくられている場合、ハイフンはつかない。
   - "elliptical style" symbol list（「省略法」の記号一覧）

(7) 複合修飾語には通常ハイフンがつかない、化学薬品、動物、あるいは植物である場合、ハイフンはつかない。
   - nitric oxide formation（窒素酸化物の生成）

第2章　テクニカルライティングに必須の英文法の基本

＜複合修飾語に常にハイフンがつく例＞（下線部は複合修飾語を示す）

(1) 複合修飾語が過去分詞、現在分詞を有する場合、ハイフンがつく。
- flight-tested model（飛行テストされたモデル）
- decay-producing moment（[大気摩擦により] 速度を落とす瞬間）

(2) 複合修飾語が色の言葉の組み合わせである場合、ハイフンがつく。
- blue-gray residue（青灰色の残渣）

(3) 複合修飾語が結合語句であることを暗示している場合、ハイフンがつく。
- lift-drag ratio（揚力・抗力比）
- Newton-Raphson iteration（ニュートン・ラフソン反復）

(4) 複合修飾語が一般的な数を有する場合、ハイフンがつく。
- three-degree-of-freedom simulator（3度の自由度のシミュレーター）
- 0.3-meter tunnel（0.3メートルのトンネル）

■「NASAラングレー編集部門」はまた、以下の例に示すように、「**数と測定単位**」は「**測定される量**」を修飾しないという原則を推奨する。

**悪い例1**　推奨しない例（意味が曖昧になる例）
- 3°angle of attack（攻撃の3°の角度（？））
  ⇒ 3°（数と測定単位）がangle of attack（迎え角、測定される量）を修飾しているので原則に反している。

**良い例1**　推奨例（前置詞を使って「数と測定単位」と「測定される量」をわける）
- angle of attack **of** 3°（迎え角3度）
  ⇒ 前置詞（この例では同格を示すof）を使って、数と測定単位である3°と測定される量 angle of attack を分ける。このようにすれば明確になる。

**悪い例2**　推奨しない例（原則に反している例）
- 15 000-ft altitude（15 000フィートの高度）
  ⇒ 15 000-ft（数と測定単位）が altitude（測定される量）を修飾しているので原則に反している。

2.5. 形容詞を正しく使う

( 良い例 2 )　推奨例（前置詞を使って「数と測定単位」と「測定される量」をわける）
- altitude **of** 15 000 ft （高度15 000フィート）
  - 前置詞を使って（この例では同格を示す of）数と測定単位15 000 ft と測定される量 altitude（高度）を分ける。なお、15 000の桁区切りには、<u>コンマではなくスペースを使うことに注意</u>（片岡 2004：4 参照）。

■ もちろん、複合修飾語にハイフンがつく例は、上記以外に多くの例がある。その他の一時的な組み合わせ語については、Skillin et al.（1974）and G.P.O.（1984）を参照されたい。

■ 上記の指針は Murdock（1982）によって提案された「ハイフンのルール」に基づいている。彼女は「複合修飾語の明確さ」を主観的ではなく客観的に決定しようと試みた。しかしながら、残念ながら、彼女のルールは必ずしも常に複合修飾語の明確さを保証するものではない。

■ ハイフンがなくても「複合修飾語」が明確で読みやすいかどうかは、最終的には書き手や編集者が、「主観的」に決めなければならない。

## 2.6 副詞の曖昧な使い方は避ける

　副詞は、動詞、形容詞、および他の副詞、名詞や代名詞を修飾する。一方、形容詞は名詞および代名詞のみを修飾する。よく起こる文法的ミスは、**形容詞で動詞を修飾するように試みた**（結果的に副詞のような働きにしてしまう）場合である。

( 悪い例 )　副詞として形容詞を間違って使った例
- The balance was mounted <u>internal</u> to the model.
  （平衡おもりがモデルの内部の（？）搭載された。）
  ➡ internal で mounted を修飾するよう試みたが、internal は形容詞もしくは名詞であって動詞を修飾するのは不可能である。文法的ミスを犯している文である。

( 良い例1 )　正しく副詞を使った例
- The balance was <u>internally</u> mounted on the model.
  （平衡おもりがモデルの内部に搭載された。）
  ➡ 副詞 internally にすれば、動詞の mounted を修飾できる。あるいは、

( 良い例2 )　副詞形を有する語に変更した例
- The balance was mounted <u>inside</u> the model.
  （平衡おもりがモデル内に搭載された。）
  ➡ inside は形容詞、名詞以外に、副詞としても用いられるので、動詞 mounted を修飾できる。

　上記の例では副詞 internally の位置に注意する必要がある。「1語の副詞」の自然な位置は動詞句内である。しかしながら、ある副詞は文の強調箇所を変えるために、文中でその位置を変える（3.6.項149頁参照）。副詞句は、容易に文の中で移動させることできるが、**誤った位置に置くと、どの語句を修飾するのか曖昧になる**。副詞の原級、比較級、最上級の検討については3.5.項133頁

を参照されたい。

## 2.6.1. 誤った位置に置かれた副詞

only, nearly, almost, also, quite, merely, actually のような副詞は、それらが修飾する言葉にできるだけ近接して置かねばならない。only, nearly の例について以下説明しよう。

**悪い例 1** 誤った位置 only の例
- The approximation is **only** valid for u＝0.
  (その近似式は、u＝0 に対して**ただ**有効であるだけである。)
  → この位置に only を置くと valid を修飾するように見え、おかしな文となる。

**良い例 1** 正しい位置の only の例
- The approximation is valid **only** for u＝0.
  (その近似式は、u＝0 に対して**のみ**有効である。)
  → この位置の only なら、for u＝0 を修飾することになって、文意が明確になる。

**悪い例 2** 誤った位置 only の例
- It is **only** necessary to apply equations (6) to (12) to compute $D$.
  ($D$ を計算するには、(6)から(12)の方程式を適用することが必要な**だけ**である。)
  → この位置の only は necessary を修飾することになってしまい、本来意図した意味とは違ってくる。

**良い例 2** 正しい位置の only の例
- It is necessary to apply **only** equations (6) to (12) to compute $D$.
  ($D$ を計算するには、(6)から(12)の方程式**だけ**を適用することが必要である。)
  → この位置の only なら、equations を修飾することになって、文意が明確になる。

第2章　テクニカルライティングに必須の英文法の基本

### 悪い例3　誤った位置 nearly の例

- The flow had separated **nearly** over the whole wing.
  （その流れは全体の翼にわたって、**ほぼ**分離した。）
  ⇒ この位置に nearly を置くと separated を修飾することになってしまい、本来意図した意味と違ってくる。

### 良い例3　正しい位置の nearly の例

- The flow had separated over **nearly** the whole wing.
  （その流れは、**ほぼ**全体の翼にわたって分離した。）
  ⇒ この位置の nearly なら、the whole wing を修飾することになって、文意が明確になる。

## 2.6.2. 修飾が曖昧な副詞

　副詞（句）が先行する、あるいは続く語句を修飾するかどうか明確でないとき、その副詞（句）は複数の意味に取れてしまい、文意が曖昧になる。

### 悪い例1　修飾が曖昧な副詞句の例

- Although the operator eventually replaced the thermocouple, <u>during that test</u>, the temperature measurements were inconsistent.
  （オペレーターが結局、熱電対を取替えたけれども、そのテストの間、温度測定にはむらがあった。）あるいは、（オペレーターが、そのテストの間に、熱電対を結局取替えたけれども、温度測定にはむらがあった。）という意味にもとれる。
  ⇒ 副詞句 during that test（下線部）が、どれを修飾するかが曖昧である。

### 良い例1　副詞句の位置を変えて明確にした例

- Although <u>during that test</u>, the operator eventually **replaced** the thermocouple, the temperature measurements were inconsistent.
  （そのテストの間、オペレーターが熱電対を結局取替えたけれども、温度測定にはむらがあった。）
  ⇒ during that test（下線部）を文の前にもってくることによって、replaced を明確に修飾することになり、文意がはっきりする。あるいは、

> **良い例 2**　副詞句の位置を変えて明確にした例

- Although the operator eventually replaced the thermocouple, the temperature measurements were **inconsistent** <u>during that test</u>.

  (オペレーターが結局、熱電対を取替えたけれども、温度測定にはそのテストの間、むらがあった。)

  ➡ during that test（下線部）の位置を inconsistent の後にもってくることによって、inconsistent を明確に修飾することになり、文意が明確になる。

## 2.6.3. 分離不定詞の使い方

　分離不定詞（前置詞 to に続く動詞の間に、副詞または副詞相当語句を挿入することにより、前置詞 to と分離された不定詞）は正式な文書においては通常禁止されているにもかかわらず、大抵の英文法の専門家は「曖昧さ」、あるいは「ぎこちなさ」を避けるため、分離不定詞の使用を勧めている。特に、もし副詞を不定詞の前後に置くことによって、その副詞が不定詞以外の言葉を修飾するように見えてしまう恐れがある場合には、副詞を不定詞の前後に置いてはならない。

> **原文 1**　分離不定詞の例（正式な文書では禁止されている例（文意は明確））

- He agreed <u>to</u> **immediately** <u>recalibrate</u> the surface pressure instrumentation on the wing.

  (彼は、翼に関する表面圧計器を直ちに再較正することに同意した。)

  ➡ agreed to recalibrate が通常の語順であるが、副詞 immediately が不定詞の to と動詞の recalibrate の間に入って分離不定詞となっている。しかしこのように分離されていても、immediately が recalibrate を修飾することが明らかであり、文意は明確である。

> **悪い例 1**　修飾が曖昧な位置の副詞の例

- He <u>agreed</u> **immediately** to <u>recalibrate</u> the surface pressure instrumentation on the wing.

  (「彼は、翼に関する表面圧計器を再較正することを直ちに同意した。」あるいは「彼は、翼に関する表面圧計器を直ちに再較正することに同意した」の 2 つの意味

## 第2章　テクニカルライティングに必須の英文法の基本

にとれる。）
- ➡ 不定詞の前に置かれた immediately は、agreed を修飾するのか recalibrate を修飾するのか、曖昧である。

（良い例1）　ぎこちない位置の副詞の例（しかし文意は明確）
- He agreed to recalibrate **immediately** the surface pressure instrumentation on the wing.
（彼は、翼に関する表面圧計器を直ちに再較正することに同意した。）
  - ➡ 不定詞の後に置かれた immediately は、文の流れを妨げるぎこちない位置にあるが、recalibrate を修飾していることが明らかであるので、文意は明確である。

（原文2）　分離不定詞の例（正式な文書では禁止されている例（文意は明確））
- The flow at σ=0° was the first to **completely** establish itself over the wing.
（σ=0°における気体の流動は、流動自身を翼全体にわたって完全に達成することができた最初であった。）
  - ➡ completely が to と establish の間にあって分離不定詞となっているが、completely が establish を修飾することが明らかであり、文意は明確である。

（悪い例2）　修飾が曖昧な位置の副詞の例
- The flow at σ=0° was the first to establish itself **completely** over the wing.
（σ=0°における気体の流動は、［流動自体を翼全体にわたって完全に達成する最初であった］あるいは［完全に翼全体にわたって流動自体を達成するのが最初であった］か意味が二つある。）
  - ➡ 不定詞の後に置かれた completely は establish を修飾するのか over the wing を修飾するのかが曖昧である。

（良い例2）　ぎこちない位置の副詞の例（しかし文意は明確）
- The flow at σ=0° was the first **completely** to establish itself over the wing.
（σ=0°における気体の流動は、流動自体を翼全体にわたって達成するのに全く最

初であった。)

- 不定詞の前に置かれた completely は文の流れを妨げるぎこちない位置にあるが、first を修飾することが明らかであり、文意は明確である。

■副詞（句）で不定詞を分離することは避けなければならない。そのような分離不定詞は通常文の流れを妨げ、ぎこちない文となる。

- Fowler（1996）は、分離不定詞について以下のように述べている。「<u>副詞を強調するため</u>、<u>曖昧さを避けるため</u>、あるいは<u>不自然な響きになる構文を書くことを避けるため</u>には、分離不定詞を使いなさい。」

- 分離不定詞が好まれている例を以下に示す。(Good 2002: 198)
  I cannot bring myself <u>to</u> **really** <u>like</u> the fellow.
  （私は奴を本当に好きになれない。）
  「前置詞 to と動詞 like の間に副詞 really がある、この「分離不定詞」の文は、形式ばらない文であり、意味も明確であるので、この文法違反は害がなく、ほとんどその違反も認知できないほどである。分離不定詞以外の構文にすると、かえって文は硬くなり、必要以上に形式ばった文になる。」

## 2.1 前置詞の使用に慣れる

前置詞は、句を文につなぐのに便利で文に意味を与えるのに手軽な語である。また**前置詞句は形容詞、副詞あるいは名詞として機能**する。前置詞が冗長であるとき、あるいは不必要に使用されたときは、簡潔にするため削除する。(3.4.1.項122頁参照)

### 2.7.1. 熟語をつくる前置詞

ある特定の語句を形成するのにあたって、どのようにして正しい前置詞を選ぶかは、熟語の問題であって文法の規則によって決められるわけではない。「熟語をつくる前置詞」(**前置詞熟語**)の例を以下に示す。

- analogous to　　　(〜に類似した)
- correlation with　　(〜との相関関係)
- attempt（名詞）at　(〜することの試み)
- attempt（動詞）to　(〜しようと試みる)
- implicit in　　　　(〜に内在する)
- similar to　　　　 (〜と同様の)
- coincident with　　(〜と一致した)
- theorize about　　 (〜に関して理論を立てる)
- different from　　 (〜と異なる)
- variance with　　　(〜による変化)

### 2.7.2. 文の終わりの前置詞

英文法の専門家の間では、文が前置詞で終わることは「文法的に正しい」と意見が一致している。しかしながら、一方で「文末の前置詞は避ける」ことを勧めてもいる。なぜなら、**文は「弱い語よりも強い語で終わる」**のが好ましいからである（「文における強調位置について」は3.6.項149頁参照）。しかし、文末の前置詞を削除することにより、ぎこちない文になったり、あるいは文の強調

のポイントに変化をもたらす場合には、その限りではない。

> **原文** 文末に前置詞がある例

- This hypothesis is intuitively difficult to disagree with.
  （本仮説は直観的に言えば、（本仮説に）異議を唱えるのは困難である。）
  - 文末に前置詞 with があるが、これにより hypothesis に対して異議を唱えるということが明確となる。

> **悪い例** 文末に前置詞がこないようにした例（ぎこちない文となっている例）

- This is an intuitively difficult hypothesis with which to disagree.
  （これは異議を唱えるには直観的に困難な仮説である。）
  - 前置詞 with が文末にこないように関係代名詞 which を使った場合、which の先行詞がどれか読み手は一瞬とまどう。そのうえ、文の流れが悪い、ぎこちない文となってしまう。

> **良い例** 強調のポイントを変えて文意を明確にした例

- To disagree with this hypothesis is intuitively difficult.
  （本仮説に異議を唱えるのは、直観的に困難である。）
  - 「倒置法」を使用して、下線部を強調する文にする。文意は明確になる。

■Bernstein（1981）はこの問題に明解な見解を述べている。すなわち、彼は次のように要約している。「前置詞が文末にこないように試みることによって、通常の語順に比べて「語をゆがめた」ような表現になる場合、あるいは「もったいぶった」言い回しになる場合には、その試みは避け、前置詞を文末に置いてもかまわない」。

## 2.7.3. 前置詞の繰り返し

前置詞は文を明確にするため必要な場合、あるいは前置詞の削除がパラレリズム（並行法、parallelism）に反する場合には、「等位（同格）である句」においては、以下の例に示すように、前置詞は繰り返さなければならない。

🡆 パラレリズム（parallelism）とは、「論理的に等しい（重要度が同じである）考えを同じ文法的形式で書くこと」である。例えば、Seeing is to believe.（動名詞と不定詞が混在している）という文ではなく To see is to believe.（不定詞は不定詞で統一）あるいは Seeing is believing.（動名詞は動名詞で統一）のように文法的に同じ形式で書くことをいう（3.3.項115頁参照）。

**悪い例1** パラレリズムに反している例（曖昧な例）

- Shock tests were conducted in nitrogen and oxygen.

  （衝撃テストは窒素と酸素において行われた。）

  🡆 等位接続詞 and で nitrogen と oxygen が結ばれているが、oxygen の前に in がないためパラレリズムに反するとともに、意味が2通りにとれる曖昧な文となってしまう。（すなわち、「窒素と酸素の混合気中」でという意味と「窒素雰囲気および酸素雰囲気」でという、2つの意味を持つ）。

**良い例1** パラレリズムを守った例（明確な例）

- Shock tests were conducted in nitrogen and in oxygen.

  （衝撃テストはそれぞれ窒素雰囲気および酸素雰囲気で行われた。）

  🡆 in をそれぞれ繰り返すことにより、「前置詞句」が並行したパラレリズムとなり、テストはそれぞれ「窒素雰囲気および酸素雰囲気」で行われたことが明確になる。あるいは、

**良い例2** 前置詞熟語を使って書き直した例（明確な例）

- Shock tests were conducted in **a mixture of** nitrogen and oxygen.

  （衝撃テストは窒素と酸素の混合気中で行われた。）

  🡆 このように前置詞熟語 [a mixture of] を使えば、今度は「混合気」中で行われたことになり、意図が明確になる。

**悪い例2** パラレリズムに反している例（曖昧な例）

- Tests were conducted not only in nitrogen but also oxygen.

  （テストは窒素雰囲気のみならず、酸素（?）で行われた。）

➡ but also の後に in がないため、パラレリズムに反している。文法的に間違いで、かつ、文意が曖昧な文となっている。

**良い例2** パラレリズムを守った例（明確な例）
- Tests were conducted not only **in** nitrogen but also **in** oxygen.
（テストは窒素雰囲気のみならず、酸素雰囲気でも行われた。）
　➡ but also の後に in を付加し、パラレリズムを適用すると文意が明確になる。

## 2.8. 接続詞の論理的な関係を知る

接続詞には、文法的に同格の「文の要素」を同等化あるいは結合する**等位接続詞**と文法的に同格でない「文の要素」を従属あるいは結合する**従位接続詞**がある。

### 2.8.1. 等位接続詞の正しい使い方

等位接続詞は文法的に同格の「文の要素」を結合する働きを持つ。すなわち、「語と語」、「句と句」、「節と節」を結合する。このことから、等位接続詞は文にパラレリズム（並行法）をもたせるという重要な役割を持つ。これらのパラレリズムについては3.3.項115頁も参照されたい。

等位接続詞には次の3つのタイプがある。

(1) 等位接続詞：and, but, or, nor 等がある。
(2) 相関接続詞：both … and, not only … but also, either … or 等がある。
(3) 接続副詞：however, therefore, thus, hence, otherwise 等がある。

#### 等位接続詞 and

等位接続詞は語、句および節を結合する。**結合する要素は文法的に等位でなければならない**。なお、等位接続詞は「名詞」と「前置詞句」を結合することはできない。以下等位接続詞 and の例を説明しよう。

（悪い例） 文法的に等位でない句を and で結合した例

- Pressures <u>at the bulkhead</u>, <u>the seal</u>, **and** <u>in the cove</u> are shown.
  （隔壁部での、シール部（？）、および凹面部内での圧力が示される。）
  ⇒ at が the seal の前にないため、文法的に等位でない（つまり名詞 the seal と前置詞句 in the cove は等位接続詞 and でつなぐことができない）。文意が曖昧な例である。

（良い例） 前置詞句に統一して and で結合した例

- Pressures <u>at the bulkhead</u>, <u>at the seal</u>, **and** <u>in the cove</u> are shown.

2.8.接続詞の論理的な関係を知る

（隔壁部での、シール部での、および凹面部内での圧力が示される。）
　🡆 the seal の前に前置詞 at をつければ、at the bulkhead, at the seal, in the cove の 3 つがそれぞれ前置詞句（前置詞＋定冠詞＋名詞）になり、パラレリズムを構成して、「等位接続詞 and」で結合することが可能となる。これによって文意が明確になる。

■次に、等位接続詞は「名詞」と「節」を結合することはできない例を示す。

( 悪い例 )　名詞と節をうっかり and で結合した例（名詞と名詞節の例）
● Notable characteristics of the air duct system are <u>the acoustic treatment of the ducts</u> **and** <u>that the compressor can force flow both ways through the system</u>.
（エアダクトシステムの顕著な特徴はダクトの吸音処理およびコンプレッサー（圧縮機）が（エアを）このシステムの双方向に強制的に流すことができること（？）である。）
　🡆 この文は等位接続詞 and で 2 つの下線部（名詞と that 以下の節（名詞節））を結合しようとしているが、これは結合できないので、文法的に誤りである。

( 良い例 )　名詞と名詞を and で結合するように書き直した例
● Notable characteristics of the air duct system are <u>the acoustic treatment of the ducts</u> **and** <u>the ability of the compressor</u> to force flow both ways through the system.
（エアダクトシステムの顕著な特徴は、このシステム内で双方向に（エア）を強制的に流すようにするための、ダクトの吸音処理およびコンプレッサー（圧縮機）の能力である。）
　🡆 このように文を書き直して、名詞 the acoustic treatment of the ducts と名詞 the ability of the compressor の結合にすれば、パラレリズムを構成して、「等位接続詞 and」で結合することが可能となる。これによって文意が明確になる。

## 相関接続詞 both ... and, not only ... but also, either ... or

相関接続詞とはパラレルである（同じ文法的形式をもつ）文の要素を結合する一対の語句のことである。相関する各要素は**同じ語法（パラレリズム）**に従わねばならない。例をあげよう。

**悪い例1** パラレルでない文の要素を相関接続詞で結合した例
- The microprocessor provides **both** <u>radiometer control functions</u> **and** <u>formats the data</u>.
  （そのマイクロプロセッサは放射計制御機能とそのデータをフォーマットする（？）のを与える。）

  ⮕ both の後の語句が名詞（radiometer control functions）であるので、and の後の語句も名詞でなければならないが、動詞＋目的語（formats the data）となっており、パラレルでない。したがって、この使い方は誤りである。

**良い例1** パラレルになるよう文の要素を書き直した例
- The microprocessor **both** <u>controls the radiometer</u> **and** <u>formats the data</u>.
  （そのマイクロプロセッサは放射計の制御を行いかつそのデータをフォーマットする双方の機能を有する。）

  ⮕ 2つの下線部に示すように、それぞれを「動詞＋目的語」のパラレル構造にすることにより、相関接続詞 both ... and が使えるようになる

また、相関接続詞で結合する要素は、「**厳密にパラレルに保つ**」ようにすることが必要である。例をあげよう。

**悪い例2** パラレルでない文の要素を相関接続詞で結合した例
- The subsystem **not only** <u>measures temperature</u> **but** <u>it</u> **also** <u>provides real-time displays</u>.
  （そのサブシステムは温度測定するのみならず、それはまた実時間表示を行う。）

  ⮕ 相関接続詞 not only ... but also ... の ... の個所（下線部）にはパラレル

なものがこなければならないが、「動詞＋目的語」と「主語＋動詞＋目的語」がきているので間違った使用法である。

> 良い例2　パラレルになるよう文の要素を書き直した例

- The subsystem **not only** measures temperature **but also** provides real-time displays.
（そのサブシステムは温度を測定するのみならず、実時間表示を行う。）
  ➡ 2つの下線部を同じ文法形式の「動詞＋目的語」になるよう書き直すことにより、パラレル構造が守られている。

> 悪い例3　パラレルでない文の要素を相関接続詞で結合した例

- This duct serves **either** as an eductor that provides an exit to the atmosphere **or** as an inductor sucking air into the system.
（本ダクトは外気への出口となる排出管としてか、あるいはシステムに空気を吸い込む誘導管のいずれかとして機能する。）
  ➡ 下線部は、それぞれ文法形式が異なっている（前の部分は「that の関係代名詞」を使い、後の部分は「sucking の現在分詞」を使っている）。したがって、間違った使用法である。

> 良い例3　パラレルになるよう文の要素を書き直した例

- This duct serves **either** as an eductor exiting air to the atmosphere **or** as an inductor sucking air into the system.
（本ダクトは外気への出口となる排出管としてか、あるいはシステムに空気を吸い込む誘導管のいずれかとして機能する。）
  ➡ 2つの下線部を、それぞれ同じ文法形式「as＋名詞＋現在分詞＋名詞＋前置詞＋名詞」になるよう書き直すことにより、パラレル構造が守られている。

## 接続副詞　however

接続副詞は独立節（それだけで論理的に意味をなす文）を結合するために使われる。接続副詞は等位接続詞と比べ、全体の文を修飾する性質を持つが、結合

力は弱い。以下の（良い例）に示すように接続副詞 however によって結合された節は、セミコロン（あるいはピリオド）によって分離されなければならない。

（原文） 等位接続詞 but を使った例（コンマの使用の例）

- <u>The differences were generally about 11 percent</u>, **but** <u>larger differences occurred at $\alpha = 15°$</u>.

  （その差異は通常約11％であるが、$\alpha = 15°$では、より大きな差異が起こった。）

  ➡ 等位接続詞 but を使った2つの独立節（下線部）では、「11％であること」と「大きな差異が起こったこと」とは同じ重要度であることを示す。

（良い例） 接続副詞 however を使った例（セミコロン使用の例）

- <u>The differences were generally about 11 percent</u>; **however**, <u>larger differences occurred at $\alpha = 15°$</u>.

  （その差異は通常約11％である。しかしながら、$\alpha = 15°$では、より大きな差異が起こった。）

  ➡ 接続副詞 however によって結合された、2つの独立節（下線部）のこの文では、セミコロンで独立節が分離されている。ここで however は**2つの独立節を対比するために**使われている（重要度ではない）。しかしながら、2つの独立節を結合する力は等位接続詞 but に比べて弱い。

## 2.8.2. 従位接続詞の正しい使い方

従位接続詞は従属節を主節（独立節）につなぐ働きをする。これらは3つのカテゴリーに分けられる。

(1) 1つ目は、「副詞的接続詞」で副詞節を主節につなぐ働きをするもの。例えば、because（〜であるため）、though（〜であるけれども）、after（〜後）、where（〜のところでは）、so that（〜するように）等。

(2) 2つ目は、「関係代名詞」でこれは2.3.3.項26頁で説明されたもの。

(3) 3つ目は、「that」で、すなわち従属節を導入するための機能語として使われる that。

## 副詞的接続詞 as, since, if, whether, while, whereas, where

　従位接続詞の中で副詞節を主節に結合するための接続詞は「副詞的接続詞」と呼ばれる。この「副詞的接続詞」の使用のポイントは、まずその副詞節（従属節）が限定的であるか、非限定的であるかを決めることである。それにより、文に適切な句読点をつけることが可能となる（4.7.2.項207頁参照）。

　これらの副詞的接続詞は、以下に示すように、しばしば間違って使用されているので注意を要する。

■as, since, および while は、時間以外に関する意味も有するので、使用する場合にはどの意味で使用しているかが明確になるように注意が必要である。

■if は通常「条件を示す節（～であれば）」を導入する場合に使われ、whether は「二者択一を示す節」を導入する場合に使われる。例をあげよう。

（悪い例）　二者択一の意味で「条件節に使う if」を間違って使った例
- Aerodynamic forces were studied on a two-dimensional wing section to determine **if** similar trends would be calculated.
（もし同じ傾向が計算されるなら（？）、決定すべき2次元の翼部について動的空気力が調査された。）
　　➡ このように if を使うと通常、条件節（仮定法）を示すことになるが、この文の意味するところは二者択一であるので、whether を使うべきである（なお、if も whether のような二者択一の意味で使われるが、口語的である）。

（良い例）　二者択一の意味であることを明確にするため whether を正しく使った例
- Aerodynamic forces were studied on a two-dimensional wing section to determine **whether** similar trends would be calculated.
（同じ傾向が計算されるか、あるいはされないかどうかを決定するため、2次元の翼部について動的空気力が調査された。）

第2章　テクニカルライティングに必須の英文法の基本

　　➡　このように、whether を使えば、二者択一を示すことが明確になる。

■while は、although（～であるけれでも）あるいはwhereas（一方～）の意味で使用する場合のみ、限定付で許容されるようになってきている。すなわち、Skillin et al. (1974) は、while の使用が at the same time（同時に）という意味で使用される限り、although の意味で使うことを認めている。Bernstein (1981) は while のこのような使用は、許容できるが一般的ではないと述べている。これらの用法の問題をよりよく理解するには　Bernstein (1981) あるいはその他の用法についての参考書を参照されたい。

■where は場所あるいは位置を示す場合に、しばしば that, when あるいは関係代名詞のように間違って使用してしまうことがあるので、注意を要する。例をあげよう。

( 悪い例 )　where を誤って関係代名詞として使った例（曖昧な例）
- This formulation is equivalent to the Prandtl-Glauert transformation, **where** the body is stretched to correct for the actual distance.
（この式は、プラントル・グラート変換に同等で、そこでは（？）その本体は実距離補正するため補間される。）

　　➡　where が関係代名詞のように誤って使用されており、文意が不明である。

## 関係代名詞 which

( 良い例 )　関係代名詞 which を正しく使って明確にした例
- This formulation is equivalent to the Prandtl-Glauert transformation, **by which** the body is stretched to correct for the actual distance.
（この式は、プラントル・グラート変換に同等である。その変換により、本体は実距離補正するため補間される。）

　　➡　by which と正確に記述することにより、whichの先行詞はtransformationであることがわかり、文意が明確となる。

## 従位接続詞 that

■従位接続詞の that は、「従属節（名詞節）を導入する機能語」として辞書に定義されている。例をあげよう。

（良い例） 名詞節を導入する that の例
- **That** the seven-term function does not result in a good approximation is apparent.
  （その 7 項の（多項式）関数は、よい近似をもたらさないことは明らかである。）
  ➡ 下線部は that に導かれた名詞節である。

■that は、名詞節（特に say, think, believe のような動詞が前にくる）では、時には省略されることがある。しかし、**この省略はお勧めできない**。例をあげよう。

（悪い例 1） 好ましくない that の省略の例
- The listeners **believe** [that] the noise might hurt them.
  （聴取者は騒音が彼らに痛みを与えるかもしれないと思っている。）
  ➡ believe の後の［that］が省略されていると、読み手は下線部がどこにつながるのか、一瞬とまどってしまう。

（良い例 1） that を省略せず正しく使った例
- The listeners **believe** that the noise might hurt them.
  （聴取者は騒音が彼らに痛みを与えるかもしれないと思っている。）
  ➡ that があれば名詞節であることがわかり（believe の目的語）、文意が直ちに明確になる。

（悪い例 2） 好ましくない that の省略の例（条件節 provided の例）
- The computation is adequate **provided** [that] it is converged with respect to collocation order.
  （この計算は、それ（計算）が配列順について収斂するなら、妥当性がある。）

第 2 章　テクニカルライティングに必須の英文法の基本

　　⇨ provided の後の［that］が省略されている場合、読み手は一瞬とまどう。

【良い例 2】　that を省略せず正しく使った例

- The computation is adequate **provided that** it is converged with respect to collocation order.
  （この計算は、それ（計算）が配列順について収斂するなら、妥当性がある。）
  　　⇨ that があれば provided that は条件節（〜が与えられると）であることがわかり、文意が直ちに明確になる（下線部は that に導かれた名詞節）。

■ 句あるいは節が「that」と「従属節の残りの部分」の間に介在する場合には、以下の例に示すように that を間違って繰り返し使用して、文法的な誤りを犯してしまうことがあるので、注意を要する。

【悪い例 1】　誤って that を繰り返して使用した例

- He concluded **that** because checks were made with 128 collocation points and only small differences were found, that the results shown were converged.
  （チェックが128の配列ポイントでなされ、そしてほんのわずかの差異が見つけられただけであったため、彼は示された結果は収斂された（？）と結論づけた。）
  　　⇨ 1 番目の that があるにも関わらず、誤って 2 番目の that（下線部）を入れてしまったもの。

【良い例 1】　誤って繰り返した that を削除し正しくした例

- He concluded **that** because checks were made with 128 collocation points and only small differences were found, the results shown were converged.
  （チェックが128の配列ポイントでなされ、そしてほんのわずかの差異のみ見つけられただけであったため、彼は示された結果は収束されたと結論づけた。）
  　　⇨ 2 番目の誤った使用の that を省く。あるいは

【良い例 2】　because を使って従属節に書き直した例

- **Because** he made checks with 128 collocation points and found only small

differences, he concluded **that** the results shown were converged.
(彼は128の配列ポイントでチェックを行い、ほんのわずかの差異のみを見つけただけであっため、示された結果は収束されたと彼は結論づけた。)

➡ 良い例1 で that の後にあった because を使って従属節を形成することにより、主節の he concluded that（下線部）につなぎ、文意を明確にする。

## 2.9 準動詞を効果的に使う

準動詞には3つの種類がある。すなわち、「**動名詞**」（名詞として使われる ing で終わる動詞）、「**分詞**」（形容詞として使われる動詞）および「**不定詞**」（副詞、形容詞、あるいは名詞として使われる to が前にくる動詞）である。これらの効果的な使い方について以下述べる。

### 2.9.1. 等位動名詞と等位不定詞

■まず「単一の動名詞」は、多くの英文法の専門家は「単数の動詞」をとると述べている。

良い例　単一の動名詞が主語の例

- **Substituting** the expression into equation (2) <u>yields</u>...
  (方程式(2)にこの式を置換すると……が得られる。)
  ➡ このように主語の動名詞 substituting は単数の動詞 yields をとる。

しかしながら、等位接続詞で結合された複数の動名詞、いわゆる「等位動名詞」が主語となる場合には、以下の例に示すように、その動詞が「単数形か複数形」のいずれをとるかについて彼らは述べていない。

- **Substituting** this expression in equation (2) and **simplifying** the result <u>yields/yield</u>...
  (方程式(2)にこの式を置換し、その結果を簡約化すると……が得られる。)
  ➡ この例で、主語である等位動名詞（Substituting と simplifying）は単数形の動詞 yields あるいは複数形の動詞 yield をとるか疑問が起こる。

■上記の例のように、等位動名詞によって示される一連の作業が単一の手順である場合、「NASA ラングレー編集部門」は**単数形の動詞をとる**ことを推奨している。

2.9. 準動詞を効果的に使う

( 良い例 )　単一の手順である場合には単数の動詞をとる例
➡ <u>Substituting</u> this expression in equation (2) and <u>simplifying</u> the result yields ...
（方程式(2)にこの式を置換し、その結果を簡約化すると……が得られる。）
　➡ 下線部の2つは一連の作業（置換と簡約化）が単一の手順とみなされるので、単数の動詞 yields をとる。

■また、手順を表す「等位動名詞の前の前置詞」あるいは「等位不定詞の前の前置詞」は、繰り返し使用してはならない（Rowland 1962）。例をあげよう。

( 良い例1 )　等位動名詞の前の前置詞は省く例
● The following expression results <u>from substituting</u> equation (1) into equation (2), <u>[from] integrating</u> by parts, and <u>[from] taking</u> the limit.
（次の式は方程式(1)を方程式(2)に置換し、部分積分し、そして定積分の両端値を入れることにより得られる。）
　➡ 等位動名詞（integrating（動名詞）、および taking（動名詞））の前の前置詞（角カッコ内の from）は省く。

( 良い例2 )　等位不定詞の前の前置詞は省く例
● The test procedure was <u>to combine</u> the samples in a large vat, <u>[to] stir</u> the mixture, and then <u>[to] withdraw</u> samples for analysis.
（そのテスト手順は、試料を大きい槽で化合させ、その混合物を攪拌し、次に試料を分析のため抜き取ることであった。）
　➡ 等位不定詞（to stir（不定詞）と to withdraw（不定詞））の前の前置詞（角カッコ内の to）は省く。

なお、「等位である句」における「前置詞の繰り返し使用」については2.7.3.項68頁を参照されたい。

## 2.9.2. 動名詞または不定詞をとる動詞

特定の動詞が「不定詞」あるいは「動名詞」をとるかどうかは、以下の例に

示すように**熟語になっているかどうか**の問題である。

**悪い例** 不定詞をとらない動詞に間違って不定詞を使った例
- The display **aided** the pilot to cope with the increased work load.
  (その表示装置は、操縦士が増加した仕事量を処理すること（？）を助けた。)
  ⇒ 動詞 aid はこの場合、熟語として不定詞をとらないので、間違った使用例である。

**良い例1** 不定詞をとる動詞に変更した例（不定詞の熟語）
- The display **helped** the pilot to cope with the increased work load.
  (その表示装置は、操縦士が増加した仕事量を処理するのを助けた。)
  ⇒ 動詞 help は、熟語として不定詞をとるので、aided を helped に修正する。

**良い例2** 熟語になっている他の動詞を使った例（動名詞の熟語）
- The display **aided** the pilot in coping with the increased work load.
  (その表示装置は、操縦士が増加した仕事量を処理するのを助けた。)
  ⇒ 上記の**悪い例**と**良い例1**の文の意味は同じであるが、動詞 aid には熟語 aid in ... -ing with ... があるので、in coping with が使える。この**良い例2**のような構文にすれば、上記の**悪い例**をこのようにも訂正できる（不定詞句 to cope with を動名詞句 in coping with に変える）。

このような熟語の使い方を確認するには、熟語の参考書（例えば、Skillin et al. (1974) による熟語の使用法）、または辞書を参考にされたい。

## 2.9.3. 懸垂準動詞

準動詞（不定詞、動名詞、あるいは分詞）がその動作主を示すのが明確でない場合、その準動詞は「懸垂している」(dangling) といい、懸垂準動詞と呼ばれる。

英文法の専門家（IRS 1962; Tichy and Fourdrinier 1988）は、主節の主語を導く動名詞句あるいは不定詞句（すなわち「導入動名詞句」または「導入不定詞

句」)がその正しい主語を修飾していないとき、「懸垂している」と見なしている。例をあげよう。

**好ましくない例1** 懸垂している導入動名詞句の例（実際にはよく使われている）
- When **using** a nonaligning pitot static tube, the total velocity component cannot **be** exactly **measured** because of the swirl component.
(非線形のピトー静圧管を使用した場合、全速度成分は、渦成分により正確に測定できない。)
  ⇒ 下線部の「導入動名詞句」の導入動名詞 using が修飾するのは主語 the total velocity component である。しかしこれは現実にはピトー静圧管を使用したのは、この実験を行った誰か特定の人物であるのに、その人物ではない「全速度成分」を修飾していることになる。このように正しい主語を修飾していないので、下線部の導入動名詞句は「懸垂している」ということになる。

**好ましくない例2** 懸垂している導入不定詞句の例（実際にはよく使われている）
- **To predict** the thrust and power coefficients of the propeller, the aerodynamic coefficients must **be provided**.
(プロペラの推力と力係数を予測すると、空気力係数が与えられねばならない。)
  ⇒ 「導入不定詞句」の to predict が修飾するのは、人でなく不適切な the aerodynamic coefficients であるので、下線部の導入不定詞句は「懸垂している」ということになる。

Rowland (1962) は、上記の **好ましくない例1** のような導入動名詞句は、「しばしば、テクニカルライティングに使用されており、それらは熟語である。」と述べている。同じことが、導入不定詞句 **好ましくない例2** についても言える。

これらの「導入動名詞句」、「導入不定詞句」は明らかに副詞相当語句であると考えられる。すなわち、上記の「導入動名詞句」の using は、動詞 measured を修飾し、「導入不定詞句」の To predict は、動詞 provided を修飾していると考えることができる。なぜなら、それらの語句の動作は、文の主語によるも

のではないと容易にわかるからである。
　上記の例文の動詞（下線部）は受動態であることから、人（未知の動作主）によって準動詞（動名詞 using および不定詞 to predict）の動作が行われていることに注意すべきである。

　しかしながら、以下の（悪い例）に示すように、その動詞が能動態であるときは、the swirl component が using を行っていることになり、この動名詞 using はまさしく「懸垂している」ことになるので注意を要する。

（悪い例）　懸垂している導入動名詞句の例

- When **using** a nonaligning pitot probe, the swirl component **precludes** exact measurement of total velocity.
  （非線形のピトー静圧管を使用した場合、渦成分は全速度の正しい測定を妨げる。）
  - ➡ 動詞 precludes がこのように能動態であると、意味が通じないことになり（通常 preclude するのは人であるので）、動名詞 using を使った導入動名詞句（下線部）は「懸垂している」ことになる。

■導入動名詞句（および導入不定詞句）が、正しい主語以外の文の名詞を修飾するとき、「懸垂している」ことになる。その「明らかに懸垂している例」（導入動名詞句）を以下に示す。

（悪い例）　「明らかに懸垂している」導入動名詞句の例

- When **using** a nonaligning pitot static tube, total velocity cannot be measured exactly **by the investigator** because of the swirl component.
  （非線形のピトー静圧管を使用した場合、全速度は渦成分により、調査者によって正確に測定できない。）
  - ➡ 導入動名詞句（下線部）の動名詞 using は人ではない、正しくない主語 total velocity を修飾していると考えられるので、この導入動名詞句（下線部）は明らかに「懸垂している」ことになる（人であることを示す by the investigator が文中にあっても懸垂していると見なすことができる）。

### 良い例  導入動名詞句を正しい主語に修飾するようにした例

- When **using** a nonaligning pitot static tube, **the investigator** cannot exactly measure total velocity because of the swirl component.
  (非線形のピトー静圧管を使用した場合、その調査者は渦成分により、全速度を正しく測定できない。)

  ➡ using a nonaligning pitot static tube が修飾するのを、それを使用した人である主語 the investigator（下線部）にすれば、正しく文意が明確となる。

Rowland は「導入動名詞句」および「導入不定詞句」は熟語であり明らかに副詞的使用であるとして、**導入動名詞および導入不定詞の使用を正当化しているが、これを「分詞」にまで拡大していない**。彼は、懸垂分詞は、「だらしない英語」および「弱い構成」であるとして非難し、より明確な語句に置き換えるべきであると主張している。

そこで「懸垂分詞はだらしない英語か」あるいは「懸垂動名詞のように、それらは熟語になるのか」という疑問がわいてくる。以下、詳細に説明しよう。

## 独立分詞（絶対分詞）の熟語

熟語になってはいるが、見かけ上は懸垂分詞であるものを「独立分詞」という (Bernstein 1981)。この「独立分詞」は、以下の例文に示すように先行詞がなく、特定のものに使用するように意図されたものでなく、不定なものである。

### 良い例 1  熟語になった独立分詞 provided that の例

- The density mode is preferred **provided that** optical properties are measured.
  (光学的特性が測定されるなら、密度モードは好ましい。)

  ➡ provided that…（〜ならば）は、定着した表現の熟語である独立（過去）分詞である。

### 良い例 2  熟語になった独立分詞 given の例

- **Given** a variable factor, the fluctuating flow components can be calculated

from equations (31) to (38).
(変数因子が与えられると、(31)から(38)の式から変動する流体の流れ成分が計算できる。)

   ➡ Given ... は（～が与えられると）は、定着した表現である熟語の独立（過去）分詞である。

【良い例 3】 熟語になった独立分詞 depending on の例
- Either the density mode or the pressure mode can be used, **depending on whether supporting optical measurements or probe measurements are made**.
(支持光学測定あるいはプローブ測定が行われるかどうかにより、密度モードか圧力モードのいずれかが使用される。)

   ➡ depending on ...（～により、～に依存する）という定着した表現の熟語である独立（現在）分詞である。

【良い例 4】 熟語になったその他の独立分詞の例（独立現在分詞の例）
- generally speaking　（一般的にいえば）
- considering　（～を考慮すると）
- judging　（～を判断すると）
- concerning　（～に関して）
- regarding　（～に関して）
- beginning　（～をはじめると）

これらの独立分詞はまったく独立しており、文においては先行詞を持たない。

■以下の例に示す分詞は、一見独立分詞に見えるが、実際は懸垂分詞である例である。

【悪い例】 間違った位置の懸垂分詞の例
- An arbitrary factor controls the accuracy of the calculation **depending on pressure fluctuations**.
(ある任意の因子が圧力変動に依存する計算精度をコントロールする。)

   ➡ この位置の depending on は直前の名詞 calculation を修飾するため、意図した意味とは異なり、「懸垂分詞」となっている。

2.9. 準動詞を効果的に使う

( 良い例 )　正しい位置に移動した分詞の例
- A variable factor **depending on** pressure fluctuations controls the accuracy of the calculation.
 （圧力変動に依存する変数因子が計算精度をコントロールする。）
  → depending on を直前の名詞の主語 a variable factor を修飾するよう正しい位置にすれば、文意が通り、かつ明確になる。

■テクニカルライティングでは、「熟語にはなっていない独立分詞」をしばしば見かける。例をあげよう。

( 好ましくない例 )　熟語にはなっていない独立分詞の例（よく見られる懸垂分詞の例）
- The arbitrary factor can be assumed to be small and therefore can be neglected, **yielding** a first-order solution.
 （その任意因子は小さいと仮定でき、それ故、無視できる。そのこと（？）が第一次の解をもたらしている。）
  → この文で分詞 yielding は、唯一の名詞である The arbitrary factor を修飾すると考えられるが、意味が通らないので、懸垂分詞となる（熟語ではない独立分詞ともいえる）。しかし、実際のテクニカルライティングではよく見られる例である。

なお、この文の分詞（yielding）は、熟語の独立分詞ではないが、文全体の The arbitrary factor can be assumed to be small and therefore can be neglected（「その任意因子は小さいと仮定でき、それゆえ無視できる」ということ」）を修飾する独立した形容詞的構文であると、主張することによって正当化できるかもしれない。

■しかしながら、このような分詞は時には、次に示すように副詞的語句（不定詞）に変えられる場合がある。

( 良い例 )　分詞を不定詞に変更し文法的に正しくした例
- The arbitrary factor can be assumed to be small and therefore can be

neglected **to yield** a first-order solution.
(その任意因子は小さいと仮定でき、それ故、無視でき第一次の解をもたらす。)
　　➡ 分詞 yielding を不定詞 to yield に変更すれば、動詞 neglected を修飾して副詞的働きをする文法的に正しい文になる。

■文の終わりにくる分詞は、独立分詞でない場合があるが、非制限的に主語を修飾する。例をあげよう。

（良い例1）　独立分詞でない非制限的用法の分詞の例
- Increasing the leak area caused the boundary layer to attach, <u>thus **decreasing** heat transferred to the cove interior</u>.
(漏出面積の増加により境界層が付着する原因となった。このことにより、凹面内部に伝導する熱を減少させた。)
　　➡ 文 Increasing the leak area caused the boundary layer to attach の終わりの attach のところで分詞 decreasing を使うと、下線部は挿入句（非制限的用法の分詞）の意味合いがでてくる。

Cook (1985) では、このような位置に分詞があることに反対はしていないが、通常これらの分詞は以下のように重文の述部に変更できるとしている。

（良い例2）　分詞を重文の述部に変更した例
- Increasing the leak area caused the boundary layer to attach **and thus decreased** heat transferred to the cove interior.
(漏出面積の増加により境界層が付着する原因となった、そしてそれにより（その増加が）、凹面内部に伝導する熱を減少させた。)
　　➡ このように、and で結んで重文にし、動詞 decrease を主語 increasing の述部（動詞＋目的語）にすれば、（良い例1）より文意が明確になる。

■なお、独立分詞を、文法的に正しい絶対主格構文と混同してはならない。「絶対主格」はそれ自身の主語を有しており、文全体を修飾する。

## 2.9. 準動詞を効果的に使う

➡ 「絶対主格構文」は、独立分詞構文 (absolute participle construction) と呼ばれるもので、これは以下の (良い例) に示すように、主文の主語 Maraging steels と従属文の主語 their hardness が異なる場合の構造のことをいう。ここで、絶対主格 (nominative absolute) とは、従属文の主語 their hardness のことをいう。下線部の絶対主格の句は、名詞句 their hardness at -320°F と修飾句 being 38Rc からなる。修飾句には名詞句、前置詞句、形容詞句、現在分詞、過去分詞がある。

以下、例をあげて説明しよう。

(悪い例) 懸垂分詞の例

● Maraging steels are promising for cryogenic service, **having** hardness at -320°F of 38R$_c$.
（「マルエージング鋼は、超低温用途に有望であり、その鋼は38R$_c$という華氏−320°での硬度を有する。」あるいは「マルエージング鋼は、超低温用途に有望であり、その用途は38R$_c$という華氏−320°での硬度である。」）

➡ このように、分詞 having が Maraging steels を修飾するのか、cryogenic service を修飾するのかが曖昧である。したがって having は懸垂分詞となる。

(良い例) 文法的に正しい絶対主格構文の例

● Maraging steels are promising for cryogenic service, their hardness at -320°F being 38R$_c$.
（マルエージング鋼は、超低温用途に有望であり、華氏−320°におけるそれら鋼の硬度は、38R$_c$である。）

➡ 下線部が絶対主格構文で、現在分詞 being の絶対主格が their hardness で文意は明確である。これは、Maraging steels are promising for cryogenic service, and their hardness at -320°F are 38R$_c$. と書き換えできる。

## 副詞的分詞

　懸垂分詞であるように見えるのは、副詞的な動名詞句から前置詞 by が欠落している場合である。これを「副詞的分詞」と呼ぶが、以下の例文に示すように「動詞の後」、あるいは「文頭」に見られる。

**悪い例 1**　副詞的分詞（動詞の後に）として使った例（文法的には間違い）
- The logarithmic derivative is obtained **using** this least squares representation.
（その対数微分は、最小 2 乗法を使用して得られる。）
　➡ 動詞 obtained の後の using は懸垂分詞のように見えるが　by の欠落の例であり、obtained を修飾する副詞的分詞として使用されている例（文法的には間違いである）。

**良い例 1**　副詞的な動名詞句（by を補って）にして修正した例
- The logarithmic derivative is obtained **by using** this least squares representation.
（その対数微分は、最小 2 乗法を使用することによって得られる。）
　➡ 動名詞 using の前に手段を示す by を入れれば、文法的に正しい副詞的な動名詞句「by ＋動名詞（using）」となる。

**悪い例 2**　副詞的分詞（文頭に）として使った例（文法的には間違い）
- **Neglecting** the dependence of $n$ on Reynolds number, the results of figure 11 <u>can be used</u> to estimate $n$.
（レイノルズ数に関して $n$ の依存を無視すれば、図11の結果は、$n$ を推定するために使用できる。）
　➡ 文の初めの分詞 Neglecting は、懸垂分詞のように見えるが、by の欠落の例であり、動詞句 can be used（下線部）を修飾する副詞的分詞として使用されている例（文法的には間違いである）。

## 2.9. 準動詞を効果的に使う

**良い例2**　副詞的な動名詞句（byを補って）にして修正した例

- **By neglecting** the dependence of $n$ on Reynolds number, the results of figure 11 can be used to estimate $n$.

（レイノルズ数に関して$n$の依存を無視することによって、図11の結果は、$n$を推定するために使用できる。）

　➡　文の初めのneglectingにByを入れれば文法的に正しい動名詞句「by＋動名詞neglecting」となる。

**悪い例3**　副詞的分詞（文頭に）として使った例（文法的には間違い）

- **Substituting** equation (34) instead of equation (14), the terms for the fluctuating modes <u>can be rewritten</u>.

（式(14)のかわりに、式(34)を置換すれば、変動モードの式の項が書き換えできる。）

　➡　文の初めの分詞substitutingは、懸垂分詞のように見えるが、byの欠落の例であり、動詞句 can be rewritten（下線部）を修飾する副詞的分詞として使用されている例（文法的には間違いである）。

**良い例3**　副詞的な動名詞句（byを補って）にして修正した例

- **By substituting** equation (34) instead of equation (14), the terms for the fluctuating modes can be rewritten.

（式(14)のかわりに、式(34)を置換することによって、変動モードの式の項が書き換えできる。）

　➡　文の初めのsubstitutingにByをつければ文法的に正しい副詞的な動名詞句「by＋動名詞substituting」となる。

<u>実際には、上記の文にbyを補っても何ら意味を付け加えたことにならない。</u>これらの文の分詞は明らかに動詞を修飾していると考えられるので、文意は明確である。しかしながら、分詞はその定義では形容詞であるので**「副詞的分詞」の使用は文法的には誤り**である。

■また、byをつける以外に、副詞的分詞の使用を修正する方法がある。動名詞句をさらに明確にする前置詞句／名詞句に置き換える例を、次頁に示す。

第 2 章 テクニカルライティングに必須の英文法の基本

**良い例 1**　動名詞句を前置詞句に置き換えた例

（置き換え前：動名詞句）

- The logarithmic derivative is obtained **by using** this least squares representation.

（その対数微分は、この最小 2 乗法を使用することによって得られる。）

（置き換え後：前置詞句）

- The logarithmic derivative is obtained **from** this least squares representation.

（その対数微分は、この最小 2 乗法から得られる。）

　➡ by using（動名詞句）の代わりに前置詞 from を使って下線部のように前置詞句にすれば、語数も少なくかつ文意をより明確に表現できる。

**良い例 2**　動名詞句を前置詞句に置き換えた例

（置き換え前：動名詞句）

- **By neglecting** the dependence of $n$ on Reynolds number, the results of figure 11 can be used to estimate $n$.

（レイノルズ数に関して $n$ の依存を無視することによって（動名詞句）、図11の結果は、$n$ を推定するために使用できる。）

（置き換え後：前置詞句）

- **With** the dependence of $n$ on Reynolds number neglected, the results of figure 11 can be used to estimate $n$.

（レイノルズ数に関して $n$ の依存を無視して、図11の結果は、$n$ を推定するために使用できる。）

　➡ by neglecting（動名詞句）の代わりに前置詞 with を使って下線部のように前置詞句にすれば、より文意を明確に表現できる。

**良い例 3**　動名詞句を名詞句に書き換えた例

（書き換え前：動名詞句）

- **By substituting** equation (34) instead of equation (14), the terms for the fluctuating modes can be rewritten.

（式(14)のかわりに、式(34)を置換することによって、変動モードの式の項が書き換え

できる。)
(書き換え後：名詞句（動名詞主語）)
- **Substituting** equation (34) instead of equation (14) **allows** the terms for the fluctuating modes to be rewritten.
  (式(14)のかわりに式(34)を置換することにより、変動モードの式の項の書き換えが可能となる。)
  
  ➡ by substituting（動名詞句）の構文を、substituting を主語にする名詞句（下線部）に書き換えれば、文意が明確かつ力強い文となる。

## 懸垂分詞の修正

分詞が間違った名詞を修飾しているように見える場合、これはまさしく「懸垂している」ことになり（懸垂分詞）、非常に見苦しいので修正が必要である。例をあげよう。

### 悪い例1　懸垂分詞となっている例

- **Using** a nonaligning pitot probe, the swirl component precludes exact measurement of total velocity.
  (非線形のピトー静圧管を使用すると、渦成分は全速度の正しい測定を妨げる。)
  
  ➡ 現在分詞 Using は名詞 the swirl component を修飾することになるが、実際には副詞的な用法になっていて文法的に間違いであり、「懸垂分詞」となっている。

### 良い例1　従属節にして明確にした例

- When a nonaligning pitot tube **is used**, the swirl component precludes exact measurement of total velocity.
  (非線形のピトー静圧管が使用される場合には、渦成分は全速度の正しい測定を妨げる。)
  
  ➡ 受動態を使って従属節（下線部）にすれば、論理的に明確になる。

### 悪い例2　懸垂分詞となっている例

- The shock is essentially normal near the body, **producing** subsonic flow.

(衝撃は本体の近くでは本質的に正常で、それは（？）亜音速の流速を生じる。)
➡ producing が、the shock を修飾するのか、body を修飾するのかが曖昧で「懸垂分詞」となっている。

> 良い例 2　倒置を使って明確にした例

- Near the body is an essentially normal shock **producing** subsonic flow.
(本体の近くに、亜音速の流速を生じる本質的に正常な衝撃がある。)
➡ near the body を「倒置（法）」を使って文頭に置き、producing が修飾する名詞を shock にするように書き換えて、文意を明確にする。

> 悪い例 3　懸垂分詞となっている例

- **Encouraged** by these results, a new research effort was begun.
(これらの結果によって勇気づけられて、新しい研究活動が始められた。)
➡ 過去分詞 encouraged は、それが修飾するのは人であるはずなのに、誤った主語 a new research effort を修飾しているので、「懸垂分詞」となっている。

> 良い例 3　正しい主語に書き換えた例

- Encouraged by these results, **we** began a new research effort.
(これらの結果によって勇気づけられて、我々は新しい研究活動を始めた。)
➡ Encouraged されたのは we であると、正しい主語を修飾するよう書き換えて、文意を明確にする。

## 「NASA ラングレー編集部門」からのアドバイス

■ 導入動名詞句あるいは導入不定詞句が「明らかに副詞的である」と思われる場合には、「NASA ラングレー編集部門」は**その用法は熟語とみなし**、それゆえ**「懸垂している」**とはみなさない。

■ ライティングの専門家は誰も、「副詞的分詞」および「熟語でない独立分詞」はテクニカルライティングにおいて許されるとは述べていないけれども、そのような分詞は一般に広く使われ、十分理解されている。これらの使用を禁

じることは、波が自然に立ち上がるのを禁止するようなものである。これらの分詞の構文は確かに文法的には合っていないが、**ほとんど誤解されることはない**。

■「副詞的分詞」あるいは「独立分詞」が間違った名詞を修飾していない限り、その使用は許されるけれども、「NASA ラングレー編集部門」は、**お勧めしない**（⇒87頁の（**好ましくない例**）熟語になっていない独立分詞の例参照）。

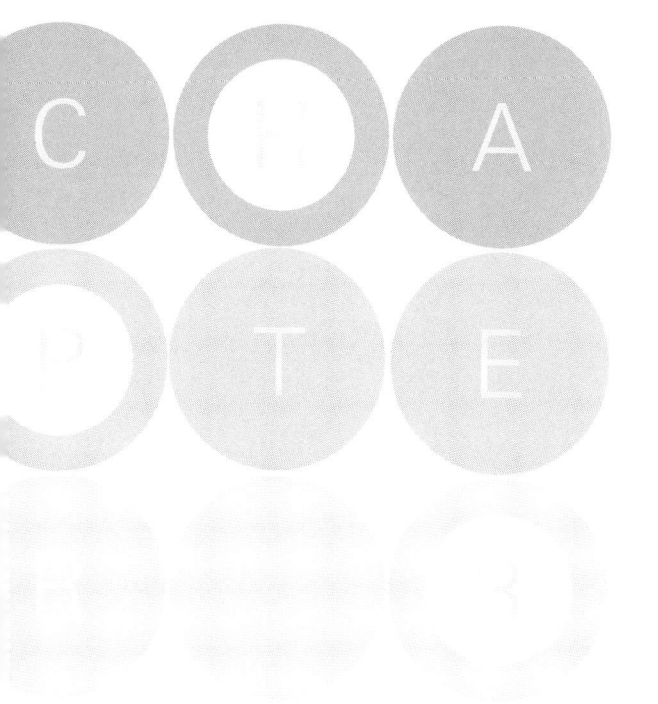

第3章 テクニカルライティングにおける文の構成力を高める基本

第3章 テクニカルライティングにおける文の構成力を高める基本

## 3.1 文の構成力を高める5つの手法とは

　文章を効果的に書くには英文法以上に重要なものがある。それはコミュニケーションを確実にする、句、文、およびパラグラフを「効果的に構成する技術」である。テクニカルライティングにおいて、テクニカルライターや編集者は、読み手の立場を考え、**効果的に文の構成力を高める「5つの手法」**を知っておく必要がある。すなわち、
① 「主語と動詞の関係を力強くする手法」
② 「パラレリズムにより一貫性をとる手法」
③ 「簡潔に書く手法」
④ 「比較を効果的に行う手法」
⑤ 「文を強調する手法」
に従うことである。これらの手法について詳細に説明しよう。

## 3.2. 主語と動詞の関係を力強くする手法

文は、以下に示すように「3つのタイプの文」に分けることができる。

(1) 主語が何かの動作を行う文（下線部は「**動作動詞**」）
　　Researchers write reports.
　　（研究者は報告書を書く。）
(2) 主語が動作を受ける文（下線部は「**受動動詞**」）
　　The reports are reviewed by editors.
　　（報告書は編集者によって校正される。）
(3) 主語が他の何かと同等な文（下線部は「**連結動詞**」）
　　Reports are Langley's research product.
　　（報告書はラングレー研究所の著作物である。）

→ ここで、「連結動詞」とは、be動詞、seem, appear, look 等の「〜である、〜ようである」という意味を示す動詞をいう。

これら「3つのタイプの文」すべてにおいて、「主語」と「動詞」は最も重要な要素であり、「主語を明確にする」こと、「動詞を力強くする」こと、そして「主語と動詞の関係を改善する」ことは、**文の構成力を高めるための必須要件**である。

### 3.2.1. 主語を明確にする

「主語」と「動詞」は基本的に重要である。すなわち、「主語を明確にする」ことが必須である。しかし、以下に示す 悪い例1, 2 は、書き手がそのことを全く忘れている例である。

**悪い例1** 主語が本当の主語ではない例
- An indication of probable asymmetric throat area reduction between the upper and lower throats of this nozzle during reverse thrust operation is

shown by the jet-lift coefficients presented in figure 28.
（逆噴射動作中、本ノズルの上部および下部のスロート部間で起こりうる、非対称スロート面積が減少する兆候は、図28のジェット揚力係数によって示される。）

> 主語 indication は、is shown と重複しており、かつ本当の主語ではない。本当の主語は下線部の asymmetric throat area reduction、または the jet-lift coefficients presented in figure 28 である。

**悪い例 2** 　不要な間接構文（there is）の例

- At NPR < 4, there is a large reduction in discharge coefficient due to reverse thrust operation, indicating a decrease in the effective throat area for the nozzle.
（NPR が 4 以下では、逆噴射動作により流出係数の大きな減少がある。このことにより、ノズルの有効スロート面積が減少することを示す。）

> there is は不要な間接構文で本当の主語と動詞ではない。本当の主語は、下線部の a large reduction in discharge coefficient である。

■文の主語は、「明確」で「具体的な用語」を使って表現しなければならない。このことは科学技術文書において、特に重要であるが、文において示されたトピック（主題）が、しばしば文の本当の主語になっていないことが起こる。すなわち、上記の **悪い例 1** では、indication は本当の主語ではなく、**悪い例 2** では、間接的な構文 there is によって、本当の主語と動詞が無駄にされている例である。

Linton（1962）によれば、文の「本当の主語」は、**文の本当の動作を突き止める**ことにより見つけられると提唱している。すなわち、このとき、本当の主語は「**動作を受ける**」か、より好ましくは「**動作を行う**」かのいずれかである。

■まず **悪い例 1** を検討してみよう。この文で、最初にすべきことは、「動作」を突き止める（探し当てる）ことである。いくつかの動作を表す語 (indication, reduction, operation, is shown, presented) を見ると、**indication** が**最も重要な動作である**。すなわち、indication の動詞形である「indicate が

## 3.2. 主語と動詞の関係を力強くする手法

本動詞」であると分かれば、以下のような2つの 訂正例1，2 ができあがる。 訂正例1 は受動態、 訂正例2 は能動態の例である。

### 訂正例1　本動詞を動詞として書き直した例（受動態の例）

- <u>Asymmetric throat area reduction</u> between the upper and lower throats of this nozzle during reverse thrust operation **is** probably **indicated** by the jet lift coefficients presented in figure 28.

（逆噴射動作中、本ノズルの上部と下部のスロート部間の非対称スロート面積が減少するのは、図28に示されたジェット揚力係数によっておそらく示される。）

➡ 本動詞 indicate から、「動作を受ける」のは下線部の asymmetric throat area reduction であることがわかり、これを主語にすれば、明確に受動態の文となる。

### 訂正例2　本動詞を動詞として書き直した例（能動態の例）

- <u>The jet lift coefficients</u> presented in figure 28 **indicate** a probable asymmetric throat area reduction between the upper and lower throats of this nozzle during reverse thrust operation.

（図28に示されたジェット揚力係数から、逆噴射動作中に本ノズルの上部および下部のスロート部間の非対称スロート面積の減少が起こりうることを示す。）

➡ 本動詞 indicate の「動作を行う」のは下線部の The jet lift coefficients であることがわかり、これを主語にすれば明確に能動態の文となる。

ここで、 訂正例2 は、 訂正例1 と比べて、動作動詞がその主語の近くにあり読みやすい。また、文脈からみて 訂正例2 の文の方が好ましい。

このように文脈が主語の選択に影響を与えるので、1つの文から次の文へ効果的に移行するには、文の主語を前の文と関係づけなければならない。

■次に、間接的な構文をもつ 悪い例2 を検討してみよう。この例では、単に付け足した、**無駄な there is （間接構文）** が文の本当の**動作 indicating** を**分詞構文にしてしまっている**。indicate を本動詞にすることによって、a large reduction in discharge coefficient が主語になることがわかり、以下のよう

第3章 テクニカルライティングにおける文の構成力を高める基本

な 訂正例 が出来上がる。

訂正例　間接構文を本動詞を使って書き直した例（能動態の例）
- At NPR < 4, a large reduction in discharge coefficient due to reverse thrust operation **indicates** a decrease in the effective throat area for the nozzle.
  （NPRが4以下では、逆噴射動作による流出係数の大きな減少により、ノズルの有効スロート面積が減少することを示す。）
  ⇒ 不要な句 there is を削除し、動詞 indicate を本動詞にして文を書き直す。

■その他の間接構文例（it ... that 構文）を以下に示す。代名詞 it に注意が必要である。

悪い例1　不要な間接構文の例
- It appears that grain refining improved the toughness of maraging steels.
  （結晶粒微細化がマルエージ鋼の硬度を改善したように見える。）
  ⇒ 不要な it ... that 構文（下線部）である。

良い例1　本当の主語を使って書き直した例
- Grain refining seemed to improve the toughness of maraging steels.
  （結晶粒微細化がマルエージ鋼の硬度を改善したように思えた。）
  ⇒ 不要な It appears that の間接構文を削除し、本当の主語（Grain refining）で文を構成する。appear（〜見える／〜明らかである）は意味が複数あり曖昧であるので、別の語 seem（〜と思える）に変更する。

悪い例2　不要な間接構文の例
- It is obvious that a blackbody laser is feasible as a space power system.
  （黒体レーザーが宇宙電力システムとしてふさわしいということは明らかである。）
  ⇒ 不要な it ... that 構文（下線部）である。

## 3.2. 主語と動詞の関係を力強くする手法

**良い例2** 1語の副詞に置き換えた例
- Obviously a blackbody laser is feasible as a space power system.
  (明らかに黒体レーザーが宇宙電力システムとしてふさわしい。)
    - 🔴 It is obvious that の不要な間接構文を、1語の副詞 obviously を使って簡略化する。

■間接構文は文脈にあった構文であれば、時には機能する。しかしながら、多くの英文法の本とライティングの参考書では、間接構文を冗長でかつ不必要であるとして非難している（3.4.1.項123頁参照）。Rowland（1962）は、「このような付け足し文は、本当の主語が見えてくるまで時間がかかるだけだ」と述べている。Tichy and Fourdrinier（1988）も、Rowland の見解と同様、「間接構文は曖昧である」としている。it is well known あるいは it is believed のような熟語は、著者の一般的な認識あるいは考えを示していることから、曖昧さをさけるため、以下に示すように人称代名詞に変更する。

**悪い例** 曖昧な間接構文の例
- It is believed that this is a nozzle-aspect-ratio effect.
  (これはノズルアスペクト比効果であるということが信じられる。)
    - 🔴 誰によって信じられているか曖昧な構文である。また指示代名詞 this も何を指すのか曖昧である（下線部）。
    大抵のテクニカルライティングでは、このような間接構文は通常、著者の一般的認識あるいは考えを表すので、以下のように明確に人称代名詞を主語にするのが適当である（2.3.2.項24頁参照）。

**良い例** 人称代名詞を主語にして書き換えた例（明確にした例）
- We believe that **this** back pressure increase is a nozzle-aspect-ratio effect.
  (著者等はこの背圧の増加はノズルアスペクト比効果であると考える。)
    - 🔴 「一人称代名詞」we を使い、かつ this increase だけでは this が何の増加か曖昧であるので、明確にする。例えば、back pressure（背圧）を追加し、this back pressure increase（この背圧の増加）（下線部）とする。

■しかしながら、特に、**this** を使った上記の下線部のような変更には注意を要する。なぜなら (Ebbitt and Ebbitt 1982)、「漠然とした参照」を示す指示代名詞（名詞として使われる this, these, that, あるいは those）は、その先行詞が明確でない場合、その使用は望ましくなく、かつ文法的に誤りであるからである (2.3.1.項22頁参照)。さらに例をあげよう。

悪い例　曖昧な指示代名詞の例

- Mass flow rate increased in the cove. **This** resulted in increased cove gas temperature.
（質量流量はコーブ（凹部）で増加した。このことがコーブのガス温度の上昇をもたらした。）

　　→ This が、何を指すのか (mass flow rate あるいは increased を指すのか) 曖昧なので明確にする必要がある。

良い例　曖昧な指示代名詞を明確に書き換えた例

- The increasing mass flow rate in the cove increased cove gas temperature.
（コーブ（凹部）の質量流量の増加により、コーブのガス温度が上昇した。）

　　→ 悪い例 の This は、「質量流量はコーブ（凹部）で増加した」ことを指すことから、これを主語 The increasing mass flow rate in the cove（下線部）に書き換えて、原因結果を表す文 (1.2.7.項14頁参照) にすれば、明確かつ1文で表現できる。

■上記の 悪い例 のように、すべての代名詞の後には、result（結果／結果として生じる）、effect（効果／もたらす）、あるいは apparatus（装置）のような「抽象的な用語」を挿入してはならない。なぜなら、文（あるいは節）の主語は明確かつ具体的でなければならないし、そして前の文の考えに関係づけなければならないからである。

## 3.2.2. 動詞を力強くする

「動作」を示すことができる唯一の用語は「動詞およびその動詞の派生語」である。動詞を力強くすることにより、文をより簡潔に、そしてより読みやす

くすることができる。以下の例文において、動詞 reduce の動作は、上から順番にその力強さが失われている。

　⊃　文の力強さは、「能動態＞受動態＞準動詞＞動詞由来の名詞」の順で力強い。したがって**能動態を選ぶようにする**ことである。

＜能動態＞
- If we <u>reduce</u> drag, ...　　（もし、我々が抗力を減らせば、……）

＜受動態＞
- If drag <u>is reduced</u>, ...　　（もし、抗力が減れば、……）

＜準動詞＞
- With <u>reduced</u> drag, ...　　（減少した抗力により、……）

＜動詞由来の名詞＞
- With <u>reduction</u> of drag, ...（抗力の減少により、……）

## 弱い動詞

弱い動詞になる最も一般的な原因はすでに述べた。すなわち、文において**本当の動詞の名詞形を使ってそれを主語にすると、それに続く動詞は弱い動詞にならざるをえない**。以下の例に示すように、本当の動詞の名詞形を使って文の主語にすることは避け、「本当の動詞を動詞として使う」ことである。

**悪い例 1**　動詞を名詞形にして主語にした例（「動詞由来の名詞」が主語の例）
- <u>A comparison</u> of lift coefficients for the two configurations **is presented** in table II.
（その2つの形状に対する揚力係数の比較は、表Ⅱに示される。）
　⊃　動詞 compare を名詞形にして主語にした結果（下線部）、それに続く動詞は、弱い動詞 is presented とならざるを得ず、弱い文となる。また語数も増える **(14語)**。

**良い例 1**　文の本当の動詞を使って力強くした例（「受動態」の例）
- <u>Lift coefficients</u> for the two configurations **are compared** in table II.
（その2つの形状に対する揚力係数は、表Ⅱで比較される。）

➡ 文の本当の動詞 compare を使えば比較されるということが明確になり、かつ語数も少なくてすむ (**11語**)。

**悪い例2** 動詞を名詞形にして主語にした例 (「動詞由来の名詞」が主語の例)
- <u>The agreement</u> between calculated and experimental heating rates **was** within 30 percent.
 (温度上昇速度の計算値と実験値の一致は、30%以内であった。)
 ➡ 動詞 agree を名詞 agreement にして主語にした結果 (下線部)、それに続く動詞は、弱い動詞である be 動詞の was とならざるを得ず、弱い文となる。また語数も増える (**12語**)。

**良い例2** 文の本当の動詞を使って力強くした例 (「能動態」の例)
- <u>Calculated and experimental heating rates</u> **agreed to** within 30 percent.
 (温度上昇速度の計算値と実験値は、30%以内で一致した。)
 ➡ 文の本当の動詞 agreed を使えば「一致した」ということが明確になり、かつ語数も少なくてすむ (**10語**)。

**悪い例3** 動詞を名詞形にして主語にした例 (「動詞由来の名詞」が主語の例)
- Asymmetric throat area <u>reduction</u> between the upper and lower throats **occurred** during reverse thrust operation.
 (上部と下部のスロート部間の非対称スロート面積が減少することが逆噴射動作中に起こった。)
 ➡ 動詞 reduce を名詞形 reduction を使い主語にした結果 (下線部)、それに続く動詞は、弱い動詞 occurred とならざるを得ず、弱い文となる。また語数も増える (**15語**)。

**良い例3** 文の本当の動詞を使って力強くした例 (「能動態」の例)
- <u>Throat area</u> **decreased** asymmetrically between the upper and lower throats during reverse thrust operation.
 (スロート面積が逆噴射動作中に上部と下部のスロート部間で非対称に減少した。)

文の本当の動詞 decreased を使えば明確になり、かつ語数も少なくてすむ (**14語**)。なお、reduced は「還元された」という意味もあるので、この例では文意を明確にするため動詞 decreased に変更している。

動詞を弱くするもう一つの要因は might, may, seem to, appear to あるいは tend to のような言葉で「言葉を濁して曖昧にする」ことによって起こる。このような**曖昧にする語は、動詞を弱くするのみならず、書き手の優柔不断さを暗示する**ことになるので、「言葉を濁して曖昧にする言葉」は使いすぎてはならない (3.4.1.(5)項124頁参照)。

## 能動態と受動態の使い分け

「動詞の態」(2.4.3.項42頁) で検討したように、ライティングの専門家は受動態より圧倒的に能動態を好む。

しかしながら、Tichy と Fourdrinier (1988) は、「受動態が適切である5つの場合」を以下のようにリストアップしている (2.4.3.項42頁の再掲載)。

**＜受動態が適切である5つの場合＞**
(1) 動作主が重要でない、知られていない、あるいは述べるべきでない場合。
(2) 動作の受け手を強調する必要がある場合。
(3) 文が能動態ではまとまりがない場合。
(4) 能動態が続きすぎ、変化が必要な場合。
(5) 弱い命令形が必要な場合。

科学技術文書において、上記(1)と(2)は受動態の使用を正当化するが、(4)の逆の場合もまた考慮する必要がある。すなわち、「NASA ラングレー編集部門」では、**受動態の多い論文・レポートで、時には変化のため能動態を使うことが必要である**としている (Tichy and Fourdrinier (1988) は「良い文体には文の変化が重要である」と述べている)。

このことから、テクニカルライターや編集者は適切に能動態に変更できる文には注意を払わなければならない。例をあげよう。

第3章　テクニカルライティングにおける文の構成力を高める基本

> 悪い例 1　受動態にする必要がない例（不明確となる例）

- The dependence of $n$ on Mach number **was reduced** at higher Reynolds numbers.

  （マッハ数に関する$n$の依存は、より高いレイノルズ数で減少させられた。）

  ➡ 何によって「減少させられた」のかが不明。また受動態にする必要がない。

> 良い例 1　能動態に変更した例（明確になる例）

- The dependence of $n$ on Mach number **decreased** at higher Reynolds numbers.

  （マッハ数に関する$n$の依存は、より高いレイノルズ数で減少した。）

  ➡ このように能動態にすると主体が明確になる。あるいは

- <u>Increasing Reynolds number</u> **reduced** the dependence of $n$ on mach number.

  （レイノルズ数が高くなると、マッハ数に関する$n$の依存は減少した。）

  ➡ 主語を Increasing Reynolds number（下線部）にすることも可能である。そしてこのように能動態にすると主体が明確になる。

> 悪い例 2　受動態にする必要がない例（言いたい内容ではない例）

- <u>The reduction in discharge coefficient</u> **is** probably **caused** by an increase in back pressure.

  （流出係数の減少は、背圧の増加によっておそらく引き起こされる。）

  ➡ 文脈から言いたいのは下線部ではない。従って受動態にする必要がない。

> 良い例 2　能動態に変更した例（明確になる例）

- <u>An increase in back pressure</u> probably **causes** the reduction in discharge coefficient.

  （背圧が増加すると、流出係数の減少をおそらく引き起こす。）

  ➡ 言いたいのは An increase in back pressure（下線部）であるので、これを主語にすれば能動態となり、主体が明確になる。

## 3.2. 主語と動詞の関係を力強くする手法

> **良い例3**　受動態が使われる例（動作主が重要でない例）

- <u>Pressures and cold-wall heating rates</u>, normalized with respect to wing surface conditions, **are shown** in figures 2 and 3.

（圧力および低温壁の温度上昇速度は、翼表面条件について正規化されるが、図2および図3に示される。）

> ➡ この例では受動態であっても曖昧ではない。なぜなら通常論文・レポートでは著者が図示していることは明確であるからである。また主語（下線部）に話題の中心があるので、このように受動態になる傾向がある。

> **良い例4**　上記 **良い例3** を能動態に変更した例（擬人法を使った例）

- <u>Figures 2 and 3</u> **show** pressures and cold-wall heating rates, normalized with respect to wins surface conditions.

（図2および図3は圧力および低温壁の温度上昇速度を示すが、圧力および低温壁の温度上昇速度は翼表面条件により正規化される。）

> ➡ このように能動態にすれば、話題の中心が図2、3（下線部）であることが明確になる。

■この **良い例4** は、一般に擬人法と呼ばれるレトリックの手法である。Rowland (1962) は、「擬人法は使い過ぎなければ、文に活性と強調を与える効果的手段であり、かつ受動態の過度の使用を防ぐ方法である」と述べている。Bernstein (1981) は、これに同意しているが、両人とも、**「行き過ぎた擬人法」の使用には警告を与えている。**

> ➡ 「行き過ぎた擬人法」は、専門用語で「感傷的虚偽」(pathetic fallacy) と呼ばれる。文学によくある表現で、無生物に人間であるかのような感情を持たせた表現法のこと。テクニカルライティングでは「もの」に関心があるため、「<u>無生物主語</u>」がよく使われ、主語である無生物が人間のように振る舞う表現がひんぱんに用いられる。しかし、文脈により行き過ぎた擬人法となることがあるので、ここでは、それを「行き過ぎた擬人法」と呼び、以下の例に示すように注意すべきである。

第3章　テクニカルライティングにおける文の構成力を高める基本

◯悪い例　行き過ぎた擬人法の例
- <u>Nonessential loads</u> can **take advantage of** voltage regulation, but essential loads cannot.
  （本質的でない負荷は電圧制御を利用できるが、本質的負荷は利用できない。）
  ➡ 「利用する」のは本来、人であるのに、「本質的でない負荷」（無生物）（下線部）が「利用できる」とするのは、「行き過ぎた擬人法」であり、正確な表現ではない。

◯修正例　行き過ぎた擬人法を修正した例
- For nonessential loads, <u>designers</u> can **take advantage of** voltage regulation, but for essential loads, they cannot.
  （本質的でない負荷に対し、設計者は電圧制御を利用できるが、本質的負荷に対しては設計者は利用できない。）
  ➡ 人である「設計者」（下線部）が「利用できる」とすれば、自然な文となる。あえて無生物を主語にする意味がないことがわかる。

■連結動詞（be動詞、seem, appear, look等の動詞）もまた、以下の例に示すように能動態で表現する。それにより語数も少なくてすむ。

◯悪い例　連結動詞を使った例（文が弱くなる例）
- The velocity and density sensitivities <u>are</u> both <u>dependent on</u> Mach number.
  （速度と密度の感度は双方ともマッハ数に依存する。）
  ➡ 動詞 depend を使えるにも関わらず、連結動詞（この例では be 動詞の are）と形容詞句 dependent on を使って述べている（文としては弱い）（11語）。

◯良い例　動作動詞を使って能動態で表現する例（力強くなる例）
- The velocity and density sensitivities both <u>depend on</u> Mach number.
  （速度と密度の感度は双方ともマッハ数に依存する。）
  ➡ 動作動詞 depend を使えば、文が力強くなる。また語数を減らすことができる（11語→10語）。

## 準動詞(動名詞、不定詞、分詞の総称)による能動的構文

活力のあるライティングには必ずしも能動態を必要としない。なぜなら、以下に示すように、前置詞句、動名詞句、不定詞句による、他のタイプの「能動的構文」があるからである(Linton 1962)。

- 前置詞句:methods for reduction of ... (……の還元のための方法)

- 動名詞句:methods for reducing ... (……を還元することの方法)

- 不定詞句:methods to reduce ... (……を還元するための方法)

ここで、動作の強調の度合いは、「前置詞句<動名詞句<不定詞句」の順に強くなる。**不定詞句が一番強い。**

## 3.2.3. 主語と動詞の関係を改善する

「主語」と「動詞」は文の最も重要な要素である。特に主語と動詞の間に修飾語が多くありすぎると、主語と動詞を圧倒してしまう。修飾語が文それ自身(主語―動詞―目的語)より、興味深く強調すべきものであれば、修飾語は主動詞の位置、あるいは新しい文か独立節の位置に移動すべきである。

(悪い例) どれを修飾するか曖昧な長い修飾語の例

- The test medium is the combustion products of methane and air, **which** are produced in a high-pressure combustor, expanded through an axisymmetric contoured nozzle, and diffused and pumped from the test section to the atmosphere through an annular air ejector.

(テスト媒体は、メタンと空気の燃焼生成物であり、それらは(?)高圧燃焼室で生成し、軸対称成形ノズルを通して膨張し、そして環状空気排出器を通してテスト部から大気中に拡散し、ポンプで排出される。)

→ 下線部の長い修飾語はどこに、どのようにかかるか曖昧。whichの先行詞も明確でない。

第3章　テクニカルライティングにおける文の構成力を高める基本

> 良い例1　コンマで囲い込んで明確にした例

- The test medium, <u>the combustion products of methane and air</u>, is produced in a high-pressure combustor, expanded through an axisymmetric contoured nozzle, and diffused and pumped from the test section to the atmosphere through an annular air ejector.
（テスト媒体は、メタンと空気の燃焼生成物であるが、高圧燃焼室で生成し、軸対称成形ノズルを通して膨張し、そして環状空気排出器を通してテスト部から大気中に拡散し、ポンプで排出される。）

　⇒　下線部のようにコンマで囲い込んで挿入句にすれば明確になる。あるいは、

> 良い例2　文を分割して明確にした例

- <u>The test medium is</u> the combustion products of methane and air. <u>These gases are burned</u> in a high-pressure combustor, and <u>the combustion products are expanded</u> through an axisymmetric contoured nozzle and <u>diffused and pumped</u> from the test section to the atmosphere through an annular air ejector.
（テスト媒体はメタンと空気の燃焼生成物である。これらのガスは高圧の燃焼室で燃焼され、燃焼生成物は軸対称成形ノズルを通して膨張し、環状空気排出器を通してテスト部から大気中に拡散しポンプで排出される。）

　⇒　このように、文を2つに短く分割し、それぞれの主語と動詞の関係を明確にすれば（下線部）、理解しやすく読みやすくなる。

■ > 悪い例 （111頁）に示したように、主語と動詞の間に多くの修飾語があると文の連続性が壊れる。すなわち、読み手は動詞がくるまで、文の主語を思い起こすことができない。副詞句の修飾語は移動させることもできるが、形容詞句や形容詞節は、修飾する名詞から遠く離れて置くことができないので、特に問題が起こりやすい。さらに例をあげよう。

> 原文　長い形容詞節と長い形容詞句の例

- Pressures **that** were sensed at discrete locations[1] such as <u>in the cavity just</u>

behind the seal[2], at the bulkhead[3], and at the base of the elevon and ramp[4] are also given.
（密封部分の真後ろにある空洞部、隔壁、およびエレボン（昇降舵補助翼）とランプ（傾斜路）の基部のような別々の場所で、検知された圧力がまた得られる。）
　⊃　下線部1はPressuresを修飾する「長い形容詞節」、下線部2、3、4はdiscrete locationsを修飾する「長い形容詞句」で、長く非常に読みにくい文となっている。

このような長い「形容詞句」（あるいは形容詞節）が主語と動詞の間にある場合、明確にするため、主語と動詞の関係の「4つの修正方法」がある。

## ＜主語と動詞の関係の「4つの修正方法」＞
(1)　介在する形容詞句を短くする。
● Pressures sensed at discrete locations, such as at the bulkhead, are also given.
（隔壁のような個々の場所で、検知された圧力がまた得られる。）
　⊃　（原文）（112頁）の長い形容詞句 in the cavity just behind the seal, at the bulkhead, and at the base of the elevon and ramp（下線部2、3、4）を1つの形容詞句 at the bulkhead のみで代表させ、そして関係代名詞 that を省けば、文は短くなり読みやすくなる。

(2)　主語と動詞を倒置させる。
● Also given are pressures **that** were sensed at discrete locations such as in the cavity just behind the seal, at the bulkhead, and at the base of the elevon and ramp.
（また得られたのは、密封部分の真後ろにある空洞部、隔壁、そしてエレボンとランプの基部のような個々の場所で検知された圧力である。）
　⊃　（原文）（112頁）の主語Pressuresと動詞are givenを倒置することにより、長い形容詞節（**that** 以下）が明確に pressures を修飾することができる。なお、この倒置法では、given（得られた）ということが強調される。

第3章　テクニカルライティングにおける文の構成力を高める基本

しかし、このように主語と動詞を倒置すると、強調個所を大きく変えることになったり、しばしば不自然な文になったりするので、注意を要する。

(3)　動詞句が短く、修飾が明確であれば、主語と形容詞節の間に動詞を置く。
- Pressures are also given[1] which were sensed at discrete locations such as in the cavity just behind the seal, at the bulkhead, and at the base of the elevon and the ramp.[2]
(密封部分の真後ろにある空洞部、隔壁、そしてエレボンとランプの基部のような個々の場所で検知された圧力がまた得られる。)

   ⇒ この文では下線部1の短い動詞句 are also given は関係節（which 以下）とその先行詞 Pressures の間にある。しかし下線部2の形容詞節（which 以下の文）が、離れた Pressures を修飾することは誤解なく明確にわかる。

「NASA ラングレー編集部門」では、関係節とその先行詞の間に動詞を置く（上記(3)の are also given）のは**文法的に正しくない**と認識している。しかし、Linton (1962) では、このように修飾が明確である限り、この違反を許容している。

(4)　形容詞節を副詞句に変える。
- Pressures are also given **for** discrete locations such as in the cavity just behind the seal, at the bulkhead, and at the base of the elevon and the ramp.
(圧力はまた、密封部分の真後ろにある空洞部、隔壁、そしてエレボンとランプの基部のような個々の場所に対して得られる。)

   ⇒ 原文 (112頁) の Pressures を修飾する関係節（形容詞節：that 以下の文）をこのように前置詞 **for** を使って、下線部が動詞 given を修飾する副詞句にすることもできる。しかし、文の意味は変わってくる。

このように形容詞節を副詞句に変えると、文の意味が変わることに注意を要する。

## 3.3 パラレリズムにより一貫性をとる手法

「パラレリズム」(並行法) は重要であるにもかかわらず、無視されることが多いが、構文上、考慮しなければならない重要なポイントである。Tichy and Fourdrinier (1988) によれば、「文を強調する主要な方法は**パラレル (並行) 構造にすることで、等しい考えは同じ文法形式で表現する**ことが必要である。文の中で同じ構造を繰り返すことは、長い文を読みやすくするのに最も効果的な方法であり、2つ以上の文において同じ構造を繰り返すのはそれらを効果的、効率的につなぐためである。それゆえ、パラレリズムを理解することは、**文の「強調」と「一貫性」を実現するのに不可欠である**。」と述べている。

> ➡ パラレリズム (parallelism、並行法) とは、「論理的に等しい考えを、同じ文法的形式で書くこと」をいう (2.7.3.項68頁参照)。

■文の要素は「どんな場合にパラレルにすべき」でそして、「どのようにしてパラレルにしたらよいか」という疑問がわく。それは、**2つ以上の文の要素が論理的に等しい場合に、同じ文法的構造でそれらを書くことによって**パラレルにすべきである。

文法的には、「語と語」、「句と句」、「従属節と従属節」、「独立節と独立節」が論理的に等しい (パラレルである) ことを意味する。文法的にパラレルな要素はまた、「等位 (同格)」と呼ばれる。「パラレリズム」あるいは「等位関係」が使用できるかどうかは、その要素の論理性により決まる。例えば、以下の文の2つの等位節 (下線部1と2) は、論理的には等位ではない例である。

(悪い例) 論理的に等位ではない節を and で結合した例

- The compressor may be operated in the compression mode[1] and then the flow is expelled from the anechoic room to the test duct.[2]
 (コンプレッサーは圧縮モードで動作することができる。そしてそれから、その流出物は無響室からテストダクトに排出される。)

> 下線部1と下線部2はそれぞれ等位接続詞 and で結ばれて2つの等位節を構成しているように見える。しかし、これらは論理的に等位ではなく、この文は何を言いたいのか曖昧である。

上記の下線部1と2の「2つの節」は、それぞれ別のトピックを述べている。そのため論理的に「等位関係」にはない。実際には、「従属関係」である。

（修正例）　従属関係にして明確にした例

- **When** the compressor operates in the compression mode, the flow is expelled from the anechoic room to the test duct.
(コンプレッサーが圧縮モードで動作すると、その流出物は無響室からテストダクトに排出される。)

> このように when を使って下線部を従属節にすれば、残りの主節と論理的につながって文意が明確な文になる。

前頁の（悪い例）のような「等位ではない節」は別にして、一般に**パラレル構文**では、論理的にパラレルでない文の要素はほとんど見られない。しかしながら、論理的にパラレルな要素であっても、パラレリズムを使わない場合が多くある（例えば、4.3.1.項165頁の「等位接続詞でなくセミコロンで結合した例」）。

## 3.3.1. パラレリズムを必要とする接続語を選択する

Linton（1962）では、**パラレリズムを必要とする4つの接続語**として、「等位接続詞（and, or, but）」、「相関接続詞（either... or, both... and, not only..., but also）」、「接続副詞（therefore, otherwise, however）」および独立節をつなぐのに使われる「セミコロン」をあげている。以下順番に説明しよう。

■「等位接続詞」は、接続語の中で最も多くパラレリズムを使う機会が多い。
2.8.1.項70頁で述べたように、「等位接続詞」は文法的に同格の「語、句、および節」を接続する。「等位接続詞」によって結合された等位節は論理的に等しくなければならない。可能であれば、文法構造が同じであることが望ましい。すなわち、**動詞の態も同じ態に保つことである。**以下 but の例をあ

## 3.3. パラレリズムにより一貫性をとる手法

(好ましくない例) be 動詞による文が弱い例

- The mixing noise **is** the dominant component of the spectrum, but the background noise **peaks at** a high frequency.
(混合ノイズはスペクトルの主要な成分であるが、暗騒音はある高周波でピークに達する。)

   ➡ 等位接続詞 but で結ばれた2つの等位節（下線部）はパラレルな文で、かつ下線部の動詞の態はそれぞれ「能動態」で文法構造も同じである。しかし、1つは be 動詞 is のため文が弱い。

(良い例) 動作動詞を使って力強くした例

- The mixing noise **dominates** the spectrum, but the background noise **peaks at** a high frequency.
(混合ノイズはスペクトルを支配しているが、暗騒音は高周波数でピークに達する。)

   ➡ is は be 動詞で文が弱いので、is の代わりに動作動詞 dominate を使えば文は力強くなる。

■「相関接続詞」は、厳密なパラレリズムを必要とする。すなわち、相関にある2つの要素は双方とも同じ構造にせねばならない（2.8.1.項72頁参照）。

(良い例) 相関接続詞に対し厳密にパラレリズムを守った例

- The microprocessor **both** controls the radiometer **and** formats the data.
(そのマイクロプロセッサは放射計の制御とそのデータのフォーマットの双方を行う。)

   ➡ 下線部に示すように、それぞれ「動詞＋目的語」のパラレリズムを守ることにより、2つの要素 controls the radiometer と formats the data（下線部）は相関接続詞 both...and が使えるようになる。

■「接続副詞」あるいは単に「セミコロン」で結合される独立節は、論理的に

等位でなければならない。しかしながら、以下の例文に示すように、パラレリズムを「対照」あるいは「強調」するために使用するかどうかは書き手の選択にまかせられている。

**良い例1** 接続副詞 however を使った例（対照のパラレリズムの例）
- <u>In the compression mode, the duct serves as an eductor</u>; **however**, <u>in the exhaust mode, it serves as an inductor</u>.
  （圧縮モードでは、ダクトは排出装置として機能するが、しかしながら（対照）、排気モードでは、ダクトは誘導装置として機能する。）

  ➡ 対照を示すため接続副詞 however を使った例で、下線部がそれぞれパラレリズム（前置詞句＋主語＋serves as＋名詞）になっている。

**良い例2** セミコロンで結合した例（強調のパラレリズムの例）
- <u>In the compression mode, the duct serves as an eductor</u>; <u>in the exhaust mode, it serves as an inductor</u>.
  （圧縮モードでは、ダクトは排出装置として機能し、一方（強調の意味）、排気モードでは、ダクトは誘導装置として機能する。）

  ➡ セミコロンで結合すると2つの独立節（下線部）が強調される。下線部がそれぞれパラレリズム（前置詞句＋主語＋serves as＋名詞）になっている。

## 3.3.2. 箇条書きにする

すでに述べたように、同じ文法構造の繰り返しは、長い文を読みやすくするのに効果的である。「箇条書き」は、いくつかの長いパラレルな要素を有する文を、**読みやすくするもう一つの重要な方法**である。「箇条書き」は、また個々のパラレルな要素を強調するために使われる。

■**「箇条書き」はパラレリズムの特別な形式である**。その「箇条書き」のリスト項目を導く導入句、あるいは導入節は、論理的に各リスト項目につながっていなければならない。例をあげよう。

## 3.3. パラレリズムにより一貫性をとる手法

> 悪い例　接続詞 that をリスト項目の個所に使ってしまった例

- The test indicated
    1. <u>That</u> continuous thermal exposure degraded the strength of the composite material.
    2. <u>That</u> cyclic thermal exposure did not degrade the strength of the composite material.

（本テストは、1．連続温度暴露試験では複合材の強度を劣化させたこと、2．温度サイクル暴露試験では複合材の強度を劣化させなかったこと、を示した。）

ここで接続詞 That（下線部）は通常、各リスト項目の箇所でなく、導入節の共通部分に含まれるべきである。すなわち、導入節 The test indicated は、"The test indicated that" としなければならない。

■箇条書きにおいて、全ての項目は同じ文法構造でなければならない。例えば、以下の例に示すように、「全てが前置詞句」、「全てが名詞句」あるいは「全てが完全な文（独立文）」でなければならない。

> 悪い例 1　箇条書きでパラレリズムに反している例

- Continuous cyclic exposure resulted in
    1. The matrix <u>diffusing</u> to the reaction layer.
    2. Degradation <u>of the strength</u> of the composite material.

（連続サイクル暴露試験では、1．その反応層に対するマトリックス（基質）の拡散、2．複合材の強度の劣化を、もたらした。）

　　➡　下線部の diffusing, of the strength はそれぞれ分詞、前置詞句と異なった構造であり、パラレリズムに反している。

> 良い例 1　箇条書きでパラレリズム（名詞＋前置詞を使って）を守った例

- Continuous cyclic exposure resulted in
    1. <u>Diffusion of</u> the matrix to the reaction layer.
    2. <u>Degradation of</u> the strength of the composite material.

（連続サイクル暴露試験では、1．その反応層へのマトリックス（基質）の拡散、

2．複合材の強度劣化を、もたらした。）
➡ 悪い例1 の分詞diffusingを下線部のdiffusion ofのようにdegradation ofと同じ「名詞＋前置詞」の構造に変更すれば、パラレリズムになる。

悪い例2　箇条書きでパラレリズムに反している例
- The investigation was conducted
    1．<u>To determine</u> mechanisms causing strength degradation.
    2．<u>Because</u> the rate of degradation varied widely depending on the composite matrix.

（その調査は、1．強度劣化を起こすメカニズムを決定するために、2．劣化速度が複合基材により、大きく変化したため、行われた。）

➡ 下線部の To determine、Because はそれぞれ不定詞、接続詞で異なった文法構造であり、パラレリズムに反している。

良い例2　箇条書きでパラレリズム（不定詞に統一して）を守った例
- The investigation was conducted
    1．<u>To determine</u> mechanisms causing strength degradation.
    2．<u>To explain</u> the wide variation in degradation rate for various composite matrixes.

（その調査は、1．強度劣化を起こすメカニズムを決定するため、2．いろいろな複合基材に対する劣化速度の大きな変化を説明するため、行われた。）

➡ 悪い例2 の Because を To explain のように不定詞を使った文に書き直すことにより、To determine、To explain と同じ不定詞構文になり、パラレリズムになる。

## 3.4. 簡潔に書く手法

　テクニカルライティングでは「**簡潔**」であること、かつ「**冗長さ**」および「**不必要な詳細**」がないことが重要である。簡潔さを実現するために語数を最小にしても必ずしも簡潔さにつながらない。かえって強調や文の流れを損ない、そして文の意味までを損なうことになる。

　しかしながら、「冗漫な語句は、テクニカルライティングの共通の誤り」であり、テクニカルライターや編集者は以下に示すように不必要で冗漫な語句は削除すべきである。

### 3.4.1. 冗漫さをさける

　多くの参考書は冗漫、冗長あるいは陳腐な表現のリストを挙げている（例えば、Skillin et al. 1974：407ff および Rowland 1962：chap. 14）。我々「NASA ラングレー編集部門」は不必要な冗漫さに気づくよう、**そのようなリストを時折閲覧すべきである**と提案している。

　Tichy and Fourdrinier (1988) は、「8つの共通の冗漫さ」を分類し、以下の例に示すように、多くの例をリストアップしている。

＜8つの共通の冗漫さ＞
(1)　同語反復（同じ意味の語の反復使用）をさける

- ac <u>current</u>　　　　　　　　→ ac のみでよい。current は不要
  （交流電流）
- 20 sec <u>in duration</u>　　　　　→ 20 sec のみでよい。in duration は不要
  （20秒の期間）
- <u>close</u> proximity　　　　　　→ proximity のみでよい。close は不要
  （近い近接）
- <u>in the range of</u> 1 to 10　　　→ in the range of を from に置き換える
  （1 から10の範囲で）

(2) 動詞の名詞化をさける（3.2.2.項105頁参照）
- are found to be in agreement → agree を使う
  （同意が見られる）　　　　　　（同意する）
- analyses were made → analyze を使う
  （分析がなされた）　　　　　　（分析する）
- make adjustments to → adjust を使う
  （〜に調節を行う）　　　　　　（調節する）
- give consideration to → consider を使う
  （〜に考慮を与える）　　　　　（考慮する）
- take measurements of → measure を使う
  （〜の測定をする）　　　　　　（測定する）

(3) 不要な前置詞と不必要な句動詞を省く
- of from（からの） → of を取る
- enter into（〜に入る） → into を取る
- in between（〜間で） → in を取る
- inside of（〜の内側で） → of を取る
- go on with（〜と進む） → continue（継続する）を使う（句動詞 go on with を1語の動詞にする）
- call for（〜を求める） → demand（要求する）を使う（句動詞 call for を1語の動詞にする）

(4) 冗長な構文をさける

**悪い例1**　冗長な There are 構文の例
- There are three distinct flow characteristics in these photographs.
  （これらの写真には、3つのはっきりした流れの特徴がある。）
  ▶ There are は冗長で具体的に何を指すか曖昧。

**良い例1**　明確な主語を使って文を書き直した例
- These photographs show three distinct flow characteristics.

(これらの写真は3つの明確な流れの特徴を示す。)
> There are を削除し、明確な主語 these photographs、動詞 show を使って文を書き直す。

**悪い例2** 曖昧な It ... that 構文の例
- It might be expected that there would be some flow separation.
 (いくつかの流れの分離があるのが予想されるかもしれない。)
 > 下線部の It...that 構文、there is 構文は具体的に何を指すのか曖昧。

**良い例2** 本当の主語を使って書き直した例
- Some flow separation might be expected.
 (いくつかの流れの分離が予想されるかもしれない。)
 > 本当の主語 some flow separation を使って文が明確になるよう書き直す。

**悪い例3** 不要な It ... that 構文の例
- It appears that the flow field over the nozzles is complex.
 (ノズル上のフローフィールド（流れ場）は複雑であることのように見える。)
 > It appears that は、不要な構文である。

**良い例3** 不要な構文 It ... that を削除し書き直した例
- The flow field over the nozzles appears to be complex.
 (ノズル上のフローフィールドは複雑であるように見える。)
 > 不要な構文 It appears that を削除し、The flow field over the nozzles を主語にして文を書き直す。

**悪い例4** 不要な構文 It ... that の例
- It was shown in reference 1 that ...
 (that 以下のことは参照文献1に示された。)
 > It was shown that は、不要な構文である。

第3章　テクニカルライティングにおける文の構成力を高める基本

> **良い例 4**　本当の主語を使って書き直した例

- Reference 1 showed that ...
  （参照文献1は〜のことを示した。）
  ⇨ 本当の主語 reference 1を使って文を書き直す。
  あるいは、
- Hathwell (ref. 1) showed that ...
  （Hathwell（参照文献1）は〜のことを示した。）
  ⇨ 文献名以外に著者名もいれて主語にすれば、より明確になる。

(5)　曖昧さをなくし強調する

> **悪い例 1**　曖昧な動詞を使った例

- Lift tends to increase with angle of attack.
  （揚力は迎え角により増加する傾向がある。）
  ⇨ tend to は、文意を曖昧にする語である。

> **良い例 1**　曖昧な動詞を削除し強調した例

- Lift increases with angle of attack.
  （揚力は迎え角により増加する。）
  ⇨ 曖昧な tend to を削除する。それにより文を強調できる。

> **悪い例 2**　曖昧な動詞を使った例

- This alloy appears to be a candidate material for ...
  （この合金は……に対する候補材料であるように見える。）
  ⇨ appears to be は文意を曖昧にする語である。

> **良い例 2**　曖昧な動詞を削除し強調した例

- This alloy is a candidate material for ...
  （この合金は……に対する候補材料である。）
  ⇨ 曖昧な appears to be を削除し、文を明確、強調する。

(6) 不必要な強調語を削除する

- <u>more</u> dominant　　　　　→ more を削除（dominant のみにする）
  （より有力な）
- <u>quite</u> impossible　　　　→ quite を削除（impossible のみにする）
  （全く不可能な）
- <u>very</u> unique　　　　　　→ very を削除（unique のみにする）
  （非常にユニークな）

(7) 無意味な語句を削除する

- <u>It is interesting to note that</u>　→ すべて削除する
  （～のことを気づくのは面白い。）
- <u>It might be stated that</u>　→ すべて削除する
  （～のことが言えるかもしれない。）
- <u>In the case when</u>　　　　→ すべて削除する
  （～である場合）

(8) もったいぶった、優雅な言い回しはさける

- a majority of　　　　　　→ most を使う
  （～の大半）　　　　　　　（大抵の）
- due to the fact that　　　→ because を使う
  （～という事実により）　（なぜなら～であるため）
- in close proximity　　　　→ near を使う
  （近い近接で）　　　　　　（近い）
- with the exception of　　→ except を使う
  （～の除外により）］　　（～を除いて）

## 3.4.2. 文を短くする

　読むのが困難な程度まで語数が多かったり、語数制限を超えていたりする文がある（例えば、NASA のアブストラクトでは語数制限は200ワードである）。
　Linton（1962）は、「文の語数を減らす5つの方法」を提案している。

第3章　テクニカルライティングにおける文の構成力を高める基本

## ＜文の語数を減らす５つの方法＞

(1) 「文を従属させること」、「従属節を句に変えること」、および「句を副詞あるいは形容詞にすること」により、文の語数を減らすことができる。例をあげよう。

**悪い例**　冗長な語数が多い例

- $^1$Any ash <u>that was not carried into the stratosphere</u> moved <u>toward the northeast</u> into a bank of mammatus clouds. $^2$<u>Mammatus clouds have downward accelerations and upward velocities.</u> $^3$They thus allow the larger particles to drift downward.
  （成層圏に運ばれなかった灰はいずれも、北東に向かって、横一列の乳房雲の中に移動した。乳房雲は下向きの加速度と上昇速度を有している。このことから、乳房雲はより大きな粒子が下方に漂うことを可能にしている。(**36語**)）

  ➡ この文章は、下線部に示すように冗長な関係代名詞節、副詞句、および冗長な文を有する。

**訂正例**　節を句、句を副詞にして語数を減らした例

- Any ash <u>not carried into the stratosphere</u> moved <u>northeasterly</u> into a bank of mammatus clouds. <u>The downward acceleration and upward velocity of these clouds</u> allowed the larger particles to drift downward.
  （成層圏に運ばれなかった灰はいずれも、北東に移動して乳房雲の塊の中に入った。これらの乳房雲の下方加速度と上昇速度により、大きな粒子が下方に漂うことを可能にした。(**31語**)）

  ➡ 上記**悪い例**の第１文の関係節（下線部）を形容詞句に（that was を省略して）、副詞句 toward the northeast（下線部）を１語の副詞 northeasterly にして文を短くする。また第２文（下線部）の文を句に書き直し、これを主語にして第３文とつないで１文にすれば、語数を少なくできる。

(2) 冗長さと冗長な句をさけることにより語数を減らすことができる（3.4.1.項121頁参照）。

(3) 受動態をさけることにより語数を減らすことができる（3.2.2.項108頁参照）。

(4) 存在、状態を示す動詞、例えばbe動詞、appear、seemのような連結動詞よりも、動作、行動を表す動作動詞を使うことにより語数を減らすことができる（➡ 3.2.2.項110頁参照）。

(5) いくつかの文をまとめて1文にすることにより、語数を減らすことができる。もちろん長くて、読み手を当惑させるような文はさけなければならない。しかし、「短い、簡単な文の連続はかえって言葉を無駄使いすることになる」ので注意を要する。例をあげよう。

( 悪い例 ) 短い簡単な文の連続の例
- There were three distinct flow characteristics. Ahead of the wing, a bow wave of water droplets was observed. On the wing surface, a continuous water film formed. Between 16.7 and 41.7 percent of the chord, the film broke down into discrete runoff streams.
（3つのはっきりした流れの特徴があった。翼の前に、船首波水滴が観測された。翼の表面に、連続水被膜が生成した。翼弦の16.7％と41.7％間でその被膜は壊れて分離表面流になった。(**43語**))

➡ 1つ1つは短い文で歯切れは良いが、各文の関連が分からず、全体として何が言いたいのか不明である。

( 訂正例 ) 短い簡単な文を1文にまとめた例
- The three observed flow characteristics were a bow wave of water droplets ahead of the wing, a continuous water film on the wing surface, and discrete runoff streams beginning at 16.7 to 41.7 percent of the chord.
（3つの観測された流れの特徴は、翼の前の船首波水滴、翼表面の連続水被膜、および翼弦の16.7％から41.7％で始まる分離表面流であった。(**37語**))

➡ 文を整理し、3つの言いたい内容にまとめて連結する。そして各項目をパラレルに表現すれば、1文は長くはなるが、文意が明確かつ説得力の

ある文となる。

## 3.4.3. タイトルを簡潔にする

タイトル（表題）は、簡潔さが特に重要である。すなわち、簡潔なタイトルは、表紙の見た目を良くし、正確なタイトルは、本文に何が書いてあるのか、読み手の理解を容易にする。

「簡潔で正確なタイトル」を実現するには、**できるだけ少ない語で**、タイトルが**「正確」**（論文・レポートのトピックを明確に示すため）、**「完全」**（論文・レポートの限界を示すため）、**「理解しやすい」**（潜在的読者が理解できるため）、そして**「簡潔」**（できるだけ効率的であるため）であるように**バランスをとる**ことである。

この「評価法（Rathbone 1985）」に合致するタイトルは結果として「簡潔そのもの」である。Rathbone はまた、「報告」、「情報収集」であることがわかりきった語句を削除することにより、タイトルを短くすべきであると提案している。削除できる語句の例を以下に示す。

＜削除できるわかりきった語句の例＞
- An Investigation of ...　（～の調査）
- An Analysis of ...　（～の分析）
- Conference on ...　（の会議）

これらの語句は、タイトルの意味を変えることなく削除することができる。不必要な冠詞もまた削除すべきである。

■タイトルには、しばしば内容を限定するために、いくつかの前置詞句を付け加えるが、タイトルが長くなったり、ぎこちなくなったりする。タイトルの前置詞句は、以下に示すように複合修飾語に変更できる。

(悪い例)　長い前置詞句があるタイトル例
- Analysis of Hydroelastic Vibrations of Shells Partially Filled With a Liquid

Using a Series Representation of the Liquid
(液体の級数表示による、ある液体で部分的に満たされた船体の液体弾性振動の解析)

⇨ 長い前置詞句（下線部）、および冠詞（ここではa）があるタイトル例。

(改善例) 複合修飾語を使ってタイトルを簡潔にした例
● <u>Hydroelastic Vibration Analysis</u> of Partially <u>Liquid-Filled</u> Shells Using a Series Representation of the Liquid
(液体の級数表示による、部分的に液体で満たされた船体の液体弾性振動解析)

⇨ (悪い例)(128頁)の前置詞句 Analysis <u>of</u> Hydroelastic Vibrations を名詞句 Hydroelastic Vibration Analysis にして（前置詞 of を削除）、次に前置詞句 Filled With a Liquid を複合修飾語 Liquid-Filled にすることにより、冠詞 a も削除でき、短く表現できる。
なお、このタイトルの例では、<u>通常削除できる Analysis は必要な修飾語として使用されているので、削除できないことに注意を要する</u>。

■連なった修飾語は、連続した前置詞句と同様にタイトルをぎこちなくし、さらに曖昧にするので注意が必要である。このため、「前置詞の数を減らす方法」として、以下の例に示すように、サブタイトルを設けるとよい。例をあげよう。

(悪い例1) 連なった修飾語の長いタイトル例（曖昧なタイトルの例）
● <u>Low-Speed Wind-Tunnel</u> Investigation of <u>Flight Spoilers as Trailing-Vortex-Alleviation Devices</u> on a <u>Medium-Range Wide-Body Tri-Jet Airplane Model</u>
(中距離用の幅広本体の3つのジェットエンジンの航空機モデルに関する後流渦緩和装置としての主翼可動板の低速風洞調査)

⇨ 下線部の連なった修飾語により、タイトルが長くなりすぎて、そのため曖昧となっている。

(改善例1) 長いタイトルをメインタイトルとサブタイトルに分割し明確にした例
● Flight Spoilers for Trailing Vortex Alleviation—<u>Low-Speed Wind-Tunnel</u>

第3章　テクニカルライティングにおける文の構成力を高める基本

Results for a Medium-Range Wide-Body Tri-Jet Airplane Model
（後流渦緩和用主翼可動板──中距離用の、幅広本体の、3つのジェットエンジン航空機モデル）

🡲 この 改善例1 では、まず不要な Investigation of を削除する。次に、前置詞句の一部 Flight Spoilers as Trailing-Vortex-Alleviation Devices を Flight Spoilers for Trailing Vortex Alleviation のように動詞 Trailing を使って簡略化し、これをメインタイトルにする。残りの長い前置詞句を、for を使ってサブタイトルにする（下線部）。このことにより、タイトルは明確になり、理解が促進される。このようにタイトルを2つに分割することにより、論文・レポートのテーマを強調することができる。

タイトルは、以下の例に示すように下線部の「動詞由来の名詞」（Alleviation, Use）をそれぞれ、もとの「動詞」（Alleviating, Deflecting）に変えることによって、前置詞 of も除去され、生き生きとしてくる。

悪い例2　動詞由来の名詞を使ったタイトルの例
- Alleviation of Trailing Vortexes by Use of Flight Spoilers
（主翼可動板の使用による後流渦の緩和）
  🡲 動詞由来の名詞（Alleviation, Use）と前置詞 of を使うことにより、タイトルは長くなり、読みづらくなる。

改善例2　もとの動詞に変更し簡潔にしたタイトル例
- Alleviating Trailing Vortexes by Deflecting Flight Spoilers
（主翼可動板を一方にそらせることによって後流渦を緩和すること）
  🡲 もとの「動詞」（Alleviating, Deflecting）に変えれば、前置詞 of も除去され、タイトルが短くなり生き生きとしてくる。

タイトルは、もちろん、無差別に短くしてはならない。「最小語で最大の情報」がゴールである。129頁の 改善例 では、Using（いわゆる弱い動詞）は簡便さを考慮して、力強い動詞 Deflecting には変更しなかった。しかしながら、悪い例2 の Use of を Deflecting へ変更することにより、改善例2

3.4. 簡潔に書く手法

は、より具体的な動作を意味することになって理解が促進され、結果的に簡潔さにつながる。

■次に、system, method, facility, use, approach 等の汎用的名詞を使ったタイトルを検討してみよう。ここでは、代表的に system の使用例をあげる。

**悪い例** 汎用的名詞 System を使用したタイトル例

- An Instrumentation System for Helicopter Blade Flight Research Measurements
  
  （ヘリコプター翼の飛行研究測定用の計測システム（**9語**））
  
  ➡ System は具体的でなく、何のシステムか曖昧である。また、Research と Measurements は同じことを言っており、重複している。

**訂正例** 具体的な用語を付加したタイトル例

- A Rotor-Mounted Digital Instrumentation System for Helicopter Blade Flight Research
  
  （ヘリコプター翼の飛行研究用回転翼搭載デジタル計測システム（**11語**））
  
  ➡ Rotor-Mounted Digital と具体的な用語を付加することにより、何の system か明確になり、わかりやすいタイトルとなる。また、Research と Measurements の重複は Research の1語にする。

上記の **訂正例** は2語（9→11語）長くなっているが、このように**わずか2語を加えるだけでより詳しく内容を述べることができ、より明解なタイトル**となる。

第3章　テクニカルライティングにおける文の構成力を高める基本

## 3.5. 比較を効果的に行う手法

　テクニカルライティングにおいて**比較はよく行われ、非常に重要なものである**。すなわち、「実験結果」を「期待値」と比較し、「標準あるいは対照条件での結果」を「実験条件での結果」と比較し、「実物モデルのデータ」と「実験モデルのデータ」と比較し、あるいは「１つの構成の特性」を「別の構成の特性」と比較することがしばしば行われる。
　このような比較は、通常複雑であるので、**単純明解な構文**を使って**簡潔に表現する**ことが必要である。しかしながら、比較において最もよく起こる問題は、「何と何を比較するか」が曖昧になることである。例をあげよう。

▶ 悪い例 1　比較があいまいな例
- Comparison between pressures <u>on the nozzle and boattail and the tail boom</u> indicates ...
  （ノズルと船尾と船尾のブームに関する圧力間の比較は……を示す。）
  ⇒ どれとどれの圧力を比較するのかが、明確でない。

▶ 良い例 1　比較を明確にした例（comparison with の構文を使って）
- **Comparison** of <u>pressures on the nozzle and boattail</u> **with** <u>those on the tail boom</u> indicates ...
  （ノズルと船尾の圧力と船尾のブームの圧力との比較は……を示す。）
  ⇒ comparison ... with ... の構文を使って代名詞 those を付加し、比較する項目（ここでは pressures）を明確にする。

▶ 悪い例 2　比較があいまいな例
- The goal of the program was to obtain <u>tougher</u> martensitic steel alloys.
  （本プログラムの目的は、より強靱なマルテンサイト鋼合金を得ることだった。）
  ⇒ 比較級 tougher が何と何の比較なのかが、曖昧である。

> 良い例2　比較を明確にした例（tougher than の比較級構文を使って）
- The goal of the program was to obtain **tougher** martensitic steel alloys **than** <u>those commercially available</u>.
（本プログラムの目的は、市販されているもの（合金）より、より強靱なマルテンサイト鋼合金を得ることだった。）

　➡ 比較級構文 tougher ... than を使って、martensitic steel alloys と比較する項目（下線部）を明示する。

## 3.5.1. 形容詞と副詞の比較級を正しく使う

形容詞と副詞は、比較の程度を表すのにその形を変える（IRS 1962）。比較の程度は以下の3つがある。

(1) 「原級」は、単に「質の存在」を示すのに使われる。
(2) 「比較級」は、ある「もの」が他の「もの」と比較して「大きいか」「小さいか」の性質を示すのに使われる。
(3) 「最上級」はある「もの」が、そのグループの中で「最も大きいか」、「最も小さいか」の性質を示すのに使われる。

■比較級は修飾語に接尾辞 er、あるいは修飾語の前に more または less を付け加えることによって作られる。最上級は修飾語に接尾辞 est、あるいは修飾語の前に most または least を付け加えることによって作られる。

3つ以上の音節を有する多くの形容詞およびほとんどすべての副詞は、more, most（あるいは less, least）を付け加えることによって比較級、最上級を作ることができる。

なお、ある修飾語、例えば good のような形容詞は以下に示すように、不規則な比較級、最上級を持つ。

| <原級> | <比較級> | <最上級> |
|---|---|---|
| ● high | higher | highest |
| （高い） | （より高く） | （最も高い） |
| ● dependable | more dependable | most dependable |

(頼りになる) (より頼りになる) (最も頼りになる)
- carefully　less carefully　least carefully
 (注意深く) (より注意深くなく) (最も注意深くなく)
- far　farther, further　farthest, furthest
 (遠く) (もっと遠く／さらに) (最も遠く／最大限に)
- <u>good</u>　<u>better</u>　<u>best</u>
 (良い) (より良い) (最良の)

🡪 なお、farther, further 両者とも意味は同じだが、farther は「実際の物理的距離」を示すときに使われる。一方、further は物理的距離ではなく抽象的な「さらに、追加的に」を意味する場合に使われる。

■比較級は「2人、2つのものを比較する」ため、あるいは「1人、1つのものを他の同種類のものと比較する」ために使われる（以下、太字は比較級構文を示し、下線部は比較する項目を示す）。例をあげよう。

( 良い例 1 )　2 つのものを比較する比較級の例（higher than を使って）

- Pressures were **higher** <u>on the left nozzle</u> **than** <u>on the right nozzle</u>.
 (圧力は右側のノズルより左側のノズルの方が大きい。)
   🡪 比較級 higher ... than 構文を使って 2 つの下線部の圧力を比較している。

( 良い例 2 )　2 つのものを比較する比較級の例（more than を使って）

- The values <u>from the second test</u> varied **more than** those <u>from the first test</u>.
 (2 番目のテスト値は最初のテスト値より大きく変化した。)
   🡪 比較級 more than を使って 2 つの下線部の値を比較している。

( 良い例 3 )　1 つのものをその他の同種類のものと比較する比較級の例

- Pressures were **higher** <u>at orifice 7</u> **than** <u>at the other 47 orifices</u>.
 (圧力は他の 47 個の開口部より開口部 7 の方が大きかった。)
   🡪 1 つの「開口部」の圧力を同種類の「他の開口部」の圧力と比較している。

## 3.5. 比較を効果的に行う手法

**良い例3** の other の使用には注意が必要である。すなわち、比較級で1人、1つのものを他の同種類のものと比較する場合、必ず other、else のいずれかの用語が必要である。

■最上級は「2人以上、2つ以上のものを比較する」ために使われる。なお、all (any ではない) は、比較のため最上級とともに使われる (以下、太字は最上級を示し、下線部は比較する項目を示す)。例をあげよう。

**良い例1**　2つ以上のものを比較する最上級の例
- Of four nozzle configurations, the dry power nozzle experienced the **highest** pressures.

  (4つのノズル形態の中で、(動力推進補助装置がついていない) 乾式パワーノズルが最も高い圧力を受けた。)

  ➡ 最上級 highest を使って、4種類のノズルの形態の中で、1種類 (乾式パワーノズル) が圧力最大であることを比較している。

**良い例2**　2つ以上のものを比較する最上級の例
- The values from the eighth test varied **most**.

  (8番目のテスト値が最も大きく変化した。)

  ➡ 最上級 most を使って、8つのテストの中で、1つのテスト (8番目のテスト) が最大変化したことを比較している。

**良い例3**　all が最上級とともに使われる例
- Pressures at orifice 7 were **highest** of those at all 48 orifices.

  (開口部7での圧力が、すべての48箇所の開口部での圧力の中で最も大きかった。)

  ➡ 最上級 highest を使って、48の全ての開口部の中で、1つの開口部 (開口部7) が圧力最大であることを比較している。このように、all が最上級の文で使われる。

## 3.5.2. あいまいな比較はさける

　TichyとFourdrinier（1988）は比較文において、意味を曖昧にする、いくつかの間違った例について述べている。すなわち、「不完全な比較」の例および「比較の基準の欠如」の例で、テクニカルライティングにおいてよく見られる。

**不完全な比較**

■比較する場合、必要な用語がすべて含まれていない場合、不完全な比較となる。
　比較文の多くは以下の例に示すように、不完全で「2つの意味をもつ、曖昧な文」となりがちであるので注意を要する（太字は比較級構文を示し、下線部は比較を完全にするため付け加えた用語を示す）。

（悪い例）　必要な用語がないため比較が曖昧になった例（不完全な比較の例）

- The astronaut could hear her companion **better than** the control operator.
  （「宇宙飛行士はコントロール部門のオペレーターより、より良く彼女の仲間の言うことを聞くことができた」という意味と「宇宙飛行士は、コントロール部門のオペレーターが彼女（宇宙飛行士）の仲間の言っていることを聞くことができるよりも、より良く彼女の仲間の言っていることを聞くことができた」という意味がある。）

　　➡ この文は、このように2つの意味にとれ、曖昧である。

（修正例1）　必要な用語を付加して比較を明確にした例（助動詞couldの付加）

- The astronaut could hear her companion **better than** the control operator could.
  （宇宙飛行士はコントロール部門のオペレーターが聞くことができるよりも、より良く彼女（宇宙飛行士）の仲間の言っていることを聞くことができた。）

　　➡ could（下線部）を入れれば、the astronautとthe control operatorとの比較が完全になり、文意が明確になる。

## 3.5. 比較を効果的に行う手法

**修正例2**　必要な用語を付加して比較を明確にした例（代名詞 she に変更追加）

- The astronaut could hear her companion **better than** <u>she</u> could hear the control operator.
  （宇宙飛行士は彼女（宇宙飛行士）がコントロール部門のオペレーターの言っていることを聞くことができるより、彼女（宇宙飛行士）の仲間の言っていることをより良く聞くことができた。）

  ▶ the control operator のかわりに she（下線部）を主語にして she could hear the control operator とすれば、文の意味は変わるが her companion と the control operator との完全な比較の文となる。

■指示代名詞は比較を完全にするためしばしば使われる（2.3.4.項33頁参照）（太字は比較級構文を示す。下線部は比較を完全にするため付け加えた用語を示す）。例をあげよう。

**悪い例**　指示代名詞がないため比較が意味不明となっている例

- The pressures on the left dry-power nozzle are **lower than** the right afterburning-power nozzle.
  （左の乾式パワーノズルの圧力は、右の再燃焼パワーノズル（？）よりも低い。）

  ▶ pressures と the right afterburning-power nozzle を比較しており、意味不明のおかしな文である

**修正例1**　指示代名詞および前置詞を付け加え比較を明確にした例

- The pressures on the left dry-power nozzle are **lower than** <u>those on</u> the right afterburning-power nozzle.
  （左の乾式パワーノズルの圧力は、右の再燃焼パワーノズルの圧力よりも低い。）

  ▶ 指示代名詞 those と前置詞 on を入れることにより、2つの圧力を比較することになり文意は明確になる。あるいは

**修正例2**　比較級の用語の位置を変更して明確にした例

- The pressures are **lower** on the left dry-power nozzle **than** on the right afterburning-power nozzle.

(圧力は右の再燃焼パワーノズルについてよりも、左の乾式パワーノズルについての方がより低い。)

　⮕ are lower を主語 The pressures の後にもってくれば、on the left dry-power nozzle と on the right afterburning-power nozzle の2つを比較する構文になり文意は明確になる。

■しかしながら、指示代名詞の先行詞があいまいな場合は、「文を書き換える」か「比較の主題を繰り返す」ことが必要である（太字は比較級構文を示し、下線部は比較する項目を示す）。例をあげよう。

( 悪い例 )　指示代名詞の先行詞があいまいな例
● The axial force on the left dry-power nozzle <u>in the presence of a right afterburning-power nozzle</u> was **lower than** that <u>in the presence of a right dry-power nozzle</u>.
(右の再燃焼パワーノズルの存在で左の乾式パワーノズルの軸方向の力は、右の乾式パワーノズルの存在でのそれ（？）よりも低かった。)

　⮕ 指示代名詞 that（下線部）の先行詞が、The axial force なのか the left dry-power nozzle かが曖昧で、意味をなさない文である。

( 修正例1 )　文を書き換えて比較を明確にした例
● The axial force on the left dry-power nozzle was **lower** <u>in the presence of a right afterburning-power nozzle</u> **than** <u>in the presence of a right dry-power nozzle</u>.
(左の乾式パワーノズルの軸方向の力は、乾式パワーノズルが右にあるよりも、再燃焼パワーノズルが右にある方がより低かった。)

　⮕ このように下線部同士を比較するように書き換えれば文意は明確になる。

( 修正例2 )　主題を繰り返して比較を明確にした例
● The axial force on the left dry-power nozzle <u>in the presence of a right afterburning-power nozzle</u> was **lower than** <u>the axial force on the left dry-power nozzle in the presence of a right dry-power nozzle</u>.

## 3.5. 比較を効果的に行う手法

（再燃焼パワーノズルが右にあるときの左の乾式パワーノズルの軸方向の力は、乾式パワーノズルが右にあるときの左の乾式パワーノズルの軸方向の力よりも低かった。）

　⊃ このように主題を繰り返す（下線部の the axial force on the left dry-power nozzle）ことにより比較を明確にすることができるが、不格好になる。
　修正例1 （138頁）のほうが、文が短く文意も明確である。

## 比較の基準の欠如

■比較の基準が欠如していれば、比較は意味をなさない。例をあげよう。

悪い例1　比較の基準がないのに比較級を使っている例
- At the higher angles of attack, flow separation is extensive.
（より大きい迎え角では、流れの分離は広範囲である。）
　⊃ 比較級 higher との比較の基準がないと、比較できず文は不明である（比較級を使っている意味がない）。

良い例1　比較級を使わず原級を使った例（単に性質を説明する例）
- At high angles of attack, flow separation is extensive.
（大きい迎え角では、流れの分離は広範囲である。）
　⊃ このように単に性質を説明するには、形容詞の原級 high を使うのが正しい。

悪い例2　比較の基準がないのに比較級を使っている例
- Higher strength martensitic steels are attractive candidate cryogenic materials.
（より高い強度のマルテンサイト鋼は、極低温材料のよい候補である。）
　⊃ 何と比べて高い強度かが示されていないので、比較級 higher を使っても意味をなさない。

良い例2　比較の基準を明確にした例（比較級構文を正しく使った例）
- Martensitic steels, which are stronger than ferritic steels, are attractive

candidate cryogenic materials.
(ルテンサイト鋼は、フェライト鋼より強度は強く、極低温材料のよい候補である。)

➡ stronger than の比較級構文を使って、フェライト鋼より「より強い」と比較の基準を明示することにより、文は明確になる。

## 3.5.3. 比較構文を効果的に使う

ここまで、「than を含む比較級構文」について述べてきた。それ以外にいくつかの構文が、比較を表すのに使用されたり、あるいは間違って使用される場合がある。以下説明しよう。

### compared with の間違った使用

■動詞の原形 compare は意味により、to あるいは with を取る。Bernstein (1981) は、with の使用に関し明確な説明を与えている。すなわち、「比較の目的がある「もの」を他の「もの」と並列したり、あるいはそれらの相違または類似を検討する場合に、with を使う。」と述べている。

■過去分詞 compared with は、他の構文の方がよりふさわしい場合であっても、しばしば間違って使われる。時に懸垂構文になることがあるので注意を要する。例をあげよう。

（悪い例 1） compared with を間違って使用した例（懸垂分詞である例）
- The grain-refined material was much **tougher** <u>compared with</u> the control material.
（結晶粒微細化材料は対照材料と較べて（？）とても強靭であった。）

➡ 一見 control material と比較されているように見えるが、比較級 tougher は、比較級構文 tougher than とともに使用されるので、than を欠いたこの tougher の単独使用は文法的に間違いである。compared with が修飾するのは間違った主語 The grain-refined material であるので、懸垂分詞となっている。

3.5. 比較を効果的に行う手法

> **良い例 1**　比較級構文（tougher than）を使った例（明確にした例）

- The grain-refined material was much **tougher than** the control material
（結晶粒微細化材料は対照材料よりとても強靱であった。）
  - ➡ 太字は比較級構文で、下線部の2つの部分が比較されているのが明確になる。文法的に正しい文である。

> **悪い例 2**　compared with を間違って使用した例

- The grain-refining heat treatment increased toughness by 10 percent compared with the control material.
（結晶粒微細化熱処理は対照材料と比較して（？）10%靱性が増加した。）
  - ➡ 一見 The grain-refining heat treatment と the control material が比較されているように見える。しかし、本当に比較すべきなのは、これらの toughness 同士であるにもかかわらず、そのような文構造になっていない。

> **良い例 2**　比較級構文を使わない例（文意は異なる）

- The grain-refining heat treatment increased toughness of the control material by 10 percent.
（結晶粒微細化熱処理により対照材料の靱性を10%増加させた。）
  - ➡ 比較級構文を使わない例で意味は全く異なるが、対照材料の靱性を増加したという意味であるので、文法的には正しい文である。

> **悪い例 3**　compared with を間違って使用した例

- The configuration with fuselage incidence experienced an increase in drag coefficient of 2 percent compared with the baseline configuration.
（胴体取付角を有する形態は基本形態と比較して（？）2％の抗力係数の増加をもたらした。）
  - ➡ この文は、compared with の誤った使用例である。the baseline configuration を何と比較しているか不明である。

第3章 テクニカルライティングにおける文の構成力を高める基本

**良い例3**　比較級構文を使わない比較の例（明確な例）
- The configuration with fuselage incidence experienced an increase in drag coefficient of 2 percent **over** that of the baseline configuration.
（胴体取付角を有する形態は基本形態の抗力係数より2％の抗力係数の増加をもたらした。）
  - ➡ 指示代名詞 that と前置詞 of の挿入により、that は drag coefficient を指し、The configuration with fuselage incidence と the baseline configuration とが drag coefficient の点で比較されているのが明確となる。比較級は使用しなくても over がその役割を果たしている。

## as ... as の相関構文の使用

■相関構文 as ... as は、以下の例文に示すように「非類似」あるいは「類似」を示すのに効果的な方法である。

**良い例**　非類似を示す相関構文の例
- The ferritic steels are **not as** tough at cryogenic temperature **as** at room temperature.
（フェライト鋼は室温における靱性と同じほど極低温では靱性がない。）
  - ➡ not as ... as の構文は非類似を示す相関構文で、室温における靱性と極低温における靱性の相関を示す効果的な文となっている。

■なお、2番目の as は、以下に示すように比較級修飾語が介在する場合、省いてはならない。

**悪い例**　類似を示す相関構文となっていない例（2番目の as がない例）
- After grain refinement, the steel is **as** hard if not harder than before.
（結晶粒微細化後、その鋼は結晶粒微細化前より硬度が大きくなければ、同じ硬度（？）である。）
  - ➡ 下線部は比較級修飾語。この例では、as hard のみで、as ... as の類似を示す相関構文にはなっていない。文法的ミスをおかしている意味不明な文である。なお、as hard as ... であれば比較できる。

3.5. 比較を効果的に行う手法

（修正例） 類似を示す相関構文（as ... as）にした例
- After grain refinement, the steel is **as** hard **as**, if not harder than before.
（結晶粒微細化後、その鋼は結晶粒微細化前より硬度が大きくなければ、同じ程度の硬度である。）

   🡪 下線部は比較級修飾語で、as hard as の類似を示す相関構文により結晶粒微細化前後の鋼の硬度が比較できる。あるいは、

- After grain refinement, the steel is **as** hard **as** before, if not harder.
（結晶粒微細化後、その鋼は従来の鋼の硬度より大きくなければ、結晶粒微細化前と同じ硬度である。）

   🡪 下線部は比較級修飾語で、このように before を as hard as のすぐ後にもってきてもよい。as hard as の類似を示す相関構文により、結晶粒微細化前後の鋼の硬度が比較できる。

## different の不必要な使用

■形容詞 different は、以下に示すように、しばしば不必要に使われているので注意を要する。

（悪い例） 不必要な different を使用した例
- Figure 16 presents data from two **different** wind-tunnel runs.
（図16は、2つの異なった風洞試験からのデータを示す。）

   🡪 different はこの場合、two と同じ意味（なぜなら、2つの風洞試験は同じではなく異なっているので、これ自体 different の意味を有する）であるので、不必要で冗長な語である。

（良い例） 不必要な different を削除した例
- Figure 16 presents data from two wind-tunnel runs.
（図16は、2つの風洞試験からのデータを示す。）

   🡪 two と重複する意味の different は削除する。

■しかしながら、different は、無差別に削除すべきではないことに注意を要する。

前頁の（良い例）では、different は省くことができるが、以下の例では different が必要である。

（良い例） different が必要な例
- Figure 16 presents data from two wind-tunnel runs at **different** conditions.
（図16は、異なった条件での2つの風洞試験からのデータを示す。）
    ➡ conditions のみでは「様々な条件で」という意味で、ばくぜんとしているが、different は「異なった条件で」と意味を限定するので、この場合は different は省略できない。

■また、述部形容詞 different は、できるだけ動詞 differ に変更して、より力強い文にすべきである（3.2.2.項106頁参照）例をあげよう。

（悪い例） different from を使った弱い文の例
- The trends on the lower surface are **different from** those on the upper surface.
（下部表面の傾きは上部表面の傾きとは異なっている。）
    ➡ 形容詞句 be different from は弱い文である。

（良い例） differ from を使って力強い文にした例
- The trends on the lower surface **differ from** those on the upper surface.
（下部表面の傾きは上部表面の傾きとは異なる。）
    ➡ 動詞の differ を使えば文は力強くなる。

■different には以下の例に示すように、前置詞 from が必要である。

（悪い例） 間違ってdifferent than 構文を使用した例
- The measurements on the lower surface showed a **different** trend **than** those on the upper surface.
（下部表面の測定値は上部表面の測定値より異なる傾きを示した。）
    ➡ different than は、間違いである。than ではなく、from をとる。

## 3.5. 比較を効果的に行う手法

**( 良い例 )** different from 構文に正しく変更した例

- The measurements on the lower surface showed a **different** trend **from** those on the upper surface.

 （下部表面の測定値は上部表面の測定値より異なる傾きを示した。）

 ➡ このように、different from の構文を使うのが正しい。

■しかしながら、Bernstein (1981) は、複雑な構文 different from that をさけるため、different than の構文が適当である例を、以下のように紹介している。

**( 良い例 )** different than 構文を使ったまれな例

- In error analysis, standard deviation may be calculated with a **different** equation **than** (from that) in statistical analysis.

 （誤差分析において、標準偏差は統計分析における方程式とは異なった方程式で計算される。）

 ➡ 通常カッコ内に示すように、different from that の構文が使われるが（どれを指すかあいまいな場合があるので）、指示代名詞 that を使いたくないため、このようにまれに different than が使われる。

■指示代名詞はすでに説明したように、比較を完全にするために必要な場合があるが、different from の構文に指示代名詞（この例では that）が必要な場合がある。例をあげよう。

**( 悪い例 )** different from 構文に指示代名詞がもれている例

- The interpretation of "standard deviation" in error analysis is **different from** statistical analysis.

 （誤差分析における「標準偏差」の解釈は、統計的分析と（？）異なる。）

 ➡ 「誤差分析における標準偏差の解釈」と「統計的分析」は比較できないので文法的におかしい。指示代名詞 that がもれている文である。

第3章　テクニカルライティングにおける文の構成力を高める基本

**良い例**　different from 構文に必要な指示代名詞（that）を付加した例
- The interpretation of "standard deviation" in error analysis is **different from** <u>that</u> in statistical analysis.
  （誤差分析における「標準偏差」の解釈は、統計的分析における標準偏差の解釈とは異なる。）
  - ➡ 指示代名詞 that（下線部）を入れることにより、interpretation 同士を比較することが明確になる。

## the ..., the の相関構文の使用

■比較の効果的な方法として、以下の例に示すように、「the ..., the」のような慣用的な相関構文が使われる。

- <u>The lower</u> the temperature, <u>the more</u> brittle the steel becomes.
  （温度が低くなればなるほど、鋼はより脆くなる。）
  - ➡ 「the＋比較級 ..., the＋比較級」の慣用構文である。「〜であればあるほど、ますます〜になる」という意味。

## 3.6. 文を強調する手法

　「文を強調する」ということは、著者および編集者に多くの場合、無視されている。書き手は、**考えを強調するために下線引き（あるいはイタリック体）を使用する**必要がある。なぜなら、書き手は強調の手法を理解していないからである（4.13.1.項237頁参照）。

　強調に注意を払わない編集者は、著者を手助けできないし、しかも、なお悪いことに編集において変更すれば、文を効果的に強調できるにもかかわらず、それを見過ごしてしまうことである。

　前の文と著しく異なる次の文、すなわち、「長い文の後の短い文」、「しまりのない文の後の完全な文（掉尾文）」、「一連の複文、重文、あるいは重文・複文の後の単文」は、読み手に負担を与える（Tichy and Fourdrinier 1988）。しかしながら、その中で**対照している文は重要な考えを含んでいる**ので、編集者はこれに注意を払うべきである。

### 3.6.1. 文の構成により強調する

　Tichy and Fourdrinier (1988) は、最も効果的な強調の方法、すなわち「**パラレリズム**」を取り上げている。2.8.1.項72頁および3.3.項115頁で検討したように、パラレリズムは文法上必要である。それはまた、項目間の「類似」あるいは「対照」を強調するために使われる。

　パラレル構造において、パラレルな個々の項目を強調するには、**冠詞、前置詞、あるいは導入語句（節）を繰り返す**ことである。例をあげよう。

( 普通の文 )　前置詞句「on＋名詞」による普通の表現の例
- Pressure distributions were obtained on <u>the wing</u>, <u>elevon</u>, and <u>cove walls</u>.
  （圧力分布はその翼、昇降舵補助翼、および凹部のそれぞれの壁面上で得られた。）

　　➡ それぞれの部分の壁面上の圧力分布が得られたという、動詞 obtained を修飾する副詞的働きの前置詞句「on＋名詞」による普通の表現である。

## 第3章 テクニカルライティングにおける文の構成力を高める基本

**良い例1** 前置詞、冠詞の繰り返し（パラレル構造）による強調の例

- Pressure distributions were obtained <u>on the wing</u>, <u>on the elevon</u>, and <u>on the cove walls</u>.
  
  （圧力分布は翼について、昇降舵補助翼について、および凹部の内壁についてそれぞれ得られた。）
  
  ➡ 下線部の「前置詞on＋冠詞the＋名詞」のパラレリズムにより、下線部の個々の項目が強調される。

**良い例2** 導入語句の繰り返し（パラレル構造）による強調の例

- The study indicated that <u>thermal cycling caused matrix cracking</u> and <u>fatigue cycling caused no damage</u>.
  
  （本研究は熱サイクル試験ではマトリックス亀裂を引き起こし、そして疲労サイクル試験では損傷は起こらなかったことを示した。）
  
  ➡ 下線部の導入語句「主語（～ing）＋動詞（caused）＋目的語」のパラレリズムにより、下線部の個々の項目が強調される。

**良い例3** 導入節の繰り返し（パラレル構造）による強調の例

- The study indicated **that** <u>thermal cycling caused matrix cracking</u> and **that** <u>fatigue cycling caused no damage</u>.
  
  （本研究は熱サイクル試験ではマトリックス亀裂を引き起こしたこと、および疲労サイクル試験では損傷は起こらなかったことを示した。）
  
  ➡ 下線部の導入節「that＋主語（～ing）＋動詞（caused）＋目的語」のパラレリズムにより、that以下の項目がそれぞれ強調される。

■パラレルな要素を強調する最も重要な方法は、以下に示すように、それらの要素を番号付きの箇条書きにすることである。

**良い例** 箇条書きによる強調の例

- <u>The study indicated that</u>
    1. Thermal cycling caused matrix cracking.
    2. Fatigue cycling caused no damage.

## 3.6. 文を強調する手法

（本研究は、１．熱サイクル試験ではマトリックス亀裂を引き起こした。２．疲労サイクル試験では損傷は起こらなかったことを示した。）

⇒ 下線部は箇条書き項目１，２の共通導入部分である。項目１および２は、それぞれ「主語の ing 形＋動詞（caused）＋目的語（名詞形）」のパラレリズムにより強調される。

■ひとつの文の中で、修飾語句が強調される位置は「最初」もしくは「最後」である。それゆえ、修飾語句を文のはじめにもってくると、以下の例に示すようにその語句は強調される。

( 良い例１ ) 通常の位置の修飾語句の例（普通の文）

● Cove cold-wall heating rates <u>at zero leakage</u> decreased from 2 percent of the wing heating rate.
（漏れがない状態での凹部冷壁の温度上昇速度は翼の温度上昇速度の２％から減少した。）

⇒ at zero leakage は文中の通常の位置にある形容詞句で、名詞 rates を修飾する。

( 修正例１ ) 文の最初に置いた修飾語句の例（強調する文）

● <u>At zero leakage</u>, cove cold-wall heating rates <u>decreased</u> from 2 percent of the wing heating rate.
（漏れがない状態で、凹部冷壁の温度上昇速度は翼の温度上昇速度の２％から減少した。）

⇒ at zero leakage を文の最初にもってくると、語句「漏れがない状態で」ということが強調され、かつ文の全体を強調する文となる。この例は副詞句で動詞 decreased を修飾する。

以下の例に示すように文の強調はまた、文中の要素を通常の位置でない所に移動することによっても、行うことができる。

第3章　テクニカルライティングにおける文の構成力を高める基本

> **良い例2**　通常の位置の文の要素の例（普通の文）

- After each session of noise, the subjects rated overall noisiness, among other things.
（各回のノイズ試験後、試験対象物は他のものの中から総合的騒音が評価された。）

  ➡ 通常位置の文要素 among other things は overall noisiness を修飾する。

> **修正例2**　通常の位置でない文の要素の例（強調する文）

- After each session of noise, the subjects rated, among other things, the overall noisiness.
（各回のノイズ試験後、試験対象物は、他のものの中からではあるが、総合的騒音が評価された。）

  ➡ 通常の位置でない所に文要素 among other things をもってくると、この文要素を強調することができる。

しかしながら、以下の**悪い例2**に示すように、「修飾語を誤った場所に置かない」ように注意が必要である。

> **悪い例2**　誤った位置に置かれた文の要素の例

- After each session of noise, the subjects, among other things, rated the overall noisiness.
（各回のノイズ試験後、他のものの中からの試験対象物は総合的騒音が評価された。）

  ➡ この位置の文要素 among other things は、誤った位置に置かれたため、the subjects を修飾することになり、本来意図した意味とは異なってしまう。

■however, therefore, hence, thus のような修辞的な連結語（修辞的副詞）は、文の要素を強調するために機能する。それらの修辞的副詞（接続副詞）を文内に置くことによって、それらの直前の語を強調することができる（Linton (1962)）。however, thus の例について以下説明しよう。

3.6.文を強調する手法

> 良い例 1　文頭に置かれた接続副詞の例（強調の例）

- However, isothermal exposure did increase ductility in the matrix material.
（しかしながら、一定温度での暴露はマトリックス材料（母材）の延性を増加させた。）

　⇒ 文頭の接続副詞 However は、直前の文の語句（ここでは示されていないが）と対比してこの文を強調する働きをする。

> 良い例 2　文中に置かれた接続副詞の例（強調の例）

- Isothermal exposure, however, did increase ductility in the matrix material.
（一定温度での暴露は、しかしながら、マトリックス材料の延性を増加させた。）

　⇒ この位置の接続副詞 however は、直前の語 Isothermal exposure を強調する。

> 良い例 3　文中に置かれた接続副詞の例（強調の例）

- Isothermal exposure did, however, increase ductility in the matrix material.
（一定温度での暴露はマトリックス材料の延性を、しかしながら増加させた。）

　⇒ この位置の接続副詞 however は、直前の did（増加させた）を強調する。

なお、強調の度合いを減らす場合には、そのような接続副詞に対し、以下の 良い例 4 に示すようにコンマを省略する。もちろん、制限的用法である場合には、コンマはこれらの接続副詞には使われない（Rowland 1962）。

> 良い例 4　コンマを省いた文中の接続副詞の例（強調の度合いを減らす例）

- Isothermal exposure thus increased ductility in the matrix material.
（一定温度での暴露はマトリックス材料の延性をこのように増加させた。）

　⇒ コンマをともなわない文中の thus は「理由を示す一般的表現」で、特に強調を表現しているものではない。

## 3.6.2. 句読点を使って強調する

上記に示したように、文における「修辞的副詞」のコンマ、および挿入要素を囲い込むコンマ（4.7.2.項204頁）は、囲い込まれた要素を強調する。「等位

形容詞間」のコンマは、その形容詞を分離修飾語として強調する。例をあげよう。

> 良い例　コンマで等位形容詞を分離した例
- The delta function has a long, controversial history
  （デルタ関数は長い、論争の歴史を有している。）
  ⇒ 等位形容詞（long と controversial）における、long の後のコンマは long を分離形容詞として強調する。

しかしながら、等位形容詞だけがこのように句読点（コンマ）をともなうことができることに注意を要する（4.7.1.項200頁参照）。

■このコンマを、以下の例に示すように、等位接続詞 and で置き換えると、さらに強調の度合いが増す。

> 良い例　等位形容詞のコンマを等位接続詞 and で置き換え強調した例
- The delta function has a long and controversial history.
  （デルタ関数は長い歴史かつ論争の歴史を有している。）
  ⇒ 等位接続詞 and により、「長い歴史」と「紛争の歴史」が同じ程度に重要であることが強調される。

■他の句読点も強調に関係する。コロンをリストを紹介するのに使うと、このリストを強調することができる。例をあげよう。

> 良い例　コンマにより分離した普通の例
- The scatterometer is separated into a gimbal, transmitter-receiver assembly, and rack-mounted electronics.
  （散乱計は、ジンバル（コンパス・クロノメーターを水平に保つ装置）、送受信装置およびラックに搭載された電子機器に分けられる。）
  ⇒ 連続コンマにより分離されたリストをそれぞれ紹介する、普通の表現。

3.6. 文を強調する手法

( 修正例 )　コンマの代わりにコロンを使って強調した例
- The scatterometer is separated into three assemblies: a gimbal, a transmitter-receiver assembly, and rack-mounted electronics.
（散乱計は3つのアセンブリー（組立品）、すなわち、ジンバル、送受信装置およびラックに搭載された電子機器に分けられる。）

　　→ コロン（：）により分離することにより、three assemblies のリスト内容が強調される。

■ダッシュも注意深く使えば、強調することができる。ダッシュは「分離する要素」、「非制限的修飾語」、および「説明的語句と説明的節」を強調するために使われる（4.5.2.項185頁参照）。例をあげよう。

( 良い例1 )　ダッシュによる強調例（分離する要素の例）
- Auxiliary meteorological data used herein—such as vorticity—have been computed from NMC isobaric height fields.
（ここで使われた補助気象データ——例えば渦度のようなものが——NMC の等圧領域から計算された。）

　　→ ダッシュで囲まれた語句 such as vorticity は、補助気象データ Auxiliary meteorological data を「分離する要素」であり、ダッシュにより補助気象データを強調している例である。

( 良い例2 )　ダッシュによる強調例（非制限的修飾語の例）
- The one-sided spectrum—engineers call it simply "spectrum"—is the output of most spectral analyzers.
（片側のスペクトル——技術者はそれを単に、「スペクトル」と呼ぶ——が、大抵のスペクトル分析器の出力である。）

　　→ ダッシュで囲まれた語句 engineers call it simply "spectrum" は、引用符で囲まれた語句 spectrum を強調し、かつ The one-sided spectrum の非制限的修飾語（挿入句）としてダッシュにより強調されている例である。

第 3 章　テクニカルライティングにおける文の構成力を高める基本

( 良い例 3 )　ダッシュによる強調例（説明的語句の例）

- Other random processes have average properties that vary appreciably with time—for example, the load demand on an electric power generating system.
（他のランダムプロセス（確率過程）は時間とともにかなり変化する平均特性——例えば電力発電システムの負荷需要——を有している。）

　➡ 下線部の独立文の最後にあるダッシュに続く語句 for example, the load demand on an electric power generating system. は average properties を「補足して強調する」ダッシュを使った説明的語句の例である。

( 良い例 4 )　ダッシュによる強調例（説明的節の例）（訳者が追加）

➡ Some random processes are reasonably independent of the precise time—that is, measurements made at different times are similar in their average properties.
（いくつかのランダムプロセス（確率過程）は正確な時間とは無関係であるのはもっともである——すなわち、異なった時間でなされた測定は平均特性においてそれぞれ類似している。）

下線部の独立文（独立節）の最後にあるダッシュに続く語句 that is, measurements made at different times are similar in their average properties. は下線部の独立文を「補足して強調する」ダッシュを使った説明的節の例である。

# 第4章
テクニカルライティングに必須の句読点使用の基本

第4章　テクニカルライティングに必須の句読点使用の基本

## 4.1. 句読点の機能とは

句読点は「文の意味を明確にする」ため、そして「文を読みやすくする」ために使用される。句読点には以下の4つの機能がある。すなわち、

＜句読点の4つの機能＞
(1)「分離機能」　　　　　　　　　（→ピリオドは文を**分離**する）
(2)「グループ化／囲い込み機能」　（→カッコは本質的でない情報を**囲い込む**）
(3)「つなぐ機能」　　　　　　　　（→ハイフンは複合修飾語を**つなぐ**）
(4)「意味の伝達機能」　　　　　　（→疑問符は陳述文を**疑問文にする**）

である。

　句読点のこれらの機能は、「句読点をどのように使用するかというルールの基準」であり、「句読点が必要かどうかを決定するための拠り所」である。最近では、「文法的にOKならすべての句読点を使用する」（**クローズスタイル**と呼ばれる）というよりも、「誤解をさけるために句読点を使用する」（**オープンスタイル**と呼ばれる）という傾向になってきている。「オープンスタイル」は、著作物を読みやすくするが、ある句読点、例えば、コンマやハイフンのような句読点は、書き手の主観により、また任意により使用することができる。すなわち、書き手あるいは編集者がどの句読点を使用するかを主観的に決め、それらを一貫性をもって使用することが、論文・レポートを効果的にするための句読点の使い方である。

　本章では、まず最初に「句読点の機能」を説明し、次に「句読点が必要な場合」、「句読点が間違って使用されている場合」、および「句読点の使用が任意である場合」について述べる。感嘆符についてはテクニカルライティングでは、まれにしか使用されないので、本章では触れない。なお感嘆符（！）と類似した疑問符（？）の使用法については、4.16.項256頁で述べる。

　　⇒なお、原文では個々の句読点はアルファベット順により（すなわちApostrophe（アポストロフィ）から）説明がなされているが、本訳・解説書では、「NASA当局の了解を得て、日本人読者にとって利用しやすいように、重要度、使用頻度を考慮して、句読点の説明順を変更している」ことに注意されたい。

　では、分離の程度の一番強いピリオド、セミコロン、コロン、ダッシュ、コンマから説明してゆこう。

第4章　テクニカルライティングに必須の句読点使用の基本

## 4.2. ピリオド (Period)

　ピリオド (.) は分離の句読点であって、その主要な目的は「独立した考えを分離する」こと、「説明文と命令文の終わりを示す」ことである（なお、疑問文は疑問符（？）で終わり、感嘆文は感嘆符（！）で終わる）。
　ここでキーワードは**「完全である」**ということである。すなわち、ピリオドは文が主語と述部で完全に完了した後でのみ、使われる。

■「改行された表題」（改行しない表題はピリオドによってしばしばテキストから分離される）の後、「欄外見出し」の後、「表のタイトル」の後にはピリオドをつけない。また箇条書きされたリストの項目の後には、その項目が独立文でない場合にはピリオドをつけない。例をあげよう。

**良い例1**　箇条書きされたリストの項目が句である例（ピリオドはつけない）
- The purposes of this report are
    1. To evaluate the performance of instruments
    2. To expand the data base

（本レポートの目的は、1．機器の性能を評価すること、2．データベースを拡張することである）

➡ このようにリストの項目の句にはピリオドをつけない。

**良い例2**　箇条書きされたリストの項目が独立文である例（ピリオドをつける）
- We can define the requirements of the power converter as follows:
    1. Energy conversion should be high.
    2. Efficiency should be independent of laser wavelength.

（我々は出力変換器の要求事項を以下のように定義できる。すなわち、1．エネルギー変換が高いこと。2．（エネルギー）効率はレーザー波長に関係ないこと。）

➡ この場合、表示リストの項目の文末にはピリオドをつける（下線部）。

■図のキャプションには、それが独立文であるかどうかに関係なく、慣習的に

4.2. ピリオド (Period)

ピリオドを末尾につける。例をあげよう。

> **良い例 1** キャプションには全てピリオドをつける例（語句の例）

- Figure 1. Computing scheme for algorithm.
  （図 1．アルゴリズム用の計算理論体系）
  ➡ キャプションの末尾にはピリオドをつける（下線部）。

> **良い例 2** キャプションには全てピリオドをつける例（単語の例）

- Figure 1. Concluded. （図1. 導き出された結論）
  ➡ キャプションが単語であっても末尾にピリオドをつける（下線部）。

## 4.2.1. 略語のピリオド

　ピリオドは測定単位の略語を除いて、略語の後につく。なお、この略語の後のピリオドはつけない傾向がある（Skillin et al. 1974; Chicago Press 1982）。しかし、以下に示すように多くの略語はピリオドがつく。それは、特に省略されていない語との間で混乱が起こると思われる略語の場合である。

> **良い例** 略語の後にピリオドをつける例

- fig. 1 （figure の略語：図 1）
- Co. （Company の略語：会社）
- no. 209 （number の略語：209番）
- Mr. （Mister の略語：男性の敬称）

■ピリオドは測定単位（inch は除く）の略語、頭字語あるいは短縮語（アポストロフィがついた語）にはつかない。例をあげよう。

> **良い例 1** 測定単位の略語にはピリオドがつかない例

- ft （foot ［フィート］の略語：長さの単位）
- cm （centimeter ［センチメートル］の略語：長さの単位）
- lb （pound ［ポンド］の略語：重さの単位）

> **良い例 2** 頭字語、短縮語にはピリオドがつかない例

- NASA （National Aeronautics and Space Administration の頭字語）

第4章　テクニカルライティングに必須の句読点使用の基本

- V/STOL　（vertical or short takeoff and landing：垂直短距離離着陸機の短縮語）
- nat'l　　　（national：国家の短縮語）

■インチの略語にピリオドをつけるかどうかは以下の基準に従う。

良い例1　インチにピリオドがつく例
- 1 in.　　（1インチ）
- 14 lb/in.　（1インチあたり14ポンド）
  ⇒ インチの略語 in は、語句の末尾にくる場合には、ピリオドをつける。

良い例2　インチにピリオドがつかない例
- in/hr　　（1時間あたりインチ）
- in-lb　　（インチ・ポンド）
- 6-in-wide　（6インチの幅）
  ⇒ インチの略語 in は、語句の末尾にこない場合には、ピリオドはつけない。

■なお、略語がピリオドで終わるかどうかは以下の文献、辞書を参照するとよい。
- *G.P.O. Style Manual*
- *Webster's Collegiate or Unabridged Dictionary*

## 4.2.2.　ピリオドの慣用的用法

ピリオドは分離に有用であるので、以下に示すようないくつかの慣用的用法がある。

■ピリオドは小数点を示すためにつける。
- 0.2　　・.68　　・29.32

■ピリオドはドルとセントを区分するためにつける。
- $6.50

## 4.2. ピリオド (Period)

しかし、

- 50 cents
  - ⇒ .50 cents とはならない。

■番号付けした場合、ピリオドは通常、「数字」あるいは「他の指定語」(説明語句) の後につける。例をあげよう。

( 良い例 1 )　数字の後にピリオドをつける例

- Volume I. Theory (第Ⅰ巻　理論)
  - ⇒ 数字を示すⅠの後に、ピリオドをつける。

( 良い例 2 )　数字の後、キャプションの語句の末尾にピリオドをつける例

- Figure 2. Response times. (図2　応答時間)
  - ⇒ 数字2の後、および図のキャプションの指定語 (説明語句) の後に、ピリオドをつける。

( 良い例 3 )　箇条書きした項目の数字の後にピリオドをつける例

- The options are
    1. Optical rectification
    2. Laser-driven magnetohydrodynamics
    3. Laser photovoltaics

(選択できるのは1．光整流、2．レーザー駆動の電磁流体発電、3．レーザー光発電の3つである。)

  - ⇒ 箇条書きした項目の数字の後には、ピリオドをつける。

■ピリオドはセクション番号の後につける。例をあげよう。

( 良い例 )　セクション番号の後にピリオドをつける例

- 1. Introduction
    This subject is discussed in section I.A.1 of reference 3 and in section 5.2 of this paper.

第4章　テクニカルライティングに必須の句読点使用の基本

（第1節　はじめに：本主題は、参考文献3の第Ⅰ節 A.1項および本論文の5.2項で検討される）

→ 論文等の項番号の後（下線部）には、ピリオドをつける。

## 4.2.3. 他の句読点とともに使うピリオド

ピリオドは、他の句読点「疑問符、丸カッコ、角カッコおよび省略符」とともに使われる。しかしながら、ピリオドが略語を示すのでなければ、ピリオドは他の句読点とともに使われることはない。例をあげよう。

**良い例1**　丸カッコ内の略語を示すのに使われるピリオドの例

- (In this fig., the dots denote dots)

　((この図において、そのドットはドットを表す))

　→ 丸カッコ内で略語を表すピリオド（下線部）として使う。

**良い例2**　丸カッコ内の略語を示すのに使われるピリオドの例

- (e.g., decimal numbers)　((例えば、小数))

　→ 丸カッコ内で略語を示すピリオド（下線部）に使う。

**良い例3**　丸カッコ内の略語を示すのに使われるピリオドの例

- (Why include the following three pp.?)

　((なぜ次の3ページを含むのか？))

　→ 丸カッコ内でページの省略記号 pp. のピリオドとして使う。

■しかし、文末のピリオドは略語の後のピリオドに付け加えて使用しない。

- I prefer the abbreviation Ms.（私は略語 Ms. を勧める）

　→ 文末のピリオドを略語のピリオドに付け加えて、ピリオドを2つにすることはしない（Ms..とはならない）。

■ピリオドは文末の引用符の前につける。例をあげよう。

4.2. ピリオド（Period）

( 良い例 1 )　文末の「閉じ引用符」の前につけるピリオドの例
- The operator presses the letter *n* to indicate "no" and the letter *y* to indicate "yes."
  （オペレーターは、"no"を示すため文字 *n* を、"yes"を示すため文字 *y* を押す。）
  ➡ 文末の引用符では、ピリオドは「閉じ引用符」の前につける。

( 良い例 2 )　文末の「閉じ引用符」の前につけるピリオドの例
- The word pultruded is defined to mean the opposite of "extruded."
  （語 pultruded（突き出される）は、"extruded"（押し出される）の反対を意味する語として定義される。）
  ➡ 文末の引用符では、ピリオドは「閉じ引用符」の前につける。

■ピリオドは通常、文末の丸カッコの「閉じカッコ」の外につける。
　しかしながら、カッコ内の独立文が別の文内にない場合に限って、以下の例に示すようにピリオドは「閉じ丸カッコ」の前につける（4.11.項234頁参照）。

( 良い例 )　カッコ内の独立文に「閉じ丸カッコ」の前でピリオドをつける例
- (Parenthesized sentences, like this one, that do not stand within other sentences have a period before the closing parenthesis.)
  ((この例のように、他の文内に位置しない丸カッコ内の文は、文末の「閉じカッコ」の前でピリオドをつける。))
  ➡ 丸カッコ内の文は独立文で、かつ他の文に含まれていないので、「閉じ丸カッコ」の前でピリオドをつける。なお、理解を深めるため、以下に例文をあげる（訳者追加）。

　　Florelli insisted on rewriting the paragraph. (I had encountered this intransigence on another occasion.) (Chicago Press 1993: 162)
　　（フロレリは、そのパラグラフを書き直すことを主張した。（私は、別件でこの非妥協的態度に遭遇した経験がある。））

ここで、(I had encountered this intransigence on another occasion.) は独立文で他の文に属していないので、このように「閉じ丸カッコ」の前にピリオドをつける。

## 4.3. セミコロン（Semicolon）

　セミコロン（;）は、「等位節」、「内部に句読点を有する長い連続した要素」、「説明句と説明節」、および「省略節」を分離するために使われる。セミコロンは、**ほぼ完全な終止**を表す。したがって、その使用は「正しい句読点の問題と同様、個人的選択にまかされている問題である」（Ebbitt and Ebbitt 1982）。

### 4.3.1. 等位節のセミコロン

　等位節（対等の関係にある節）は、セミコロンによって以下に示すように結合されることがある。

■等位節が等位接続詞（対等の関係にある語、句および節を結合する接続詞）によって結合されない場合には、セミコロンで結合しなければならない。

（良い例）　等位接続詞でなくセミコロンで結合した例
- The first two flight runs for each pilot were treated as practice; only the last four runs were used in the analysis.
（各々のパイロットによる最初の2つの飛行は練習飛行として扱われた。そして最後の4つの飛行のみが分析に使われた。）
　⇒ 等位接続詞（例えば、and）によって2つの等位節を結合できるが、そうでなければ、このようにセミコロン（下線部）を使って結合する。

■等位節が等位接続詞によって結合され、しかし節が長く複雑で、内部にすでにコンマを有する場合には、理解を促進するためセミコロンで等位節を分離する。例をあげよう。

（良い例）　等位接続詞にセミコロンを加えて節を分離した例
- The pilots unanimously preferred the new display format because of the steadiness of the horizon, runway image, and pitch grid during turbulence; **and** they felt that this steadiness resulted in less distraction and better

situational awareness.
(パイロットは、新しい表示形式を、水平線の安全性、滑走路表示、および乱流中の表示格子から全員一致して好んだ。そして、彼らはこの安定性は混乱をより少なくし、よりよい状況判断をもたらすと感じた。)

> 等位接続詞（太字のand）で結合された2つの独立節（下線部）でのandの前にセミコロンをつけることにより、2つの節が明確に分離され理解が促進される。andのみだと、長い節の場合、文意が曖昧になる。

■等位節が接続副詞（however, thus, therefore, hence）によって結合される場合、以下の例のように、セミコロン（あるいはピリオド）を接続副詞の前につける。

**良い例** 接続副詞による等位節の結合にセミコロンを使った例

- The differences were generally about 11 percent; **however**, larger differences occurred at $\alpha=15$.
(その差異は通常約11％であった。しかしながら大きな差異が$\alpha=15$で起こった。)

> 2つの等位節（下線部）が接続副詞howeverで結合されているので、このようにセミコロンが使われる。

節どうしの間でピリオド、セミコロン、あるいはコンマのどれが使用されるかは「文体の問題」である。Ebbitt and Ebitt (1982) はセミコロンと文体について、「**セミコロンは正式な文体で、より長い、より複雑な文において使うのがより適切である**。一方コンマは、正式な書類ではセミコロンが使われるような箇所で、通常の文体として、あるいはセミコロンによって結合される「節」が別の文として書かれるような箇所で、しばしば使われる」と述べている。

■セミコロンは「文の流れを遅くする機能」をもち、「節」どうしを結合するが、コンマより「節」を分離する力が強い。ピリオドは単に文を分離するだけである。例をあげよう。

4.3. セミコロン（Semicolon）

> 良い例　2つの節を分離するのにセミコロンを使った例

- One pilot performed slightly better with the attitude-aligned display; the other pilot performed much worse.

（1人のパイロットは姿勢調整表示装置でわずかにうまく実行できた。しかし、他のパイロットはうまく実行できなかった。）

➡ **正式な書類**では、このように**セミコロン**により2つの節を分離する。

■なお、セミコロン以外に、コロン（4.4.1.項178頁）あるいはダッシュ（4.5.2.項185頁）も、2つ目の節が1つ目の節を強調する場合、あるいは再度述べる場合に使われる。また2つの節を分離するのに使われる。
コロンはセミコロンより正式でより強い導入（説明する）力を有する。ダッシュはセミコロンより強調する力が強い。

## 4.3.2. 連続する要素のセミコロン

文中の「連続する要素」が長く複雑で、かつ内部にコンマ（内部コンマ）を有する場合、その要素をさらにコンマで分離してしまうと意味が曖昧になる。そういった場合に、セミコロンが使われる。

■セミコロンは複雑な、あるいは内部コンマを必要とする「連続する要素」を分離するのに使われる。例をあげよう。

> 良い例　内部にコンマを有する連続する要素をセミコロンで分離した例

- Committee members were H. Melfi, NASA Goddard Space Flight Center, Greenbelt, Maryland; A. L. Carswell, York University, North York, Canada; and E. V. Browell, NASA Langley Research Center, Hampton, Virginia.

（委員会のメンバーは、メリーランド州グリーンベルトにあるNASAゴダード宇宙飛行センターのH. メルフィ氏、カナダのノースヨークにあるヨーク大学のA. L. カースウェル氏、およびバージニア州ハンプトンにあるNASAラングレーリサーチセンターのE. V. ブローウェル氏であった。）

➡ 氏名、所属機関、住所を示す内部コンマを有する3つの連続要素（下線

部) を、それぞれセミコロンで分離する。コンマでは意味が曖昧となる。

■セミコロンは以下の例のように「連続する要素」を明らかにするが、同時に文の流れを妨げる（セミコロンは、ほぼ完全な終止を示すため）。例をあげよう。

(悪い例) 連続する要素にセミコロンを使った例（文の流れを妨げる例）
- The goal was to accelerate application of composites to primary structures in new civil transport aircraft by <u>development of design techniques for empennage, wing, and fuselage structures</u>; <u>dissemination of technology throughout the transport industry</u>; and <u>extensive flight service evaluations</u>.
(その目標は新しい民間旅客飛行機の主要な構造に複合材の応用を尾翼、主翼および胴体の設計技術開発、航空輸送産業への技術移転、および広範な飛行サービスの評価により促進することであった。)

　➡ 連続する3つの要素（下線部）は、確かにセミコロンによって明確になるが、文の流れは悪くなる。

■「連続する要素」を明確にするもう1つは、「連続する要素」を番号付けするか並べ変えるかである。この場合、セミコロンのかわりにコンマを使う。

(良い例1) 連続する要素を番号付けした例（コンマで文の流れをよくした例）
- The goal was to accelerate application of composites to primary structures in new civil transport aircraft by (1) development of design techniques for empennage, wing, and fuselage structures, (2) dissemination of technology throughout the transport industry, and (3) extensive flight service evaluations.
(その目標は新しい民間旅客飛行機の主要な構造に複合材の応用を、(1)尾翼、主翼および胴体の設計技術開発、(2)輸送産業への技術移転、および(3)広範な飛行サービスの評価により促進することであった。)

　➡ 「連続する要素」を番号付けし、明確にすれば文の流れはよくなる。

4.3. セミコロン（Semicolon）

( 良い例2 )　連続する要素を並び変えた例（コンマで文の流れをよくした例）
- The goal was to accelerate application of composites to primary structures in new civil transport aircraft by <u>dissemination of technology throughout the transport industry</u>, <u>extensive flight service evaluations</u>, and <u>development of design techniques for empennage, wing, and fuselage structures</u>.
（その目標は新しい民間旅客飛行機の主要な構造に複合材の応用を輸送産業への技術移転、広範な飛行サービスの評価、および尾翼、主翼および胴体の設計技術開発により促進することであった。）

　⇒ 下線部のように「短い語句の要素」から「長い語句の要素」の順に並び変えれば読みやすくなり、理解が促進される。

## 4.3.3. 説明句と説明節のセミコロン

テクニカルライティングにおいて、「説明する情報」は、しばしば that is（つまり）, namely（すなわち）、for example（例えば）、in other words（言い換えると）、for instance（実例として）のような「慣用的挿入（導入）句」のあとにくる。以下に説明節の導入の例をあげる。

■セミコロンはそれが説明節（独立節）を導入する場合は、that is, namely, for example のような慣用的挿入（導入）句の前につける。

( 良い例 )　慣用的挿入句の前にセミコロンをつける例（that is の例）
- Some random processes are reasonably independent of the precise time; **that is**, <u>measurements made at different times are similar in their average properties</u>.
（いくつかのランダムプロセス（確率過程）は、正確な時間とは無関係であるのはもっともである。すなわち、異なった時間でなされた測定は、平均特性において類似している。）

　⇒ 下線部は、慣用的挿入句 that is に従ってその前の独立節の内容を詳細説明する説明節なので、that is の前でセミコロンをつける。

## 4.3.4. 省略構文のセミコロン

コンマが省略構文（省略語句を有する文構造）において省略を示すために必要な場合、セミコロンが省略節を分離するために使われる。例をあげよう。

**良い例** 省略構文における省略節を分離するためセミコロンを使う例

- Wind speed is obtained from antenna brightness temperature; rain rate, [is obtained] from the brightness temperature difference at two frequencies; and wind vector, [is obtained] from radar cross section.
（風速はアンテナの輝度温度から得られ、雨の速度は、2つの周波数での輝度温度の差から得られ、そして風のベクトルはレーダーの断面図から得られる。）

➡ ここで rain rate の後および wind vector の後のコンマは、省略された語句 [is obtained] を示すために使われるが、さらに2つの節（省略節）（下線部）どうしを分離するためにセミコロンが使われる。これがないと文意が曖昧となる。

■ もちろん、セミコロンは、省略を示すためのコンマが必要でない場合や節が接続詞によって結合されるときには、コンマに取って代わられる。例をあげよう。

**良い例** セミコロンに代わってコンマを使う例（接続詞 and で結合の例）

- Wind speed is obtained from antenna brightness temperature, **and** wind vector from radar cross section.
（風速はアンテナの輝度温度によって得られ、そして風のベクトルはレーダーの断面図から得られる）

➡ 接続詞 and によって結合される場合には、セミコロンでなくコンマ（下線部）を使う。

## 4.3.5. 他の句読点とともに使うセミコロン

セミコロンは常に「閉じ引用符」および「閉じ丸カッコ」の後につけられ、文が引用箇所で終わる場合には常に除去される（Chicago Press 1982）。（以下の

## 4.3. セミコロン (Semicolon)

例文は訳者が付加)

＜セミコロンが「閉じ引用符」の後につけられる例＞
- Curtis assumed that everyone in the room had read "*Mr. Prokharchin*"; he alluded to it several times during the discussion. (Chicago Press 1993: 182)
  (キュティスはその部屋の全員が、「ミスタープロハーチン」という本を読んでいたと思いこんでいた。というのも彼は討議中何回もミスタープロハーチンをそれとなくほのめかしていたから。)

＜セミコロンが「閉じ丸カッコ」の後につけられる例＞
- Ambassador Porkola had hoped that the committee would take up the question (several members had assured him privately that they favored such a move); but at the end of August the committee adjourned without having considered it. (Chicago Press 1993: 182)
  (ポルコーラ大使は、委員会がその質疑（いく人かのメンバーが彼に個人的にそのような動議に賛成していることを確約した）を取り上げることを希望していたが、8月末に委員会はその質疑を考慮に入れることなく延期となった。)

＜セミコロンは文が引用個所で終わる場合にはつけない例＞
- From then on, Gloria became increasingly annoyed by what she later referred to as Sidney's "excessive discretion." (Chicago Press 1993: 161)
  (そのときから、グロリアは、彼女がのちに著者シドニーの「過度な思慮分別」を引用したことによって、ますますいらするようになった。)
  このように、引用個所で終わる文（この場合 "excessive discretion."）のあとに、セミコロンはつけない（"excessive discretion."; とはならない）。「閉じ引用符」の前のピリオドで文を終了する。

## 4.4. コロン (Colon)

コロン（:）は、いくつかの慣用的用法とともに、「リスト、節、引用文」を「分離する機能」、および「導入する機能」をもつ。英文法の専門家はコロンの後の「コロンの連続使用および大文字の使用」に反対している。以下のコロンの使い方は一般的に Skillin et al.（1974）に対応している。

### 4.4.1. 導入のコロン

■コロンはピリオドと同様に、分離する機能を有している。コロンはそのため、文を「ほとんど休止状態」にする（Bernstein 1981）。コロンのこの強力な分離機能により、「導入のコロン」は**一般的に独立文（完全な文）の後のみで使われる**。特に、コロンは「動詞あるいは前置詞」と「その直接目的語」の間では、使ってはならない。例をあげよう。

**悪い例1** 独立文ではないのにコロンが間違って使用されている例
- The components of the rack-mounted electronics are: power supplies, the gimbal controller,...
(ラックに搭載された電子機器の構成品は？である。すなわち、電源、ジンバルコントローラーおよび……である。)
　⇒ ここでコロンは独立文ではない The components of the rack-mounted electronics are の後で使われている。すなわち、このコロンは「動詞 are と下線部の直接目的語」の間で使われており、間違った使用例である。

**良い例1** コロンを削除し修正した例
- The components of the rack-mounted electronics are power supplies, the gimbal controller,...
(ラックに搭載された電子機器の構成品は電源、ジンバルコントローラーおよび…….である。)
　⇒ コロンを削除すれば、文法的に正しい文となる。

4.4. コロン (Colon)

〔悪い例2〕 独立文ではないのにコロンが間違って使用されている例
- The scatterometer is separated into: a gimbal, a transmitter-receiver assembly, and rack-mounted electronics.
 (散乱計は？に分けられる。すなわち、ジンバル、送受信（アセンブリ）装置、そしてラックに搭載された電子機器である。)

　⇒ このコロンもまた、独立文でない The scatterometer is separated into の後で使われている。すなわち、「前置詞 into とその直接目的語（下線部）」の間につけられており、間違った使用例である。

〔良い例2〕 コロンを削除し修正した例
- The scatterometer is separated into a gimbal, a transmitter-receiver assembly, and rack-mounted electronics.
 (散乱計はジンバル、送受信（アセンブリ）装置、そしてラックに搭載された電子機器に分けられる。)

　⇒ コロンを削除すれば、文法的に正しい文となる。

■コロンは such as, that is, for example のような慣用的挿入（導入）句の後では使用されない。なぜなら、コロン自体がこれら慣用的挿入句と同じ役割を有しているからである。以下 such as の例をあげる。

〔悪い例1〕 慣用的挿入句の後でコロンを誤って使った例
- Microwave instruments are used for remote sensing of environmental variables **such as**: sea ice, soil moisture, and surface wind speed.
 (マイクロ波機器はそのような（？）環境変数のリモートセンシングに使用される。すなわち海氷、土壌の湿気および表面風速度である。)

　⇒ 慣用的挿入句 such as の後のコロンの使用は文法的に間違いである。

〔良い例1〕 コロンを使わずに慣用的挿入句のみを使った例
- Microwave instruments are used for remote sensing of environmental variables, **such as** sea ice, soil moisture, and surface wind speed.
 (マイクロ波機器は海氷、土壌の湿気および表面風速度のような環境変数のリモー

第4章　テクニカルライティングに必須の句読点使用の基本

トセンシングに使用される）

🔴 このように、コロンの代わりに慣用的挿入句 such as のみを使い、その前にコンマをつける。あるいは、

( 良い例 2 )　コロンを正しく使った例（独立文のあとにコロンを使った例）

- Microwave instruments are used for remote sensing of environmental variables: sea ice, soil moisture, and surface wind speed.
  （マイクロ波機器は環境変数、すなわち海氷、土壌の湿気および表面風速度のリモートセンシングに使用される。）

🔴 このようにコロンを使えば、慣用的挿入句 such as は不要である。

■リストの項目が番号づけされる場合、その番号にはコロンはつけない。

( 良い例 )　番号づけされたリスト項目にはコロンは使用しない例

- The quantities calculated from microwave instruments are (1) radiometer wind speed, (2) radiometer rain rate, and (3) scatterometer wind vector.
  （マイクロ波機器から計算された数値は、(1)放射計風速度、(2)放射計降雨速度、および(3)散乱計風ベクトルである。）

🔴 番号づけされた（列挙された）項目には、コロンは不要である。

■コロンは強い分離機能を有しているので、文法上、分離が望ましくない個所にはコロンを使ってはならない。

■著者がコロンを間違って使用した場合、通常、著者はコロンの後の内容を強調したいと思っているはずである。そこで、編集者は、この強調を活かすように、「箇条書きによる強調（3.6.1.項148頁参照）」、あるいは本項4.4.項の ( 良い例 ) に示された「コロンの正しい使用法」を使って修正すべきである。（以下の例文は訳者が付加）。

( 悪い例 )　コロンを間違って強調しようと使った例

🔴 <u>My plans include</u>: quitting the company, traveling to England, and

settling down in Tokyo.（片岡 2004：231）
（私の計画は？等である。会社を辞めること、英国に旅行すること、そして東京に落ち着くこと（住んで生活をする）である。）

下線部 My plans include（私の計画は以下のことである）を強調しようと、コロンで分離しようと試みたが、My plans include は、独立節となっていないためコロンは使えない。

**修正例1** 箇条書きにして修正した例（強調を活かすようにした例）

➡ My plans include
　1．Quitting the company
　2．Traveling to England
　3．Settling down in Tokyo

（私の計画は、1．会社を辞めること、2．英国に旅行すること、3．東京に落ち着くこと（住んで生活をする）等である。）

このように「箇条書き」にすれば、文法的に正しく、かつ内容を強調することができる。

**修正例2** コロンを削除し修正した例（文法的に正しくした例）

➡ My plans include quitting the company, traveling to England, and settling down in Tokyo.
（私の計画は、会社を辞めること、英国に旅行すること、そして東京に落ち着くこと（住んで生活をする）等である。）

「コロンの正しい使用法」（**良い例2** 173頁）に従ってコロンを削除すれば、文法的に正しい文となる。

この文は下線部すべて動名詞句で統一されパラレリズムが形成され、力強い文となる。

## リストにおけるコロン

　コロンはリストを導入すると同時に、「リストの要素」を「文の残りの部分」と分離することにより**「リストの要素」を強調する、洗練された方法**である。そのようなリストは「語」、「句」（名詞句、不定詞句、前置詞句）あるいは「節」

## 第4章　テクニカルライティングに必須の句読点使用の基本

から構成される。

■同格（重要度が同じ）である句のリストを導入するにはコロンを使う。例をあげよう。

【良い例】　名詞句のリストを導入するコロンの例（同格の例）

- The scatterometer is separated into three assemblies: <u>a gimbal</u>, <u>a transmitter-receiver assembly</u>, and <u>rack-mounted electronics</u>.
  （散乱計は3つの組立品に分けられる。すなわち、ギンバル、送受信（アセンブリ）装置およびラックに搭載された電子機器である。）

　　⇒ 下線部は、同格の名詞句であるが、これらをリストアップする場合、コロンを使う。

■導入文を強調するリストを導入するには、コロンを使う。例をあげよう。

【良い例】　不定詞句のリストを導入するコロンの例（強調する例）

- The purpose of this report is twofold: <u>to evaluate the performance of the instruments</u> and <u>to expand the data base</u>.
  （本レポートの目的は2つある。すなわち、機器の性能を評価すること、そしてデータベースを拡張することである。）

　　⇒ 導入文 The purpose of this report is twofold を強調するため、コロンの後に不定詞句リスト（下線部）を続ける。

■リストを導入するために、as follows あるいは the following のような語句を使った場合は、その後にコロンを使う。the following の例をあげよう。

【良い例】　the following を使ってリストを表示するコロンの使用例

- The rack-mounted electronics consist of <u>the following</u>: power supplies, the gimbal controller,...
  （ラックに搭載された電子機器は次のようなものから構成される。すなわち、電源、ギンバルコントローラー、……である。）

## 4.4. コロン (Colon)

⇨ the following の後にコロンをつけ、その後にリストを導入する。

■リスト項目を強調するため、そして長いリスト項目を読みやすくするため、コロンの後に「箇条書き」により「リストを表示」する。例をあげよう。

（良い例）　箇条書きによりリストを表示するコロンの使用例

- The scatterometer is separated into three assemblies:
    1. A gimbal
    2. A transmitter-receiver assembly
    3. Rack-mounted electronics

（散乱計は3つの組立品に分けられる。1．ギンバル　2．送受信（アセンブリ）装置　3．ラックに搭載された電子機器である。）

⇨ コロンの後で導入するリスト項目を箇条書きにすれば、リストの各項目が長くても非常に読みやすく、理解しやすくなる。

■リストの導入部が独立文（完全な文）でない場合、以下に示すようにコロンは使ってはならない（Chicago Press 1982; Skillin et al. 1974）。

（良い例）　リストの導入部が独立文でないとき、コロンは使用しない例

- The purposes of this report are
    1. To evaluate the performance of the instruments
    2. To expand the data base

（本レポートの目的は、1．機器の性能を評価すること　2．データベースを拡張することである。）

⇨ 下線部が箇条書きによるリストの導入部であるが、完全な文でないため、下線部の後ではコロンは使用しない。

直前の（良い例）において、表示リストに先行する動詞（上記の例で **are**）の後に、しばしば、コロンをつけているのを見かけるが、そのようなコロンの使用は文法的に間違いである。

第4章　テクニカルライティングに必須の句読点使用の基本

## 節におけるコロン

■コロンは、2番目の節によって、1番目の節を強調する、あるいは1番目の節を再度述べるために2つの節の間で使われる。例をあげよう。

（良い例）　節を強調するコロンの例
- The toughness of pseudo-maraging steel degrades at cryogenic temperatures: at -320 deg F, its Charpy impact energy is 6 ft-lb.
（擬似マルエージング鋼の靭性は、極低温で劣化する。すなわち、華氏マイナス320度で、そのシャルピー衝撃エネルギーは6フート・ポンドである。）
  ⇒ 下線部は2つの節であるが、コロンで分離することにより、1番目の節は2番目の節の詳細内容により、さらに強調される。

■この場合、コロンに代わって、ダッシュ（4.5.2.項187頁）およびセミコロン（4.3.1.項166頁）もまた、使われる。しかしながら、**コロンはダッシュより「正式的」**で、**セミコロンより「強い強調」**を有している。

■なお、コロンの後の最初の語は、独立文を始める場合に限って大文字が使われる。しかしながら、その独立文に大文字を使用するかどうかは、**書き手の選択**にまかされる（5.2.1.項265頁参照）。

■説明文の後に記号を使って等式を述べる場合、この等式（節とみなす）を導入するためにコロンが使われる。例をあげよう。

（良い例）　等式を導入するコロンの例
- The out-of-plane deflection $w^0$ can be approximated by a truncated kinematically admissable series:
（面外たわみ $w^0$ は、運動学上許容できる級数を切り捨てることによって以下のような等式で近似される。）

$$w^0 \approx \sum_{k=1}^{S} w_{2k-1} \cos\left[(2k-1)\frac{\varPi y}{2b}\right]$$

## 4.4. コロン (Colon)

🔁 等式の前にある、等式の説明文の後にコロン（下線部）をつける。

## 引用におけるコロン

■ コロンは、引用文が長い（2文以上）場合、あるいは引用文を地の文に組み込まない場合に、直接引用文（言葉をかえず、そのまま繰り返した文）を導入するために使われる (Ebbitt and Ebbitt 1982)。例をあげよう。

良い例　直接引用文を導入するために使うコロンの例

- In reference 6, he states this conclusion: "Thermal neutron fluxes up to $10^{20}$ might be required."

（参照文献6に彼はこの結論を述べている。すなわち、「$10^{20}$ までの熱中性子磁束が必要かもしれない」と。)

🔁 地の文に組み込まれず別の文として引用符で囲まれた文（直接引用文）には、その前にコロンをつける。

■ しかしながら、通常、直接引用文の前では、以下の例に示すようにコンマでも十分である (4.7.1.項203頁参照)。

良い例　直接引用文を導入するのにコロンの代わりにコンマを使う例

- In reference 6, he states, "Thermal neutron fluxes up to $10^{20}$ might be required."

（参照文献6で、彼は、「$10^{20}$ までの熱中性子磁束が必要かもしれない」と述べている。)

🔁 コロンの代わりにコンマを使うことができる（「直接引用文は文の残りの部分とコンマで分離する」というコンマのルール）。

■ 間接引用文（従属節として表現された引用文）の前では、コロンもコンマも使われない。例をあげよう。

良い例　間接引用文の前ではコロン（コンマ）は使わない例

- In reference 6, he concludes that thermal neutron fluxes up to $10^{20}$ might

第4章　テクニカルライティングに必須の句読点使用の基本

be required.
(参照文献6に、彼は$10^{20}$までの熱中性子磁束が必要かもしれないと結論づけている。)

🡪 間接引用文（that 以下の間接構文（従属節））（下線部）の前には、コロン、コンマもつけない。

## 4.4.2. コロンの慣用的用法

コロンは慣用的に、以下のような場合に使われる。

(1)　正式なレターの挨拶語句の後。例：Dear Sir:（拝啓）
(2)　時間を示す「時と分」の間。　例：11:30 a.m.（午前11時30分）
(3)　文献の引用において。　　　　例：Slater, Philip N.: Remote Sensing…
　　　（フィリップ・N.スレーター著『リモートセンシング……』）
(4)　比率を表すとき。　　　　　　例：2:1 mixture（2：1の混合比）

## 4.4.3. 他の句読点とともに使うコロン

コロンは「閉じ丸カッコ」の後および「閉じ引用符」の後で使われる（例文は訳者が付加）。

＜「閉じ丸カッコ」の後で使われるコロンの例＞

🡪 Herschel was puzzled by one of the changes noted in the behavior of the experimental animals (rhesus monkeys): all the monkeys had become hypersensitive to sound. (Chicago Press 1993: 185)
（ハーシェルは実験動物（アカゲザル）の行動で気づいた変化の1つに当惑した。すなわちすべてのアカゲザルは音に対し過敏になっていたのである。）

＜「閉じ引用符」の後で使われるコロンの例＞

🡪 Kego had three objections to "Filmore's Summer": it was contrived; the character flat; the dialogue was unrealistic. (Chicago Press 1993: 184)
（ケゴは「フィルモアの夏」には3つの反対理由をもっていた。すなわち、でっちあげられたこと、人物がつまらないこと、そして対話が現実離れしていたことである。）

## 4.5. em ダッシュ（Em Dash）

　ダッシュには、印刷上、2種類ある。1つは「emダッシュ」（エムダッシュ）で欧文フォントの文字mと同じだけの幅（—）を有する。もう一つは「enダッシュ」（エンダッシュ）で欧文フォントの文字nと同じだけの幅（–）を有する。パソコンでは、「emダッシュ」はスペースのない、2つのハイフン（--）を使い、「enダッシュ」は1つのハイフン（-）を使って入力される。以下、断りがない限り「emダッシュ」を「ダッシュ」として記述する。

　ダッシュ（—、エムダッシュ）はコンマのように、**文の要素を囲い込むため、あるいは分離するために**使われる。そして「囲い込みのダッシュ」は、「囲い込みのコンマ」と同様に一対が必要である。

　実際には、「囲い込みのダッシュ」は文の強調を増すため、「囲い込みのコンマ」の代わりに使われる。Ebbitt and Ebbitt (1982) は、ダッシュを使うにあたって有益な指針を以下のように示している。

　「ダッシュはたまに使えば、**特定の語調**にしたり、**意外性**を示したり、あるいは**軽い驚き程度の文の強調**を示すことができる。一方で「ダッシュ」を、コンマ、コロンおよびセミコロンの代わりに常用すると、文の明確さをすべて失ってしまい、まとまりのない代用になってしまう。しかしながら、**最も効果的に使えば、ダッシュは生き生きとした強調の句読点**となる。」

### 4.5.1. 囲い込みのダッシュ

　囲い込みのダッシュ（—…—）は「挿入要素」、「非制限的修飾語」および「同格語」を囲い込むため、コンマに代わって使用することができる（4.7.2.項204頁参照）。

■囲い込みのダッシュは、コンマの使用が誤解を招くような場合、例えば連続コンマのような場合に使用する。例をあげよう。

（悪い例）　コンマの使用により意味が違ってしまった例
- The lasant gas, argon, and $^3$He were allowed to mix for 45 minutes.

(励起ガス、アルゴン、およびヘリウム3（ヘリウムの同位体）は45分間混合することができた。)

→ 下線部の3つを混合できたという本来の意図と違った意味になるので、この場合、コンマの使用は間違いである。

（良い例）　囲い込みのダッシュを使って文を明確にした例
- The lasant gas—argon—and $^3$He were allowed to mix for 45 minutes.
（励起ガス、すなわち——アルゴン——およびヘリウム3（ヘリウムの同位体）は45分間混合することができた。)

→ 下線部のようにダッシュでargon（同格語）を囲めば文意が明確になり、かつlasant gasが強調される。

■囲い込みのダッシュは、「囲い込む要素」（非制限的修飾語句）がすでに内部にコンマを有する場合に使われる。例をあげよう。

（良い例1）　内部にコンマを有する要素に囲い込みのダッシュを使った例
- Of the lasant gases studied—argon, xenon, krypton, and neon—argon offers the most promise.
（検討された励起ガス——アルゴン、キセノン、クリプトンおよびネオン——の中で、アルゴンが最も有望である。)

→ 「囲い込む要素」（下線部）がすでにコンマを有する場合、囲い込みのダッシュを使うのが適切である。これにより、アルゴン、キセノン、クリプトンおよびネオンが強調される。下線部は非制限的修飾語句。

（良い例2）　内部にコンマを有する要素に囲い込みのダッシュを使った例
- The most promising lasant gas—argon, which is the lightest gas studied—produced laser output power of 4 W.
（最も有望な励起ガス——アルゴン、これは検討された中で最も軽いガスであるが——4Wのレーザー出力を生み出した。)

→ 「囲い込む要素」（下線部）がすでにコンマを有する場合（which以下は非制限的挿入節）、囲い込みのダッシュを使うのが適切である。これにより、

## 4.5. em ダッシュ（Em Dash）

アルゴンが強調される。下線部は非制限的修飾語句。

■ 前頁の（良い例）、（良い例1）、（良い例2）のように、「囲い込む要素」を強調する場合には、「囲い込みのダッシュ」を使う。

■ また、中断する要素（挿入要素）を有する独立文には、囲い込みのダッシュを使う。例をあげよう。

（悪い例）　中断する要素をもつ独立文をコンマで囲い込んだ例
- The one-sided spectrum, engineers call it simply "spectrum," is the output of most spectral analyzers.
（片側スペクトル、エンジニアはそれを単に「スペクトル」と呼ぶが、大抵のスペクトル分析器の出力である。）

⇒ 下線部はコンマで囲まれた独立文（挿入文）であるが、別の語 spectrum により文が中断されているので、コンマでは弱く、適当でない。

（良い例）　中断する要素をもつ独立文に囲い込みのダッシュを使った例
- The one-sided spectrum—engineers call it simply "spectrum"—is the output of most spectral analyzers.
（片側スペクトルは――エンジニアはそれを単に「スペクトル」と呼ぶが――大抵のスペクトル分析器の出力である。）

⇒ このようにダッシュを使えば、下線部が強調され、文意が明確になる。

これからわかるように、コンマは独立文の挿入文を囲い込むには弱すぎて不適当である。すなわち、上記の（良い例）のように、ダッシュ（または丸カッコ）の使用が必要である。

■「非制限的要素」あるいは「挿入する要素」を囲い込むため、コンマ、ダッシュあるいは丸カッコのどれを使ったらいいか迷う場合がある。その場合、以下の基準に従い、「文の残りの部分」と「挿入する要素」の関係および「強調する度合い」を考慮して決める（IRS 1962）。

- 「コンマ」は最もよく使われるが、「挿入された考え」と「文の残りの部分」を**分離する力は弱い**。
- 「ダッシュ」は**囲い込まれた要素を強調する**ので、その要素の内部にコンマを有する場合にダッシュを使えば、文意を明確にすることができる。
- 「丸カッコ」は、囲い込まれた要素を文の残りの部分と**ゆるやかに結合させる**。そのため、丸カッコは囲い込まれた要素を強調しない。

## 4.5.2. 分離のダッシュ

分離のダッシュ（—）は、基本的に以下の３つの場合に「文の要素を分離する」ために使われる。

(1) 分離のダッシュは、その前にある「語のグループ」とそれらの主語である「代名詞」とを分離する場合に使われる。例をあげよう。

( 良い例 ) 代名詞と分離するダッシュの例（同格語と分離する例）

- Argon, xenon, krypton, and neon—**these** are the possible choices of noble gases for use in nuclear pumped lasers.
 （アルゴン、キセノン、クリプトンおよびネオン——これらは核励起レーザで使用する希ガスの可能性のある選択である。）

    ➡ these は、その前にある Argon, xenon, krypton, and neon を指す「同格の代名詞」で、かつ文の主語である。これら（下線部）と these を分離するためダッシュを使う。

(2) 分離のダッシュは、箇条書き項目をその説明文と分離する場合に使われる（太字は箇条書き項目、下線部はその説明文であることを示す）。

( 良い例 ) 箇条書き項目とその説明文を分離するダッシュの例

- Support systems for the facility supply the following:
 （その施設のサポートシステムは以下に示すものを供給する。）
    1. **Air**—The 600-psi system can deliver a flow rate of 300 lb/sec for 3 min.

4.5. em ダッシュ（Em Dash）

（1．空気——その600-psi システムは、3分間1秒あたり300ポンドの流速で放出することができる。）

2．**Cooling water**—The closed-loop system delivers 450 gal/min at 550 psig.
（2．冷却水——その閉鎖ループシステムは550psigで1分あたり450ガロンを放出できる。）

3．**Gaseous propellants**—Hydrogen, oxygen, and nitrogen are supplied from tanks at 2400 psia.
（3．ガス状推進燃料——水素、酸素、および窒素はタンクから2400psiaで供給される。）

(3) 分離のダッシュは2つの節を分離するが、第2の節が第1の節を「強調する、あるいは再度述べる」ために使われる。

> 良い例　第2の節が第1の節を強調するために使う分離のダッシュの例

- The toughness of pseudo-maraging steel degrades at cryogenic temperatures—at -320 deg F, its Charpy impact energy is 6 ft-lb.
（擬似マルエージング鋼の靱性は、極低温で劣化する。すなわち、華氏マイナス320度で、そのシャルピー衝撃エネルギーは6フート・ポンドである。）

　▶ 第2の節（下線部）はダッシュで分離されることにより第1の節を強調する。あるいは再度述べる働きをしている。

また、ダッシュ以外にコロン（4.4.1.項178頁）あるいはセミコロン（4.3.1.項167頁）はこの目的のために使われる。ダッシュは、コロンよりはくだけた表現になるが、セミコロンよりは強調の度合いが強い。

■ダッシュは、文の後でその要約を導入、あるいは説明句、説明節を導入するため、for example, that is, namely のような慣用的挿入（導入）句の前で使われる。しかし、コンマあるいはセミコロンもまた使用可能である（Rowland 1962）。

すなわち、「説明句」が文の後にくる場合、コンマが使用され、「説明節」が

文の後にくる場合はセミコロンが使用される。なお、説明句あるいは説明節が文の後にくることによって、文が十分強調される場合（適度の強調）には、以下に示すようにダッシュではなく、コンマあるいはセミコロンのいずれを使ってもよい。例をあげよう。

### 良い例1　コンマを使った説明句の例（普通の強調）

- Other random processes have average properties that vary appreciably with time, for example, the load demand on an electric power generating system.
（他のランダムプロセス（確率過程）は、時間とともにかなり変化する平均特性を有する。例えば、電力発電システムの負荷需要である。）

　➡ このコンマは例示を示し、コンマの後には詳細な説明をする句（下線部）がくる。強調の度合いは「普通」である。

### 良い例2　セミコロンを使った説明節の例（適度な強調）

- Some random processes are reasonably independent of the precise time; that is, measurements made at different times are similar in their average properties.
（いくつかのランダムプロセス（確率過程）は正確な時間とは無関係であるのはもっともである。すなわち、異なった時間でなされた測定値は平均特性においてそれぞれ類似している。）

　➡ このセミコロンは言い換えを示すセミコロンで、セミコロンの後には、詳細な説明をする節（下線部）がくる。強調の度合いはコンマよりは強いが「適度な強調」である。

■ダッシュは、説明内容をさらに強調するために使われる。例をあげよう。

### 良い例1　ダッシュを使った説明句の例（より強い強調）

- Other random processes have average properties that vary appreciably with time—for example, the load demand on an electric power generating system.

4.5. em ダッシュ（Em Dash）

（他のランダムプロセス（確率過程）は、時間とともにかなり変化する平均特性——例えば、電力発電システムの負荷需要を有する。）

➡ このダッシュは前の句を強調する。ダッシュの後に「平均特性」を詳細に説明する句（下線部）がくる。「より強い強調」である。

( 良い例 2 )　ダッシュを使った説明節の例（より強い強調）
- Some random processes are reasonably independent of the precise time—<u>that is, measurements made at different times are similar in their average properties</u>.

（いくつかのランダムプロセス（確率過程）は正確な時間とは無関係であるのはもっともである——すなわち、異なった時間でなされた測定は平均特性においてそれぞれ類似している。）

➡ このダッシュは前の節を強調する。ダッシュの後に「無関係であること」（前の節の内容）を詳細に説明する節（下線部）がくる。「より強い強調」である。

## 4.5.3.　ダッシュの慣用的用法

ダッシュは慣用的に以下のような場合に使われる。

■タイトルとサブタイトルを分離する場合に使われる。例をあげよう。

( 良い例 1 )　タイトルとサブタイトルを明確に分離する例
- Large Space Systems Technology—1984
  （大規模宇宙システム技術——1984年度）
  ➡ タイトル（大規模宇宙システム技術）とサブタイル（1984年度）を明確に分離するためダッシュが使われる。これによりタイトルがより明確になる。

( 良い例 2 )　タイトルとサブタイトルを明確に分離する例
- Energy Efficient Transport Technology—Program Summary and Bibliography

（エネルギー効率のよい輸送技術——プログラムサマリーと引用文献）

→ タイトル（エネルギー効率のよい輸送技術）とサブタイル（プログラムサマリーと引用文献）を分離のダッシュにより分離する。こうすれば Energy Efficient Transport Technology が強調される。長いタイトルを明確にするための有効な方法である。

■ダッシュは漠然とした広い範囲の日付を示す場合に使われる。例をあげよう。

良い例　広い範囲の日付を示す例
- 1974—（1974年—）
- 1980 to 19—（1980年から19—年）

## 4.5.4. 他の句読点とともに使うダッシュ

セミコロン、コロン、疑問符、ピリオドあるいは感嘆符は——しかしコンマは除く——ダッシュに置き換えることができる。すなわち、セミコロン、コロン、あるいはピリオドは、囲い込みダッシュと組みで使われる場合がある。

## 4.6. en ダッシュ（En Dash）

en ダッシュ（–、エンダッシュ）は、以下に示す例のように慣例的に使用される。

なお、en ダッシュは em ダッシュの幅の半分である。印刷物ではよく使われる。パソコンで入力する場合は en ダッシュの代わりに1つのハイフン（-）が使われる。

■en ダッシュは、以下の例に示すように、「数」あるいは「日付」の連続を示す場合に使われる。

**良い例1** 連続する数に en ダッシュを使う例
- pp. 233–235（233頁から235頁）
  ➡ 頁数の始まりから終わりまでを示すのに、en ダッシュを使う。

**良い例2** 連続する日付に en ダッシュを使う例
- Oct. 1975–Jan. 1976（1975年10月から1976年1月）
  ➡ 年月の始まりから終わりまでを示すのに、en ダッシュを使う。

■en ダッシュは、以下に示すように between... and... あるいは from... to... の構文では使われない。

**悪い例1** 「between... and... の構文」に en ダッシュを使った例
- between 1975–1978（1975年から1978年の間）
  ➡ このような en ダッシュの使い方は、間違いである。

**良い例1** 「between... and... の構文」を正しく使った例
- between 1975 and 1978（1975年と1978年の間）
  ➡ en ダッシュではなく、between... and... の構文を使う。

第4章　テクニカルライティングに必須の句読点使用の基本

( 悪い例 2 )　「from... to... の構文」に en ダッシュを使った例
- from 1975–1978（1975年から1978年）
    ➡ このような en ダッシュの使い方は間違いである。

( 良い例 2 )　「from... to... の構文」を正しく使った例
- from 1975 to 1978（1975年から1978年まで）
    ➡ en ダッシュではなく、from... to... の構文を使う。

■en ダッシュは、2語の語句あるいはハイフンがつけられた語句の複合修飾語をつなぐのに使われる。

( 良い例 1 )　2語の語句をつなぐために en ダッシュを使った例
- New York–London flight（ニューヨーク・ロンドン間の飛行）
    ➡ 2語の New York と London をつなぐのに en ダッシュ（下線部）を使う。

( 良い例 2 )　ハイフンのついた複合語をつなぐために en ダッシュを使った例
- shock-wave–boundary-layer interaction（衝撃波・境界層間の相互作用）
    ➡ 複合語（複合修飾語）である shock-wave, boundary-layer をつなぐのに en ダッシュ（下線部）を使う。

なお、en ダッシュの代わりにスラッシュ（/）が使用される場合については 4.9.項（227頁）を参照されたい。

■en ダッシュはすべてが大文字の文において、ハイフンの代わりに使われる。

## 4.7. コンマ（Comma）

すべての句読点の中で、コンマ（,）の使用は特に判断力を要する。すなわち、コンマを使うには一連の規則に従わなければならないだけでなく、**句読点がつけられる**「もの」（語句）**そのものについての理解力が求められる**からである。**コンマのつけ方により意味が変わってくる**ので注意が必要である。

コンマの主要な機能は、文の要素を「**分離すること**」および「**囲い込むこと**」である。コンマのこの機能は重要である。すなわち、コンマが文の要素を分離する場合には、コンマは1つでよいが、囲い込む場合には、2つ（一対）必要である。最初にコンマが文の要素を分離する実例（4.7.1.項分離のコンマ）について、次にコンマが文の要素を囲む込む実例（4.7.2.項204頁囲い込みのコンマ）について検討する。

### 4.7.1. 分離のコンマ

「分離のコンマ」の多くは、すでに述べたように「オープンスタイル」においては、書き手の自由選択にまかされている。もしコンマを使用可能なすべての個所に使用すれば**文を切り刻む**ことになり、句読点の目的に反して、**文を読みにくくしてしまう**。

**独立節における分離のコンマ**

■等位接続詞によって結合される「独立節」（2.8.1.項74頁参照）は、コンマによって分離される。例をあげよう。

（良い例）　等位接続詞 but で結合された独立節の分離に使うコンマの例

- <u>The mixing noise dominates the spectrum</u>, but <u>the background noise peaks at a high frequency</u>.
（混合騒音はそのスペクトルに著しく影響を与えるが、暗騒音はある高周波数でピークに達する。）
  - ➡ 等位接続詞 but により2つの独立節（下線部）が結合されているが、その分離のためコンマが使われている。

## 第4章　テクニカルライティングに必須の句読点使用の基本

■独立節どうしが、短くかつ密接に関係している場合には、コンマは省く。

（良い例）　等位接続詞 and で結合された独立節でコンマを省く例（意味上密接な場合）
- Each performance of an experiment is called a trial and its result is called an outcome.
  （実験の一回目の実行はトライアルと呼ばれ、その結果は成果と呼ばれる。）
    - 2つの独立節は等位接続詞 and で結ばれ、かつ短く、意味上密接に関係しているので、コンマは不要である。

■コンマは「対比を強調する」ため、等位接続詞 but、for で結合される独立節どうしの間で使われる。

例えば、..., but..., ..., for... の独立節の構文においては、but および for の前にコンマをつける。例をあげよう（以下例文は訳者が付加）。

- This IT course is difficult, but it is packed with useful information.（片岡 2004：149）（この IT コースは難しいが、有用な情報が詰め込まれている。）
下線部が2つの独立節で、「難しいということ」と「有用な情報であること」が等位接続詞 but（コンマは but の前につける）により対比され、強調されているのがわかる。

- It must be very cold outsides, for the lake is frozen over.（綿貫ら 2003：598）（外はとても寒いに違いない。湖水が全面に凍っているから。）
下線部が2つの独立節で、「寒いに違いない」と「湖水が全面に凍っているから」が等位接続詞 for（コンマは for の前につける）により対比され、強調されているのがわかる。for はくだけた表現で、通常 because が使われる。

■独立節が複雑で、内部にすでにコンマを有する場合には、それらを分離するためにセミコロンが使われる（以下例文は訳者が付加）。

- Members of the expedition team were John Smith, a physician; Mary Woodfield, a geologist; and Mike Carpenter, a surveyor.

4.7. コンマ（Comma）

（その探検隊のメンバーは医師のジョンスミス氏、地質学者のメアリーウッドフィールド氏、および調査官のマイクカーペンター氏であった。）（片岡 2004：229）

下線部は長い独立節の内部にコンマを有する語句で、明確に分離するため（コンマでは不明確になる）、and の前にある語句それぞれのあとにセミコロンをつける。

■等位接続詞のない独立節を分離するのに、コンマを使ってはならない。例をあげよう。

（悪い例1） 等位接続詞がない無終止文の例
- The differences were generally about 11 percent, however, larger differences occurred at $\alpha=15°$.
 （その差異は一般に約11％であり、しかしながら、$\alpha=15°$では、より大きな差異が起こった。）
   ➡ このような等位接続詞がないコンマが続く文は、文がだらだら続き、いわゆる「無終止文」（run-on sentence）となり、避けるべき文である（なお、however は等位接続詞ではなく、接続副詞である）。

（良い例1） 等位接続詞とコンマを使った例 （等位接続詞を使う例）
- The differences were generally about 11 percent, **but** larger differences occurred at $\alpha=15°$.
 （その差異は一般に約11％であったが、$\alpha=15°$では、より大きな差異が起こった。）
   ➡ 等位接続詞 but を使い、その前にコンマをつける。こうすれば文意が明確になる。あるいは

（良い例2） 接続副詞とセミコロンを使った例（等位接続詞を使わない例）
- The differences were generally about 11 percent; **however**, larger differences occurred at $\alpha=15°$.
 （その差異は一般に約11％であった。しかしながら、$\alpha=15°$で、より大きな差異が

第4章　テクニカルライティングに必須の句読点使用の基本

起こった。)
- 🔶 接続副詞 however を使い、その前にセミコロンをつける。こうすれば文意が明確になる。

■重文の述部では、述部があまりに長くて、明瞭さのためにどうしてもコンマを必要とする場合でなければ、コンマで分離しない。例をあげよう。

（悪い例）　重文の述部をコンマで分離した例（コンマを使ってしまった例）
- Viewing through the atmosphere increases the apparent reflectance for low-reflectance objects (e.g., $p=0.1$), and decreases the apparent reflectance for high-reflectance objects (e.g., $p=0.7$).
（大気を通して観察すると低反射率の物体（すなわち $p=0.1$）の見かけの反射率は増加して見える。そして高反射率の物体（すなわち、$p=0.7$）の見かけの反射率は減少して見える。）
- 🔶 2つの下線部の述部はパラレルな構文（動詞＋名詞の目的語＋for の前置詞句）となっているため文意が明確であるので、コンマは不要である。

（良い例）　重文の述部をコンマで分離する必要がない例
- Viewing through the atmosphere increases the apparent reflectance for low-reflectance objects (e.g., $p=0.1$) and decreases the apparent reflectance for high-reflectance objects (e.g., $p=0.7$).
（大気を通して観察すると低反射率の物体（すなわち $p=0.1$）の見かけの反射率は増加して見え、そして高反射率の物体（すなわち、$p=0.7$）の見かけの反射率は減少して見える。）
- 🔶 コンマは省く。下線部の述部はパラレルな構文（動詞＋名詞の目的語＋for の前置詞句）でそれぞれ文意が明確であり、コンマがなくても誤解なく理解できる。

■重文の述部が長いためコンマが必要であるように思える場合は、「述部が長すぎる」からである。このような場合、述部を分離するためコンマを使用したとしても十分に明確にすることはできないので、文を書き直す必要がある。

4.7. コンマ（Comma）

## 連続した要素における分離のコンマ

■コンマは、3つ以上の連続した要素を分離するために使われる。例をあげよう。

**良い例 1**　3つ以上の連続した要素（名詞句）を分離するコンマの例
- The flight navigation system also provides altitude, roll, pitch, yaw, and ground speed.
（航空機の航法システムはまた、高度、横揺れ、縦揺れ、偏揺れ、および対地速度を提供する。）
  ➡ 5つの要素（下線部の名詞句）があるが、and の前の4要素の後にコンマをつける。なお、これらのコンマは通常、「連続（serial）コンマ」と呼ばれる。

**良い例 2**　3つ以上の連続した要素（前置詞句）を分離するコンマの例
- Pressures at the bulkhead, in the cove, and at the seal were measured.
（隔壁、凹面部、封印部の圧力が測定された。）
  ➡ 3つの要素（下線部の前置詞句）があるが、and の前の2要素の後にコンマをつける。

**良い例 3**　3つ以上の連続した要素（節）を分離するコンマ
- Wind speed is obtained from antenna brightness temperature, rain rate is obtained from the brightness temperature difference at two frequencies, and wind vector is obtained from radar cross section.
（風速はアンテナの輝度温度によって得られ、雨の速度は、2つの周波数での輝度温度の差から得られ、そして風のベクトルはレーダーの断面図から得られる。）
  ➡ 3つの要素（下線部の節）があるが、and の前の2要素の後にコンマをつける。

「NASA ラングレー編集部門」は、上記の例のように連続した要素の接続詞の前のコンマ（「連続コンマ（serial comma）」）を推奨する。この**連続コンマは、**

第4章　テクニカルライティングに必須の句読点使用の基本

誤解を避けるために必要である。

## 導入句および導入節における分離のコンマ

コンマは以下の例に示すように、「導入句あるいは導入節」を主節と分離するために使われる。

■導入句を主節と分離するため、導入句の後にコンマをつける。

( 良い例 )　「導入句」を主節と分離するためにつけるコンマの例

- As discussed in reference 4, one has considerable freedom in defining the Fourier transform pair.
  （参考文献4で検討したように、我々は、フーリエ変換ペアを定義するのにかなりの自由度を有する。）

  ➡ 下線部の導入句の後にコンマがつく。

■導入節を主節と分離するため、導入節の後にコンマをつける。

( 良い例 )　「導入節」（導入副詞節）を主節と分離するためにつけるコンマの例

- If the variable $t$ is actually time, then $a$ is frequency.
  （変数 $t$ が実際に時間であるなら、$a$ は周波数である。）

  ➡ 下線部の導入節（導入副詞節）の後にコンマがつく。

■動詞形を含むすべての導入節および導入句の後に慣行として、通常コンマをつける（Ebbitt and Ebbitt 1982）。例をあげよう。

( 良い例1 )　「導入節」（導入副詞節）の後のコンマの例

- Although some mathematicians are not comfortable with this intuitive definition, it is widely used.
  （幾人かの数学者はこの直感的定義には不満足であるが、それは一般に使われている。）

  ➡ 下線部の導入節（導入副詞節）の後にコンマがつく。

4.7. コンマ (Comma)

**( 良い例2 )** 「導入分詞句」の後のコンマの例
- Called mean square calculus, this theory is based on the concept of mean square convergence.
  (平均2乗法計算と呼ばれるが、この理論は2乗平均収束の概念に基づいている。)
  ➡ 下線部の導入（過去）分詞句の後にコンマがつく。

**( 良い例3 )** 「導入動名詞句」の後のコンマの例
- In analyzing the experiment, we try to statistically describe the whole random process.
  (その実験を分析する場合、我々は全体のランダムプロセス（確率過程）を統計的に記述しようと試みる。)
  ➡ 下線部の導入動名詞句の後にコンマがつく。

**( 良い例4 )** 「導入不定詞句」の後のコンマの例
- To understand this concept, note that periodic functions may be expanded in Fourier series.
  (この概念を理解するため、周期関数がフーリエ級数に展開されることに注意を要する。)
  ➡ 下線部の導入不定詞句の後にコンマがつく。

■短い導入副詞句の後には、誤解が生じない限り、コンマをつけなくてもよい。例をあげよう

**( 良い例1 )** 短い導入副詞句の後にコンマをつけた例
- In recent years, the delta function has been rigorously defined.
  (近年、デルタ関数が厳密に定義された。)
  ➡ 下線部は短い導入副詞句であるが、コンマがあればより文意が明確になる。あるいは、

第4章 テクニカルライティングに必須の句読点使用の基本

( 良い例2 ) 短い導入副詞句の後にコンマをつけない例
- In recent years the delta function has been rigorously defined.
（近年、デルタ関数が厳密に定義された。）
　➡ 下線部は短い導入副詞句であるので、意味上誤解が生じることはないので、コンマをつけなくてもよい。

( 悪い例 ) 導入副詞句の後にコンマがないため文意が曖昧になっている例
- Soon after the photon density becomes steady as gains and losses balance each other.
（「光子密度が、利得と損失が互いにバランスするにつれ、安定になった後すぐに」という意味と「その後すぐに、光子密度は利得と損失がバランスするにつれ安定する」という意味にもなる。）
　➡ 下線部は短い導入副詞句であるが、コンマがないため、どれを修飾するかすぐには理解ができない。

( 良い例 ) コンマをつけて文意を明確にした例
- Soon after, the photon density becomes steady as gains and losses balance each other.
（その後すぐに、光子密度は、利得と損失が互いにバランスするにつれ安定する。）
　➡ 下線部は短い導入副詞句であるが、コンマがあると、前の文を受けることがすぐに分かる。

■動詞を修飾する導入句の後では、コンマをつけない。例をあげよう。

( 悪い例 ) 動詞を修飾する導入句の後でコンマをつけた例
- Only in recent years, has the delta function been rigorously defined.
（近年においてのみ、デルタ関数が厳密に定義された。）
　➡ 下線部の導入句の後に修飾する動詞がきている場合（この例では倒置法）、このようにコンマをつけるのは文法的に誤りである。

## 4.7. コンマ (Comma)

**良い例** コンマをつけない例（倒置の例）

- <u>Only in recent years</u> **has** the delta function **been** rigorously **defined**.
 (近年においてのみ、デルタ関数が厳密に定義された。)
  - ➡ 下線部の導入句の後に修飾する動詞がきている（倒置法）場合、コンマをつけない。

■ なお、導入節および導入句の後のコンマは、「分離する機能」であって、「囲い込みをする機能」ではない。コンマは、内部の節あるいは句の後でコンマをつけるのは正しいが、節あるいは句が非制限的でなければ、それらの前でつけるのは正しくない（「囲い込みのコンマ」（4.7.2.項206頁）参照）。

■ 内部の節あるいは句が制限的である場合、その制限的導入要素の後にコンマをつけるが、前にはつけない。例をあげよう。

**悪い例1** 制限的導入要素（節）の前にコンマをつけた例

- Recombination rate is larger than quenching rate, and, <u>after losing is achieved</u>, both are smaller than photo-break dissociation rate.
 (再結合速度は消滅速度より大きく、レーザー処理がなされた後は、再結合速度および消滅速度の双方は、光崩壊解離速度より小さくなる。)
  - ➡ 下線部の制限的導入要素（節）の前のコンマは文法的に間違いである。

**良い例1** 制限的導入要素（節）の前にはコンマをつけない例

- Recombination rate is larger than quenching rate, and <u>after lasing is achieved</u>, both are smaller than photo-break dissociation rate.
 (再結合速度は消滅速度より大きいが、レーザー処理がなされた後は、再結合速度および消滅速度の双方は、光崩壊解離速度より小さくなる。)
  - ➡ 下線部の制限的導入要素（節）の前のコンマを削除する。

**悪い例2** 制限的導入要素（句）の前にコンマをつけた例

- The laser pulse was reasonably stationary, although, <u>at 1.6 msec</u>, motion of the arc is evident.

(アークの運動は1.6ミリ秒では明らかに認められるけれども、レーザーパルスは理にかなって一定であった。)

⇒ 下線部の制限的導入要素（前置詞句）の前のコンマは、文法的に間違いである。

○良い例2　制限的導入要素（句）の前にはコンマをつけない例

- The laser pulse was reasonably stationary, although <u>at 1.6 msec,</u> motion of the arc is evident.
(アークの運動は1.6ミリ秒では明らかに認められるけれども、レーザーパルスは理にかなって一定であった。)

⇒ 下線部の制限的導入要素（前置詞句）の前のコンマを削除する。

■コンマは、内部の節あるいは句が非制限的である場合、非制限的導入要素の前後につける。例をあげよう。

○良い例　非制限的導入要素（節）の前後にコンマをつけた例

- Note that, <u>even though they are unbounded</u>, the delta functions are plotted as arrows with their heights representing the coefficient magnitudes.
(それらは結合していないけれども、デルタ関数は、係数の大きさを表す高さ付き矢印記号としてプロットされることに注意すること。)

⇒ 非制限的導入要素（本質的でない挿入節）（下線部）の前後にはコンマがつく（非制限的導入要素を2つのコンマで囲い込む）。

## 等位形容詞におけるコンマ

■Linton (1962) は、「形容詞が、(1)by, and で連結される場合、(2)名詞相当語句を独立して修飾する場合、それらの形容詞は等位形容詞である」と定義している。

■コンマは、等位であってかつ論理が一貫している形容詞だけにつけることができる。

4.7. コンマ（Comma）

■なお、形容詞が等位であるかどうかを決めるには注意を要する。以下に「2つのチェック方法」を紹介する。

まず第一は、「形容詞の間に and を入れてみる」ことである。例をあげよう。

**原文1** 2つの形容詞が連続している例
- The delta function has a long controversial history.
 （デルタ関数は長い論争の歴史をもっている。）
  ➡ 形容詞 long と controversial が連続している。これでは long が controversial を修飾するのか、history を修飾するのかが曖昧である。

**検討例1** 2つの形容詞の間に and を入れた例
- The delta function has a long **and** controversial history.
 （デルタ関数は長いかつ論争の歴史をもっている。）
  ➡ このように and を入れると文意が正しくなる場合には、The delta function has a long, controversial history. のように long と controversial の間にコンマをつけるのは適切である。この場合、等位形容詞になり、「長い歴史かつ論争の歴史」という意味が明確になる。

次に、a linear shift-invariant system（線形シフト不変システム）の例を考えてみよう。

and を入れた句、a linear **and** shift-invariant system（線形かつシフト不変システム）とするのは可能だろうか。

第二には、まだ、疑いがある場合、以下の例のように「**形容詞の順序を逆にしてみる**」ことである。もし形容詞が独立して名詞を修飾しているなら、この2つの形容詞は等位であることになり、順序は関係ないことになる。例をあげよう。

**原文2** 元の2つの形容詞の順序の例
- a linear shift-invariant system（線形シフト不変システム）

## 第4章　テクニカルライティングに必須の句読点使用の基本

( 検討例2 )　2つの形容詞の順序を逆にした例
- a shift-invariant linear system（シフト不変線形システム）

　ここで、形容詞 shift-invariant と形容詞 linear は、おそらく等位と思われるが、最終的な判断にあたってはそれらの形容詞の技術上の意味を正しく理解している人に聞く必要がある。これは、文法上やっかいな問題であるが、現実にはこのようなことが常に起こる。
　もし、等位に疑いがある場合には、コンマを形容詞の間に入れてはいけない。現在では、2つの等位形容詞間にはコンマを入れないという傾向にある（Ebbitt and Ebbitt 1982）。
　しかしながら、**コンマは、分離修飾語としての形容詞に強調を付け加える働き**をすることに留意しなければならない。

## 省略構文におけるコンマ

　文の節が繰り返し要素（例えば動詞）を有する場合、コンマがこれらの繰り返し要素の働きをする（省略構文におけるコンマの使用）。例をあげよう。

( 良い例 )　省略構文における繰り返し要素に代用されるコンマの例
- Wind speed **is obtained** from antenna brightness temperature; rain rate, from the brightness temperature difference at two frequencies; and wind vector, from radar cross section.
(風速はアンテナの輝度温度によって得られ、雨の速度は、2つの周波数での輝度温度の差から得られ、そして風のベクトルはレーダーの断面図から得られる。)

　➡　ここで2つのコンマ（下線部）は、省略された動詞句 is obtained の代わりに用いられている。

■省略構文のコンマは節が短ければ省いても良い。例をあげよう。

( 良い例 )　省略構文のコンマを省いた例（短い節の例）
- Wind speed is obtained from antenna brightness temperature, and wind vector [,] from radar cross section.

(風速はアンテナの輝度温度によって得られ、そして風のベクトルはレーダーの断面図から得られる。)

🔶 下線部の節は短くて、コンマがなくても誤解がないので、省略構文のコンマ（[,]）を省いてもよい。

なお、省略構文におけるセミコロンの使用については、4.3.4.項170頁を参照されたい。

## 直接引用文と直接疑問文におけるコンマ

直接引用文（言葉をかえず、そのまま繰り返した文）と直接疑問文（直接尋ねる文で疑問符で終わる文）は、コンマかコロンのいずれかによって文の残りの部分と分離される。コロンは**長い引用**、あるいは**正式な引用**を導入するために使われる。

■コンマは、直接引用文と直接疑問文を、文の残りの部分と分離する。

( 良い例 1 )　**直接引用文をコンマで分離する例**
- In reference 6, he states, "Thermal neutron fluxes up to $10^{20}$ might be required."
 (参照文献6において、彼は、「$10^{20}$までの熱中性子束が必要かもしれない」と述べている。)

  🔶 下線部の直接引用文をコンマにより、文の残りの部分 In reference 6, he states と分離する。

( 良い例 2 )　**直接疑問文をコンマで分離する例**
- The obvious question is, how good is this estimate?
 (その明らかな質問は、「この推定はいかに良いのか」である。)

  🔶 下線部の直接疑問文をコンマにより、文の残りの部分 The obvious question is と分離する。

なお、直接疑問文の最初の語は、大文字を使用する場合としない場合がある

(上記の例では How あるいは how のいずれも使われる）（➡ 4.16.項256頁参照）。

■コンマ（あるいはコロン）は、間接引用文（従属節として表現された引用文）あるいは文法構造の一部であるものには使われない。例をあげよう。

良い例 1　間接引用文にはコンマをつけない例
- In reference 6, he stated that thermal neutron fluxes up to $10^{20}$ may be required.
（参照文献6において、彼は、$10^{20}$ までの熱中性子束が必要かもしれないと述べた。）
　➡ 間接引用文（文法的には名詞節）（下線部）の前には（この例では that の前には）、コンマ（あるいはコロン）は不要である。

良い例 2　文法構造の一部である場合にはコンマをつけない例
- In case of fire, the command for stopping the test is "Recover, fire."
（火事の場合、そのテストを停止するコマンドは、「火事を復旧せよ」である。）
　➡ 下線部は文法構造の一部（is の補語）なので、その前にコンマあるいはコロンは不要である。

## 4.7.2. 囲い込みのコンマ

「囲い込みのコンマ」には対となる句読点、すなわちもう1つのコンマ、あるいはコロン、セミコロン、ピリオド、疑問符、感嘆符が使われる。

### 非制限的修飾語におけるコンマ

非制限的修飾語は基本的に文の意味には影響を与えない。すなわち、削除しても文の意味を変えることはない。以下、非制限的修飾語に使われるコンマを説明しよう。

■非制限的修飾語はコンマで囲い込まなければならない。ポイントは、「囲い込みのコンマ」は対となるもう一つのコンマ、あるいは他の句読点を必要とすることである。

4.7. コンマ（Comma）

「非制限的前置詞句」および「非制限的動詞句」はコンマで囲い込まれる。例をあげよう。

**良い例 1**　「非制限的前置詞句」をコンマで囲い込んだ例
- The record need not be continuous but may, in fact, be digital data.
  （その記録は連続である必要はないが、実際にはデジタルデータであってもよい。）
  ➡ in fact は非制限的前置詞句（下線部）で、その前後をコンマで囲い込む。

**良い例 2**　「非制限的動詞句」をコンマ、ピリオドで囲い込んだ例
- Theoreticians prefer to work in terms of radian frequency, defined for both positive and negative frequencies.
  （理論家は角振動数を使って、それはプラスおよびマイナス双方の周波数に対して定義されるが、仕事をすることを好む。）
  ➡ 非制限的動詞句（下線部）の前をコンマで、後を（文末なのでコンマではなく）ピリオドで囲い込む。

**良い例 3**　「非制限的動名詞句」をコンマで囲い込んだ例
- The second integral, being the integral of an odd function over even limits, is zero.
  （第2の積分、これは、偶数区間端にわたる奇関数の積分であるが、ゼロである。）
  ➡ 非制限的動詞句（動名詞句）（下線部）の前後をコンマで囲い込む。

■コンマは節を導入する、文中の「非制限的句」と「制限的句」を確実に区別するために使われる（4.7.1.項199頁参照）。例をあげよう。

**良い例 1**　節を導入する文中の非制限的句に囲い込みコンマをつける例
- The coefficient could be placed elsewhere because, though preferred, the placement shown is arbitrary.
  （好まれるが、示された配列は任意であるため、その係数は、ほかのどこかに配列

される。)
- 🡆 文中の非制限的句（挿入語句）（下線部）の前後はコンマで囲い込まれ、節 because the placement shown is arbitrary を導入する働きをしている。

> 良い例2　節を導入する文中の制限的句にコンマをつける例

- A random process is stationary <u>if for all $n$,</u> its $n$th density function is independent of time.
（ランダムプロセス（確率過程）は、すべての $n$ に対して、その $n$ 番目の密度関数が時間に無関係であれば、一定である。）
  - 🡆 文中の制限的句（これがないと文は完成しない）（下線部）の後にコンマがつけられ、節 its $n$th density function is independent of time を導入する働きをしている。

■ 非制限的関係節はコンマで囲い込むが、制限的関係節は囲い込まない。

> 良い例1　非制限的関係節ではコンマで囲い込む例

- The most common panel methods are the codes of Hess and Smith (ref. 26), <u>which were developed for nonlifting bodies.</u>
（最も一般的なパネル（翼の区画）法はヘスとスミスのコード体系（参考文献26）であって、その体系は非揚物体のために開発されたものであるが。）
  - 🡆 下線部は非制限的関係詞節で、関係代名詞 which の前のコンマともう1つのコンマは文末であるのでピリオドで囲い込まれる。

> 良い例2　制限的関係節ではコンマで囲い込まない例

- The most common panel methods are the codes <u>which Hess and Smith (ref. 26) designed for nonlifting bodies.</u>
（最も一般的なパネル（翼の区画）法はヘスとスミスが（参考文献26）非揚力物体のために設計したコード体系である。）
  - 🡆 制限的関係詞節（the codes を限定する）（下線部）には、コンマはつけない。

4.7. コンマ (Comma)

■非制限的副詞節はコンマで囲い込むが、制限的副詞節は囲い込まない。

( 良い例1 )　非制限的副詞節ではコンマで囲い込む例
- The power spectral density of the signal is shown in figure 9, <u>where arrows represent delta functions</u>.
（その信号の出力スペクトル密度は図9に示され、そしてそこでは矢印はデルタ関数を表す。）
　→ 下線部が非制限的副詞節を示し、コンマ（もう1つは文末のピリオド）で囲い込む。

( 良い例2 )　制限的副詞節ではコンマで囲い込まない例
- The last chapter introduces specialized areas <u>where research is in progress</u>.
（最後の章では研究が進行中である特殊分野を紹介する。）
　→ 下線部が制限的副詞節を示し、関係副詞 where により先行詞 specialized areas を制限（限定）しているので、コンマは不要である。

( 良い例3 )　非制限的副詞節ではコンマで囲い込む例
- Independent random processes are uncorrelated, <u>since their cross correlation always satisfies equation (6)</u>.
（独立ランダムプロセス（確率過程）は相互に関連していない。なぜならそれらの相互相関は常に方程式(6)の条件を満たしているから。）
　→ 非制限的副詞節（これがなくても文の本質的意味は変わらない文）（下線部）はコンマ（もう一つは文末のピリオド）で囲い込む。

( 良い例4 )　制限的副詞節ではコンマで囲い込まない例
- Two random processes are uncorrelated <u>if their cross correlation satisfies equation (6)</u>.
（2つのランダムプロセス（確率過程）は、それらの相互相関が方程式(6)の条件を満たすなら、相関関係がない。）
　→ 下線部が制限的副詞節を示し、条件を示す if 節により残りの部分を制限しているのでコンマは不要である。もし if 節が文頭にあれば、下線

第4章 テクニカルライティングに必須の句読点使用の基本

部の後にコンマがつく。

■非制限的か制限的であるかに関わらず、導入副詞節は、それが修飾する節とコンマにより分離される（4.7.1項196頁参照）。

■文中の副詞節は、修飾する節の前にあって制限的（制限的副詞節）であれば、その制限的副詞節の前にコンマをつけない。例をあげよう。

（悪い例）　文中の制限的副詞節に囲い込みコンマを使用した例
- Recombination rate is larger than quenching rate, and, <u>after lasing is achieved</u>, both are smaller than photo-break dissociation rate.
（再結合速度は消滅速度より大きい、そしてレーザー処理がなされた後、再結合速度および消滅速度の双方は、光崩壊解離速度より小さくなる。）
　⇒ 下線部は時間を表す副詞節であってその後の文を制限しているので、囲い込みコンマの使用（afterの前のコンマ）は文法的に間違いである。

（良い例）　文中の制限的副詞節には囲い込みコンマを使用しない例
- Recombination rate is larger than quenching rate, and <u>after lasing is achieved</u>, both are smaller than photo-break dissociation rate.
（再結合速度は消滅速度より大きい、そしてレーザー処理がなされた後、再結合速度および消滅速度の双方は、光崩壊解離速度より小さくなる。）
　⇒ 下線部は時間を表す副詞節であってその後の文を制限しているので、afterの前のコンマは不要である。

■以下の指針は、Rowland (1962) から借用したものであるが、節が「制限的か非制限的」であるかどうかを決めるのに役立つ。以下に「**副詞節の9つの分類**」を示す。

(1) 「時間を表す副詞節」：when, whenever, after, as soon as, just as, before, since, until, while によって導かれる時間を表す副詞節は、主動詞を修飾する場合は「**制限的用法**」となる。

(2)「場所を表す副詞節」：where, wherever によって導かれる場所を表す副詞節は通常、**「制限的用法」**であるが**「非制限的用法」**の場合もある。

(3)「態様を表す副詞節」：how, just as, as, as if, as though によって導かれる態様を表す副詞節は通常、**「制限的用法」**である。

(4)「比較あるいは程度を表す副詞節」：else, other, rather, as, than によって導かれる比較あるいは程度を表す副詞節は通常、**「制限的用法」**である。

(5)「条件を表す副詞節」：if, as though, except, provided, unless, whether によって導かれる条件を表す副詞節は通常、**「制限的用法」**である。

(6)「目的を表す副詞節」：so that, in order that によって導かれる目的を表す副詞節は**「制限的用法」**である。

(7)「原因、理由を表す副詞節」：because によって導かれる原因、理由を表す副詞節は通常、「制限的用法」であるが、since, as, inasmuch as によって導かれる副詞節は通常、**「非制限的用法」**である。

(8)「譲歩を表す副詞節」：although, even, while, whereas, though によって導かれる譲歩を表す副詞節は常に、**「非制限的用法」**である。

(9)「結果を表す副詞節」： so that によって導かれる結果を表す副詞節は**「非制限的用法」**である。

## 同格を示すコンマ

　非制限的な同格の語（句、節）は、コンマによって囲い込まれて使われる。制限的な同格の語（句、節）は、その前にある同じ種類の他のものと差別化あるいは区別するために使われる。例をあげよう。

第4章　テクニカルライティングに必須の句読点使用の基本

**良い例1**　非制限的同格語句の例（コンマを前後につける例）
- Argon, the lightest noble gas that will lase, was chosen for the lasant gas.
 （アルゴン、それはレーザー化する最も軽い希少ガスであるが、レーザー用ガスのために選ばれた。）
    - ➡ Argonを補足説明する非制限的な同格の語句（非制限的同格語句）（下線部）であるので、前後にコンマをつける。

**良い例2**　制限的同格語の例（コンマはつけない例）
- The noble gas argon was chosen for the lasant gas.
 （希少ガスのアルゴンはレーザー用ガスのために選ばれた。）
    - ➡ 下線部 argon は前の語句 the noble gas と区別するため、制限する同格語（制限的同格語）であり、コンマはつかない。

■コンマを有する同格語がある場合、それらの明瞭さを改善するため、ダッシュ（emダッシュ）が、同格語を囲い込むのに使用される（➡ 4.5.1.項182頁 **良い例1** 参照）。

■or は、しばしば非制限的な同格語の前で使われるが、「同格を示す or」は、常にコンマで囲い込む。例をあげよう。

**良い例**　同格を示す or にはコンマで囲い込む例
- The concept of a laser powered directly by nuclear energy, **or** a direct nuclear-pumped laser, came into existence shortly after discovery of the laser.
 （核エネルギーすなわち、直接的核励起レーザによって直接作動するレーザーの概念はレーザーの発見後まもなくしてでてきた。）
    - ➡ or の後の a direct nuclear-pumped laser（下線部）は非制限的な語（挿入語）で、その前の nuclear energy と同格であるので、or a direct nuclear-pumped laser を2つのコンマで囲い込む。

■コンマは、制限的、非制限的にかかわらず、同格の記号では省略する。例を

4.7. コンマ（Comma）

あげよう。

> **良い例 1**　同格の記号での制限的用法の例（コンマはつけない例）

- The coefficients $C_L$ and $C_m$ are plotted in figure 23.

  （係数 $C_L$ と $C_m$ は、図23にプロットされる。）

  ➡ $C_L$ と $C_m$ の記号は、その前の語 coefficients と「同格の記号」であり、かつ coefficients を制限していることから、coefficients の後にはコンマはつかない。

> **良い例 2**　同格の記号での非制限的用法の例（コンマを省略する例）

- The lift coefficient（コンマ省略）$C_L$ is plotted in figure 23.

  （揚力係数すなわち $C_L$ は、図23にプロットされる。）

  ➡ 記号 $C_L$ はその前の語 The lift coefficient を補足説明するもので非制限的であるが、$C_L$ は coefficient と「同格の記号」であるので、coefficient の後のコンマは省略される。

■しかしながら、非制限的な同格の記号の場合には、著者あるいは編集者が好むなら、区切るために、その前にコンマをつけてもよい。

> **良い例**　同格の記号での非制限的用法の例（コンマをつけてもよい例）

- The two most sensitive parameters in the estimations, $\alpha$ and $\beta$ are compared with measured values in table II.

  （推定での2つの最も感度のよい変数、すなわち、$\alpha$ と $\beta$ は、表IIの測定値と比較される。）

  ➡ $\alpha$ and $\beta$ は、記号であって、下線部の語句と同格で非制限的（補足的）である。したがって、上記 **良い例 2** のようにコンマを省略できるが、コンマをつけてもよい。

## 文を中断する要素におけるコンマ

「挿入句」、「修辞的副詞」、「対照句」（正反対の要素）、「導入語」およびその他「文を中断する要素」（中断語句：慣用的挿入句）は、それらが非制限的であ

第4章 テクニカルライティングに必須の句読点使用の基本

る場合には、コンマで囲い込まれる。例をあげよう。

■「挿入句」が非制限的である場合は、コンマで囲い込む。例をあげよう。

> 良い例　非制限的「挿入句」はコンマで囲い込む例
- Auxiliary meteorological data used herein, such as vorticity, have been computed from NMC isobaric height fields.
  （ここで使用される補助気象データ、渦度のようなデータは、NMC等圧線の高さ領域から計算された。）
  ⮕ 下線部の挿入句は非制限的なので、その前後をコンマで囲い込む。

■「修辞的副詞」が非制限的である場合は、コンマで囲い込む。例をあげよう。

> 良い例　非制限的「修辞的副詞」はコンマで囲い込む例（howeverの例）
- The time between independent measurements cannot be reliably estimated; it can be assumed, however, to lie between 20 and 120 minutes.
  （個別測定間の時間は、確実には推定できないが、しかしながら、20分と120分の間にあると想定される。）
  ⮕ 修辞的副詞 however（下線部）は非制限的なので、その前後をコンマで囲い込む。

なお、「修辞的副詞の使用」と「その句読点」は、**文の強調に影響を与えるので注意を要する**（3.6.1.項150頁参照）。

■「対照句」が非制限的である場合は、コンマで囲い込む。例をあげよう。

> 良い例　非制限的「対照句」はコンマで囲い込む例
- In winter, clouds near the tropopause are associated with negative vorticity, not with positive vorticity as most meteorologists are accustomed to believing.
  （冬、対流圏と成層圏の境界に近い雲は、大多数の気象学者が信じているように、

右回りの渦巻き運動状態ではなく左回りの渦巻き運動状態であると関係づけられる。）

🔶 下線部は非制限的対照句なので、その前後をコンマで囲い込む（文末はコンマではなくピリオドとなる）。

■「中断語句」が非制限的である場合、コンマで囲い込む。例をあげよう。

( 良い例 ) 非制限的「中断語句」はコンマで囲い込む例（for example の例）
- For 33-mm-diameter particles, for example, partial loss of laminar flow is predicted for large number densities.
（例えば、直径33ミリの粒子では、層流の部分的損失が大きな密度のものに対して予測される。）

🔶 例示を示す中断語句（下線部）の前後をコンマで囲い込む。

## 「共通の末尾を有する挿入句」におけるコンマ

前の句を読み返す「共通の末尾を有する挿入句」はコンマで囲む。

( 良い例1 ) 共通の末尾を有する挿入句をコンマで囲い込む例
- An aircraft flying through clouds will lose a significant portion, if not all, of its laminar flow.
（雲の中を飛行する航空機は、その層流のすべてでないにしても、かなりの部分を失う。）

🔶 挿入句 if not all（下線部）は、前の句 a significant portion と共通の末尾 of its laminar flow を有する。この場合、挿入句の前後をコンマで囲い込む。

( 良い例2 ) 共通の末尾を有する挿入句をコンマで囲い込む例
- The particle-concentration data have nearly the same latitudinal, but a significantly different seasonal, distribution from that of the cloud-encounter data.
（粒子濃度データは雲遭遇データの分布から、ほぼ同じ緯度分布ではあるが、しか

し著しく異なる季節的な分布を有する。)

🡆 挿入句 but a significantly different seasonal（下線部）は、前の句 nearly the same latitudinal と共通の末尾 distribution from that of the cloud-encounter data を有する。この場合、挿入句の前後をコンマで囲い込む。なお、that of の that は、distribution を指す。

### 絶対主格におけるコンマ

絶対主格の句（名詞句と修飾句からなる句で、これ自体では文法的機能を持たない名詞句）は非制限的であり、コンマによって囲い込まれる。例をあげよう。

> 良い例　絶対主格の句をコンマで囲い込む例

- Most confidence may be placed in the statistics for the 30 deg N to 60 deg N latitude band, <u>more data having been taken at these latitudes</u>.
（最大の信頼は、北緯30度から北緯60度帯の統計値、すなわちこれらの緯度で採取された多くのデータに置かれるかもしれない。）

🡆 下線部が絶対主格（more data）の名詞句でコンマによって（文末はコンマでなくピリオドで）囲い込まれる。

なお、上記の例文は「独立分詞構文」(absolute participle construction) と呼ばれるものであって、これは主文の主語（Most confidence）と従属文の主語（more data）が異なる場合の構造のことを指す。ここで、絶対主格 (nominative absolute) とは、従属文の主語（more data）のことをいう。絶対主格の句は名詞句（上記の例では more data）と修飾句（上記の例では having been taken at these latitudes）からなる。<u>修飾句には名詞句、前置詞句、形容詞句、現在分詞、過去分詞がある</u>。

## 4.7.3. コンマの慣用的用法

コンマの以下に示す慣用的用法は「分離」と言うより、むしろ「囲い込み」と考えられるものである。

■コンマは日付を囲い込むために使われる。

4.7. コンマ（Comma）

**良い例1**　コンマで日付けを囲い込む例
- The study was conducted from January 15, 1975, to February 1, 1979, aboard commercial airliners.
 （本研究は民間旅客飛行機に搭乗して1975年1月15日から1979年2月1日に行われた。）
  ➡ 年号である1975および1979を囲い込むコンマをつける。

しかしながら、以下の例に示すように、コンマなしでも使用することができる。

**良い例2**　日付にコンマをつけない例
- The study was conducted from January 1975 to February 1979 aboard commercial airliners.
 （本研究は民間旅客飛行機に搭乗して1975年1月から1979年2月まで行われた。）
  ➡ コンマなしでも慣例的に使われる（4.1.項156頁で述べた「オープンスタイル」）。

■コンマは地名および住所を囲い込むために使われる。

**良い例1**　コンマで地名を囲い込む例
- These instruments were carried on commercial airliners en route from Chicago, Illinois, to London, England.
 （これらの機器は民間旅客飛行機を使って、イリノイ州シカゴから英国ロンドンのルートで運ばれた。）
  ➡ 地名であるIllinoisおよびEnglandはコンマで囲い込む（文末はコンマの代わりにピリオド）。

**良い例2**　コンマで住所を囲い込む例
- The computer program is available from COSMIC, 112 Barrow Hall, University of Georgia, Athens, GA 30602.
 （そのコンピュータプログラムは、郵便番号30602、ジョージア州アセンズにある

第4章　テクニカルライティングに必須の句読点使用の基本

ジョージア大学バローホール112号のCOSMICから手に入れることができる。)
　➡　住所を示すのにその構成部分（下線部）をコンマで囲い込む（文末はコンマの代わりにピリオド)。

■コンマは特定語句を囲い込むために使われる。

(良い例)　コンマで参考文献のページ箇所を囲い込む例
- This conclusion was drawn from data in Volume II, page 157, of reference 16.
(この結論は参考文献16の第2巻157ページのデータから導き出された。)
　➡　参考文献において特定の箇所を示す、語句「page 157」を、コンマで囲い込む。

■コンマは資格、肩書き、所属等を囲い込むために使われる。

(良い例)　コンマで肩書き、所属を囲い込む例
- Members of the committee consisted of J. J. Deluisi, Ph.D., NOAA Environmental Research Laboratory; J. P. Friend III, Drexel University; and M. P. McCormick, chairman, NASA Langley Research Center.
(委員会のメンバーはNOAA　環境調査研究所のJ. J. デルイシ博士、ドレクセル大学のJ. P. フレンド3世、およびNASAラングレーリサーチセンターのM. P. マコーミック議長であった。)
　➡　肩書き、所属である、3つの下線部「Ph.D.とNOAA　Environmental Research Laboratory」、「Drexel University」および「chairmanとNASA Langley Research Center」をそれぞれコンマで囲い込む（なお、この例では、コンマの対として、コンマ、セミコロン、ピリオドが使われている)。

■コンマは氏名を囲い込むために使われる。

(良い例)　コンマで氏名を囲い込む例
- Refer to the report by J. J. Deluisi, Jr., and James P. Friend III: Deluisi, J.

J., Jr.; and Friend, James P., III: Listing of Multi-Spectral Dots.
(J. J. デルイシジュニアおよびジェームス P. フレンド3世によるレポートすなわち、デルイシ, J. J., ジュニアとフレンド, ジェームスP., 3世の共著「マルチスペクトルドットのリスト」を参照。)

◯ 氏名（下線部）をコンマで囲い込む。

■コンマは数を分離するために使われる。
　5桁以上の数において、数を千単位で分離（桁区切り）するため、コンマが慣例上使われる。しかしながら、科学技術文書では、コンマは少数点を示すのに使用されることがあるので、以下の例に示すように、コンマの代わりに半角スペースの使用を勧める。

（間違いではない例）　コンマで数を区切る慣例的用法の例
- There were 88,000 data points, 2500 of which had to be discarded.
  (88,000のデータ点があったが、そのうちの2500は捨てなければならなかった)
  ◯ 5桁以上の数で千の単位を示すのにコンマを使っても間違いではない。

（好ましい例）　コンマの代わりに半角スペースで数を区切る慣例的用法の例
- There were 88 000 data points, 2500 of which had to be discarded.
  (88 000のデータポイントがあったが、そのうちの2500は捨てなければならなかった。)
  ◯ 5桁以上の数値は千の単位を示すのに、コンマの代わりに半角スペースを使う。
  なお、この方式は、第22回国際度量衡会議（2003年）において、ピリオド、コンマを桁区切りには使わないことが決議され、その代わりに空白（半角スペース）を使うことが再確認されている（片岡 2004：4）。

## 4.7.4. 他の句読点とともに使うコンマ

コンマは以下に示すように他の句読点と一緒に使われる。

■コンマは引用符と使われる場合、「閉じ引用符」の前にくる。

第4章　テクニカルライティングに必須の句読点使用の基本

　　➡　例："……,"

■コンマは、丸カッコの中に挿入内容がなくてもコンマをつける場合、「閉じ丸カッコ」の後につける。
　　➡　例：（　　），

■コンマは、丸カッコの内容がその後の語を明確に限定する場合のみ、「始め丸カッコ」の前につける。
　　➡　例：AAA，（……）BBB

■コンマは、他の句読点、「セミコロン、コロン、ダッシュ、ピリオド」に置き換えることができる。すなわち、一対の「囲い込みのコンマ」の1つは他の句読点になることがある（➡ 4.7.2.項204頁「囲い込みのコンマ」参照）。

## 4.8. ハイフン（Hyphen）

　ハイフン (-) は「語同士」あるいは「語のある部分」をつなぐために使われる。すなわち、行の終わりで分綴される語の音節をつないだり、語に接頭辞あるいは接尾辞をつないだり、そして複合語をつないだりするために使われる。最近はハイフンをあまりつけない傾向になってきている。すなわち、恒久的な複合語は1語になる傾向があり、一時的な複合語で、**曖昧さを避ける必要がある場合にのみ、ハイフンをつける**。

　なお、1つのハイフンは、パソコンで印字された文書においては、「en ダッシュ」を表す。そして間にスペースがない2つ並んだハイフンは「em ダッシュ」を表すのによく使われる。

### 4.8.1. 分綴のハイフン

　語が行の終わりにきた際、音節によってハイフンがつけられる。語を分けるのに適切な位置は辞書で決められる。「NASA ラングレー編集部門」は以下の辞書を推奨する。

(1) *Webster's Third New International Dictionary of the English Language, Unabridged* G. & C. Merriam Co., c. 1967. (➡ 最新版参照）

(2) *Webster's Ninth New Collegiate Dictionary*. Merriam-Webster, Inc., c.1983. (➡ 最新版参照）

　一般に、行末のハイフンはできるだけ避けるべきである。「行末そろえ」をしていないテキストで、不ぞろいの右マージン（余白）を避けるため、あるいは語間の大きな空きを避けるため、行の終わりで語にハイフンをつけて分綴してもよい。

　以下に示す「行の終わりのハイフン」についての指針は *The Chicago Manual of Style*（Chicago Press（1982））から引用したものである。

■語は音節間でのみ分けることができる。音節での分け方（音節法）（例えば、democ-racy, (demo-cracy ではない), knowl-edge, (know-ledge ではない)) は辞書を参照されたい。

■行の始まり、あるいは終わりに1文字を残すような分綴をしてはならない

■2文字の音節（例：en-chant, as-phalt）は行の終わりに残してもよいが、2文字の語尾部（例：mone-ey, ful-ly）は、次の行に送ってはならない。

■パラグラフ、ページあるいは同様な項目（例えば、参考文献の引用、図のキャプション）の最後の語は、分綴をしてはならない。

■ハイフンのついた複合語は、ハイフンのところで分綴しなければならない。同様に、ハイフンなしで1語で綴られる複合語は、自然に分かれるところで（例：after-body）、接頭辞の後で（例：dis-comfort）そして接尾辞の前で（例：other-wise）で分綴する。

■行の終わりにハイフンが数行にわたって連続するのはできるだけ避ける。

## 4.8.2. 接頭辞のハイフン

ハイフンは語に接頭辞をつなぐために使われることがある。しかしながら、この接頭辞の後のハイフンはつけない傾向がある。

■ハイフンは以下のような接頭辞には常に必要である。
- all-　　　（すべての〜）
- half-　　（半分の〜）
- quarter-　（4分の1の〜）
- quasi-　　（擬似的な〜）
- self-　　　（自己〜）
- ex-　　　（外の〜）

■ハイフンは固有名詞あるいはその形容詞に接頭辞をつなぐために使われる。例をあげよう。

4.8. ハイフン（Hyphen）

- anti-Arab（反アラブの（人））
  →固有名詞 Arab とその接頭辞 anti をつなぐためハイフンを使う。

- un-American（反米国的な、米国的でない）
  →固有名詞 America の形容詞 American に接頭辞 un をつなぐためハイフンを使う。

■ハイフンがなければ誤解を招く、同綴異義語（綴りが同じで異なる2つの意味をもつ語）にはハイフンをつける。

- unionized　　（労働組合化された）
  →un-ionized（イオン化していない）
- recover　　　（取り戻す）
  →re-cover　　（再び覆う）
- coop　　　　（おり（かご）に入れる）
  →co-op　　　（協同組合所有方式に転換する）
- multiply　　　（増す）
  →multi-ply　　（多数重なった）

■ハイフンがないと誤解されたり、読むのが困難である語にはハイフンをつける。

- un-uniform　　　（非一様にする）
- post-stall　　　　（失速後）
- sub-subcommittee（下位分科委員会）

■母音が2つある場合、あるいは子音が3つある場合には、ハイフンを使う。

- micro-organism　（微生物）
- anti-inflation　　（インフレ抑制の）

■接頭辞 co, de, pre, pro, re は、母音が2つあってもハイフンなしで印字される。

- <u>co</u>operation （協力）
- <u>pre</u>exist　　（先在する）

■「ハイフンのついた複合語に接頭辞をつける」場合には、ハイフンを使う（太字は接頭辞を示し、下線部はハイフンのついた複合語を示す）。

- **non**-<u>civil-service</u> position　　（非公務員の職）
- **pseudo**-<u>steady-state</u> system　（擬似定常状態システム）

## 4.8.3. 接尾辞のハイフン

ハイフンは語に接尾辞をつなぐために使われることがある。

■子音が3つ連続することを避けるために、ハイフンを使う。

- shell-like　（貝殻のような）　　➡　shelllike とはならない。
- hull-less　（外殻のない）　　　➡　hullless とはならない。

■接尾辞 like が固有名詞につけられる場合にはハイフンを使う。
　　➡　例えば、Nixon-like（ニクソン（大統領）のような）

## 4.8.4. 複合語のハイフン

　複合語は、(1)常用（広く一般に使用）されていて、その形（そのままか、ハイフンがつくか）が決められているもの、およびしばしば辞書に見られるもの、(2)一時的にハイフンがつけられたもの、のいずれかである。

　多くの常用の複合語はハイフンなしになる傾向がある。大半の文法の参考書（Bernstein 1981; G.P.O. 1984; Skillin et al. 1974）では、**一時的な複合語を作るのは避けるべき**であると勧めている。このことからも、ハイフンはつけない傾向になってきている。

4.8. ハイフン（Hyphen）

## 複合名詞のハイフン

　以下の例に示すように、前置詞句の常用複合名詞にはハイフンがつく。また他の常用複合名詞ではハイフンがつかないものがある。

**良い例 1**　ハイフンがつく前置詞句の常用複合名詞の例
- right-of-way（通行権）　➡ 前置詞句のハイフンがつく常用複合名詞
- mother-in-law（義母）　➡ 前置詞句のハイフンがつく常用複合名詞

**良い例 2**　ハイフンがつかない常用複合名詞の例
- workbench（作業台）
   　➡ work と bench 間にハイフンがつかない 1 語となった常用複合名詞

- cupboard（食器棚）
   　➡ cup と board 間にハイフンがつかない 1 語となった常用複合名詞

■ある名詞句は常用複合語になる過程にあるといえる。しかしながら、それらは辞書に定義されていたとしても、いまだハイフンがついていない。例えば、*Webster's Ninth New Collegiate Dictionary* は以下に示すものをリストアップしている。

**良い例 1**　ハイフンがついた、辞書に定義された常用複合語の例
- right-of-way（通行権（の）：名詞および形容詞）

**良い例 2**　ハイフンがついていない、辞書に定義された常用複合語の例
- state of the art（到達水準：名詞）
   　➡ なお、ハイフンがついた state-of-the-art は、「最先端技術の」（形容詞）という意味で辞書に定義されている。

　ハイフンおよび常用複合名詞の綴り方については、辞書は最もよいよりどころである。

■ハイフンによる一時的複合語は、いくつかの名詞の組み合わせが「1つの統一体」である場合には、以下の例に示すようにハイフンの使用は正しい。

> 良い例　ハイフンによる一時的な複合語の例

- wing-body（翼本体）
- writer-editor（ライター兼編集者）
- ➡ 名詞の組み合わせが1つの統一体を示すので、ハイフンがつく。

## 複合動詞のハイフン

■別々の語の名詞形から由来している複合（動作）動詞には、ハイフンをつける。例をあげよう。

- Langley <u>flight-tested</u> that configuration.
  （（NASA）ラングレーはその形態（型）を飛行テストした。）
  - ➡ 名詞のflightと名詞のtestが複合されて複合動詞（飛行テストする）になったもので、ハイフンがつく。
- To <u>cross-brace</u> such a structure is impossible.
  （そのような構造を交差補強することは不可能である。）
  - ➡ 名詞のcrossと名詞braceが複合されて複合動詞（交差補強する）になったもので、ハイフンがつく。

■しかしながら、複合動詞が受動態になる場合、ハイフンは不要である。例をあげよう。

- That configuration was <u>flight tested</u>.
  （その型は飛行テストされた。）
- Such a structure could not be <u>cross braced</u>.
  （そのような構造は交差補強できなかった。）

## 複合修飾語のハイフン

多くの参考書（例えば、Bernstein 1981; G.P.O. 1984）では、曖昧さを避けるた

4.8. ハイフン (Hyphen)

めに必要な場合にのみ、複合修飾語にハイフンをつけることに賛成している (2.5.2.項54頁参照)。

　以下、2.5.2.項「複合修飾語の正しい使い方」の57頁で述べたハイフンの使い方について再掲しておく。

■複合修飾語は以下の場合にはハイフンはつかない（ト線部は複合修飾語）。

(1) 複合修飾語が述部形容詞である場合、ハイフンはつかない。
　　● The aircraft was flight tested.（その航空機は飛行テストされた。）

　ただし、辞書でハイフンをつけられている形容詞の場合には述部形容詞として使われていてもハイフンがつく。例えば、The method is well-known.（その方法はよく知られている。）

(2) 複合修飾語の最初の語が、比較級あるいは最上級の場合、ハイフンはつかない。
　　● higher order calculations（高次の計算）

(3) 複合修飾語の最初の語が、[-ly] で終わる副詞の場合、ハイフンはつかない。
　　● relatively accurate prediction（相対的に正確な予想）

(4) 複合修飾語が英語以外の外国語の語句である場合、ハイフンはつかない。
　　● *a priori* condition（先天的条件）

(5) 複合修飾語が固有名詞の場合、ハイフンはつかない。
　　● North Carolina coast（ノースカロライナの海岸）
　　例外として、
　　● Anglo-American plan（アングロ・アメリカン計画）の場合には、ハイフンがつく。

(6) 複合修飾語の2番目に特定な文字あるいは数がある場合、ハイフンはつかない。

225

第4章　テクニカルライティングに必須の句読点使用の基本

- <u>material 3</u> properties（材料3の特性）

(7) 複合修飾語が引用符でくくられている場合、ハイフンはつかない。
- "<u>elliptical style</u>" symbol list（「省略法」の記号一覧）

(8) 複合修飾語には通常ハイフンがつかない、化学薬品、動物、あるいは植物である場合、ハイフンはつかない。
- <u>nitric oxide</u> formation（窒素酸化物の生成）

■複合修飾語は、以下の場合には常にハイフンがつく（下線部は複合修飾語）。

(1) 複合修飾語が過去分詞や現在分詞を有する場合、ハイフンがつく。
- <u>flight-tested</u> model（飛行テストされたモデル）
- <u>decay-producing</u> moment（[大気摩擦により] 速度を落とす瞬間）

(2) 複合修飾語が色の言葉の組み合わせである場合、ハイフンがつく。
- <u>blue-gray</u> residue（青灰色の残渣）

(3) 複合修飾語が結合語句であることを暗示している場合、ハイフンがつく。
- <u>lift-drag</u> ratio（揚力・抗力比）
- <u>Newton-Raphson</u> iteration（ニュートン・ラフソン反復）

(4) 複合修飾語が指定の数以外の数を有する場合、ハイフンがつく。
- <u>three-degree-of-freedom</u> simulator（3度の自由度のシミュレーター）
- <u>0.3-meter</u> tunnel（0.3メートルのトンネル）

## 4.9. スラッシュ（Slash）

スラッシュ（/）は、斜線（solidus）、あるいは対角線（virgule）とも呼ばれ、(1) and/or を示す場合、(2) x/y のような分数を示す場合、(3) m/sec のような per（〜につき）を示す場合、および(4) 詩を引用する場合に使われる。

多くの語法、英文法の参考書は、「**一時的に作られた複合語にはスラッシュの使用を認めていない**」が、スラッシュは一般によく使用されている。NASA 内部におけるレポートの草稿においても、以下のような4つの例を見かける。

(1) hoop/column antenna（中空円柱状のアンテナ）
　⇒ この場合のスラッシュは、**ハイフンの意味**。
(2) boundary-layer/shock-wave interaction（境界層・衝撃波間の相互作用）
　⇒ この場合のスラッシュは、**en ダッシュの意味**。
(3) matrices/vectors（マトリックスもしくはベクトル）
　⇒ この場合のスラッシュは、**or の意味**。
(4) lateral/directional characteristics（横指向性の特性）
　⇒ この場合のスラッシュは、**ハイフンの意味**。

最初の例（hoop/column）では、新規な技術用語の造語であるが、「ハイフンではなく間違ってスラッシュを選んでしまった」ものである。しかしながら、この言葉は、hoop（輪）と column（円柱）の複合語を意味する語でありながら実際にはスラッシュを使うことが広く行われてきた。

2番目の例（boundary-layer/shock-wave）では、スラッシュは、en ダッシュすなわち、「長いハイフン」の働きとして使われている。

3番目の例（matrices/vectors）では、スラッシュは、二者択一を示す or の意味に使われている。しかし、これは Tichy と Fourdrinier（1988）が注意を喚起している用法である。

最後の例（lateral/directional）は、長い間ハイフンがつけられてきた複合修飾語に、スラッシュが使われている例である。

第4章 テクニカルライティングに必須の句読点使用の基本

■「NASAラングレー編集部門」は上記の4つの例において、**一時的に作られた複合語にスラッシュを使うことには反対している**。それは文意が曖昧になるからである。以下に修正例を示す。

(1) スラッシュは、以下の例に示すようにハイフンに変更する。

- The 15-m hoop-column antenna is a deployable and restowable structure.
 (その15メートルの中空円柱状のアンテナは、配備が容易で元に戻すことができる構造である。)
   ➡ hoop/column（227頁）は、このようにhoop-columnと「ハイフン」に修正する。

(2) スラッシュは、以下の例に示すように「enダッシュ」に変更する。

- These phenomena result from boundary-layer–shock-wave interaction.
 (これらの現象は境界層と衝撃波の相互作用から起こる。)
   ➡ boundary-layer/shock-wave（227頁）は、このようにboundary-layer–shock-waveと「enダッシュ」に修正する。

(3) スラッシュは以下の例に示すように「and, or, and/or」のいずれかに変更する。

- Operator splitting is additive decomposition of some matrices and vectors in the model.
 (演算子分割とは、モデルのいくつかのマトリックスとベクトルの加法的分解である。)
   ➡ matrices/vectors（227頁）のスラッシュはあいまいなので、matrices and vectorsと「and」（この例では）を使って意味を明確にする。

(4) スラッシュは以下の例に示すように「ハイフン」に変更する（訳者追加）。

4.9. スラッシュ（Slash）

◆ The lateral-directional characteristics are also altered by ground effect.
（横指向性の特性は地表効果によっても、また変化する。）
lateral/directional（227頁）は、このように lateral-directional と「ハイフン」に修正する。

■しかしながら、スラッシュの使用が標準となっている以下の例のような用語（複合語）には、スラッシュを使用してもよい。

● V/STOL（vertical or short takeoff and landing）
（垂直離着陸機と短距離離着陸機の総称）
● stall/spin
（失速・きりもみ降下）

これらは、**スラッシュの使用が標準用法になっている例**である。

第4章　テクニカルライティングに必須の句読点使用の基本

## 4.10. アポストロフィ（Apostrophe）

　アポストロフィ（'）の機能は「所有」を示すことである。すなわち、「略語、文字、記号」の**複数形を作るため**、および**語の短縮を示すため**に使われる。名詞の所有格を作るルールについては「所有格の作り方」（2.2.1.項19頁）のところで詳しく述べられている。なお、アポストロフィは人称代名詞の所有格を作るためには使われないことに注意を要する。

■「NASA ラングレー編集部門」は GPO（1984）に従い、's（アポストロフィ・エス）を「記号、名称、符号、年数、頭字語、略語、数」の複数形を作るため使用することを推奨している。以下にいくつかの例を示す。

- X's　　　　　　　　　　*α*'s　　　　　　　　　　C-130's
  （複数の X）　　　　　（複数のアルファ）　　　（複数の C-130輸送機）
- +'s　　　　　　　　　　1970's　　　　　　　　　60's
  （複数のプラス）　　　（1900年代）　　　　　　（60歳代）
- PMT's　（production monitoring tests の略語：複数の製品モニター試験）
- M.A.'s　（Master of Arts の略語：文学修士達）
- 4 's　　（複数の数字の 4）

　なお、*Chicago Manual of Style*（1982）と *WIT*（1974）では誤解を避けるため、上記のような用語の複数形を作るときには、必要な場合のみアポストロフィを使用すべきあると述べている。

■ 's は、通常、語の複数形を作るために使われる。しかし、その語が複数の意味を含む場合には、's は不要である。例をあげよう。

（悪い例1）　's が不要にもかかわらず付加した例

- There can be no *and's, if's, and but's*.（meaning the words cannot appear）
  （語 and の複数形、語 if の複数形、および語 but の複数形はない。（これらの語は意

## 4.10. アポストロフィ (Apostrophe)

味をもたない))

&#x27A1; and's, if's, but's のような複数形は存在しない。複数を意味する's はつけなくとも、and, if, but はそれぞれ複数の意味をもっている。

**悪い例2** 複数の s をそのままつけた例

- There can be no <u>ands</u>, <u>ifs</u>, and <u>buts</u>. (meaning no conditions)
(ands, ifs, および buts という語はない。(これらの語は条件を意味するものではない))

&#x27A1; このような and, if, but に s をつけた複数形は存在しない。and, if, but はそれ自体で複数の意味を含んでいる。

■アポストロフィは、語を短縮するために省略された文字を示すために使われる。

例えば、it's (it is), Gov't (Government), nat'l (national) 等である。**正式なライティングではこのように省略するのはまれ**で、そのような場合におけるアポストロフィの使用もまた、まれである。

## 4.11 丸カッコ (Parentheses)

丸カッコ（（　））は、**非制限的要素**あるいは**挿入要素を囲い込むために**使われる。同様に、コンマあるいはダッシュはこの目的のために使われる（4.7.2.項204頁、4.5.1.項182頁参照）。

■丸カッコは基本的に、文とゆるやかに結合し、文の意味を損なうことなく、非制限的要素を囲い込むために使われる。

■残りの文と関係のない丸カッコ内要素は文に挿入してはならない。以下にFowler（1944）からの引用例文を示す。

（悪い例）　丸カッコ内の要素が残りの文と関係ない例
- In writing this straightforward and workmanlike biography of his grandfather (the book was finished before the war and delayed in publication) <u>Mr. Walter Jerrold has aimed at doing justice to Douglas Jerrold</u>....
（彼の祖父の率直な職人らしい伝記を書くに当たって（この本は戦争前に完了し出版は遅れた）、ウオルター・ジェロルド氏は、ダグラス・ジェロルド氏……の意見を公平に評価することを目指した。）
  ➡ 丸カッコ内の要素は、文の残りの文（下線部）と関係がない。このような要素は文に挿入してはならない。

■丸カッコは、文中で項目を「番号付けした」とき、数字を囲い込むのに使われる。例をあげよう。

（良い例）　文中で項目を番号付けした場合に丸カッコを使う例
- The scatterometer is separated into <u>(1)</u> a gimbal, <u>(2)</u> a transmitter-receiver assembly, and <u>(3)</u> rack-mounted electronics.
（散乱計は(1)1つのジンバル、(2)1つの送受信（アセンブリ）装置、(3)ラック搭載

の電子機器に分けられる。)
- 🔘 文中の「番号付けした」項目は、丸カッコに数字を入れて使う（下線部）。

■なお、以下の例のように「箇条書きした」リスト項目を示すときには、丸カッコは使用せず、数字の後にピリオドをそのままつける (Skillin et al. 1974; Chicago Press 1982)。

（良い例）「箇条書きした」リスト項目を示す場合には丸カッコは使わない例
- The scatterometer is separated into
    1. A gimbal
    2. A transmitter-receiver
    3. Rack-mounted electronics
  (散乱計は1.1つのジンバル、2.1つの送受信装置、3.ラック搭載の電子機器に分けられる。)

- 🔘 「箇条書きした」(縦方向に並べた) リスト項目を示す場合には、丸カッコは使用しない。数字のあとにピリオドをつける。

■「他の句読点とともに丸カッコを使う」ことに関し、Ebbitt and Ebbitt (1982) は、以下の3点に要領よくまとめている (以下の例文は訳者が追加)。

(1) 丸カッコ内の独立文が文中にくる場合、その独立文には、大文字もピリオドもいずれも必要ない。主文のコンマおよび他の句読点は常に「閉じ丸カッコ」の後につける。しかし、文中にない別の丸カッコ内の文は、「閉じ丸カッコ」の前で終了の句読点（ピリオド）をつける。例をあげよう。

＜丸カッコ内の文中の独立文には大文字、ピリオドは使わない例＞
- 🔘 The snow (she caught a glimpse of it as she passed the window) was now falling heavily.(Chicago Press 1993: 159)
  (雪は（彼女は窓を通り過ぎたとき、チラッと雪を見たが）今ひどく降っていた。)

第4章　テクニカルライティングに必須の句読点使用の基本

この例のように文中の丸カッコ内の独立文（下線部）には、大文字またはピリオドは必要ない。

＜主文の句読点は常に「閉じ丸カッコ」の後につける例＞
➡ He enjoyed all kinds of fruit (especially apples, oranges, and bananas). (Good 2002: 365)
（彼はすべての種類の果物（とくにリンゴ、オレンジそしてバナナ）を楽しんだ。）
この例のように、主文の句読点（この例ではピリオド）は、常に閉じ丸カッコの後につける（下線部）。

＜別の丸カッコ内の文は「閉じ丸カッコ」の前でピリオドをつける例＞
➡ Florelli insisted on rewriting the paragraph. (I had encountered this intransigence on another occasion.) (Chicago Press 1993: 162)
（フローレリはそのパラグラフを書き直すように主張した。（私は別の機会でこの頑固さに出くわした。））
この例のように、文中にない別の丸カッコ内の独立文は、「閉じ丸カッコ」の前でピリオドをつける（下線部）。

(2) 丸カッコ内の考えに関する句読点（例えば、疑問符、引用符）は、丸カッコ内でつけ、一方主文の句読点は「閉じ丸カッコ」の後につける。すなわち、ほとんどの場合、常に「閉じ丸カッコ」の後につける。例をあげよう。

＜丸カッコ内で疑問符をつける例＞
➡ At the science fair, the chemist (or was he more of an alchemist?) turned red wine into milk before our eyes. (Blake and Bly 1993: 50)
（科学博で、その化学者（というより、むしろ錬金術師か）は、われわれの目の前で赤ワインをミルクに変えた。）（片岡 2004：62）
この例のように、疑問符は「丸カッコ内」につける。

4.11. 丸カッコ（Parentheses）

＜主文の句読点（ピリオド）を「閉じ丸カッコ」の後につける例＞

　🠖 The sales amount of the car has increased by 12 percent each year (see Fig.7).（片岡 2004：62）
　（その車の販売金額は、毎年12％増加した（図2参照）。）
　この例のように、主文の句読点（この場合はピリオド）は、「閉じ丸カッコ」の後につける。

(3)　丸カッコ内の内容が明らかにそれに続く語を限定する場合には、コンマは、「始め丸カッコ」の前につける（Skillin et al. 1974）。例をあげよう。

（良い例）　「始め丸カッコ」の前にコンマをつける例（限定している語があるため）

● Despite these differences, (digital) image-gathering systems can be compared with optical imaging systems.
（これらの相違にもかかわらず、（デジタル）画像収集システムは光学画像システムと比較できる。）

　🠖 丸カッコ内の digital は、次の語 image-gathering を限定しているので、「始め丸カッコ」の前にコンマをつける。

## 4.12 角カッコ（Brackets）

　数学用でなく、通常よく用いられる角カッコ（[ ]）は、引用文中や参考文献の編集において**挿入、修正、および注釈のために**使われる。例をあげよう。

### 良い例 1　引用文中での挿入語句に角カッコを使用する例
- "These instruments [the radiometer and scatterometer] have been used successfully aboard satellites as well as aircraft."
（「これらの機器（放射計および散乱計）は、航空機と同様に衛星に搭載して成功裡に使用された。」）

　➡ 引用文中での挿入語句に、角カッコを使う。

### 良い例 2　参考文献で発行年を示すのに角カッコを使用する例
- Boeing Commercial Airplane Co.: Integrated Application of Active Controls Technology. NASACR-000000, [1977].
（ボーイング民間旅客機会社編『能動制御技術の統合アプリケーション』NASACR-000000、(1977年発行)）

　➡ 発行年（この例では1977年）を示すのに角カッコを使う。

　Chicago Press（1982）、Skillin et al.（1974）、および Ebbitt and Ebbitt（1982）によれば、特に法律および学術的な著作物では、「丸カッコで囲まれた引用文や参考文献」をさらに囲い込むため角カッコを使うことを勧めている。しかしながら、NASAラングレーのレポートには、このような誤解を招く「丸カッコ内での数学用でない角カッコの使用」は見つかっていないので、「NASAラングレー編集部門」では、このような**「角カッコの使用」**はお勧めしない。

## 4.13. イタリック体 (Italics)

　イタリック体の項はなぜこの句読点の章にあるのだろうか。これは、イタリック体が「句読点」の目的である、文の「意味を明確にすること」および「読みやすくすること」に非常に関係しているからである。Skillin et al. (1974) によれば、「イタリック体はある**「文字、語、句」**を**「その文の残りの部分」**と**区別するために**使われ、その結果、「書き手の考え」、あるいは「イタリック体の語の意味と使用目的」が**素早く読み手に理解されるために使用される**」と述べている。

- ■イタリック体は、強調する要素、すなわち「特殊用語、記号、語あるいは文字」を文章から区別するために使われる。また、イタリック体にはいくつかの慣例的用法がある。

- ■パソコンで入力するときには、「イタリック体のかわりに下線で代用する」ことができるが、どうしても必要なときのみに限るべきである。

### 4.13.1. 強調のイタリック体

　言葉を話し言葉のように書いて強調する場合には、イタリック体が使われる(Ebbitt and Ebbitt 1982)。イタリック体は、書いた場合に話し言葉の強調が失われる場合には、特に適切である。例をあげよう。

**良い例**　言葉を強調するためイタリック体を使った例

- Of all the events affecting Langley history, only two have caused major trauma. The *second* was the Sputnik crisis.
  
  (ラングレーの歴史に影響を与えたすべての出来事の中で、2つの出来事のみが主要なトラウマとなった。その **2番目**の出来事とはスプートニク危機であった。)

  ➡ 会話では声の調子で second を強調できるが、書いてしまうと強調が失われるので、このようにイタリック体を使う。

## 第4章 テクニカルライティングに必須の句読点使用の基本

■まれに文全体を強調するためにイタリック体が使用されることがある。しかし節すべてではない (Chicago Press 1982)。当然のことであるが、**イタリック体の過剰使用はその効力を削いでしまう。**「特に、強調の効果を構文上行うため、特殊効果であるイタリック体をできるだけ使わず、下線をしばしば使う書き手の多くは、(1)イタリック体の多くは不必要であり、強調は文脈から明らかであるかどうか、あるいは、(2)強調が明らかでない場合には文を書き直すことによってうまく強調が実現できるかどうか、を検討している」(Chicago Press 1982)。以下の例文を検討してみよう。

> 悪い例1　イタリック体を使って強調を試みた例（無意味なイタリック体の例）

- Although holographic interferometry and modulation transfer function techniques were applied, a simple *shadowgraph* system eventually identified the flow-visualization problem.
（「ホログラフ干渉法」および「変調伝達関数法」が応用されたにもかかわらず、簡単なX線写真システムが、結局流れの可視化問題を明らかにした。）

　➡ イタリック体 *shadowgraph* を使って強調しようと試みたが、文脈から明らかなので、あえてイタリック体にする意味はない。

> 良い例1　文を書き直して強調した例（イタリック体を使わず強調した例）

- The flow-visualization problem was eventually identified <u>not</u> by holographic interferometry, <u>not</u> by modulation transfer function techniques, <u>but</u> by a simple shadowgraph system.
（流れの可視化問題は、結局、「ホログラフ干渉法」でなく、「変調伝達関数法」でもなく、簡単なX線写真システムによって結局、明らかにされた。）

　➡ 文を書き直し、not..., but.... の構文を使って強調した例。

## 4.13.2. 専門用語のイタリック体

主題であるキーワードあるいは技術専門用語を定義するのに最初に使用するときには、イタリック体がよく使用される。例をあげよう。

4.13. イタリック体 (Italics)

**良い例**　初めてでてきた科学技術用語を定義するのにイタリック体を使う例
- *Caustics*, concentrations of light corresponding to a family of rays, manifest themselves as bright streaks on the photographs.
（コースティックス、すなわち1つの光線系に対応する光の集中は、写真上で輝線条として現れる。）

　➡ 科学技術用語 *Caustics* を定義するために初めて登場した場合に、このようにイタリック体を使用する。

■ 標準外の方法で使用される「造語あるいは科学技術用語」の引用には、イタリック体がよく使われる（4.14.2.項248頁参照）。

## 4.13.3.　差別化のイタリック体

通常、意味を表わすのでなく、語それ自体として区別して使う語は、以下の例に示すようにイタリック体が使われる。

**良い例1**　語それ自体を表すイタリック体の例
- A colon is not used after *that is*, *for example*, or *such as*.
（コロンは、*that is*、*for example*、あるいは *such as* という語の後では使われない。）

　➡ このような語それ自体を表すには、イタリック体を使う。

同様に、文字として使われる書体には、以下のようにイタリック体が使われる。

**良い例2**　文字それ自体を現すイタリック体の例
- The operator presses the letter $n$ to indicate "no" and the letter $y$ to indicate "yes."
（オペレーターは"no"を示すために文字 $n$ を、そして"yes"を示すために文字 $y$ を押す。）

　➡ 語の一部でなく、単に文字自体を表す n, y には、イタリック体の $n$, $y$ を使う。

■ しかしながら、形状を示す文字 (V-tail, L-shaped)、指示する文字 (case A, appendix C) および下位区分を示す文字 (figure 1 (a), equation (2c)) にはイタリック体を使用しない。

なお、サンセリフ書体には、形状を示すためにイタリック体が使われるが、ローマン書体にもまた、イタリック体を使うことがある。

■ なお、「語として使われるイタリック体の語」および「文字として使われるイタリック体の文字」の複数形は、以下の例に示すようにはローマン体の's（イタリック体ではない通常の s）をつける。

- *and*'s, *if*'s, *but*'s（複数の *and*、複数の *if*、複数の *but*）
  ➡ 語それ自体を表すイタリック体の複数を示す場合、その後に 's（アポストロフィ・エス）をつける。

- *i*'s, *o*'s（複数の *i*、複数の *o*）
  ➡ 文字それ自体を表すイタリック体の複数を示す場合、's（アポストロフィ・エス）をつける。

## 4.13.4. 記号のイタリック体

物理的概念を示す多くの数学記号および文字記号には、文章内ではイタリック体が使われる。しかしながら化学記号、コンピュータ記号および略語にはイタリック体は使われない。ベクトル、テンソル、マトリックスは、太文字のローマン体が使われる。

## 4.13.5. イタリック体の慣用的用法

慣例により、以下に示すように、イタリック体を使ういくつかの項目がある。

■ 本、論文・レポート、編集物、新聞および定期刊行物のタイトルおよびサブタイトルにはイタリック体を使用する。しかしながら、記事、議事録、学位論文、編集文書あるいは特許のタイトル、サブタイトルにはイタリック体を使用しない。

4.13. イタリック体 (Italics)

論文・レポートに関して、多くの参考書は論文・レポートのタイトルをイタリック体にするかどうかを示していない。Tichy and Fourdrinier (1988) は、長い論文・レポートのタイトルにはイタリック体を使用することを勧めている。「NASA ラングレー編集部門」もまた、**論文・レポートのタイトルにはイタリック体を使用する**ことを勧める。例をあげよう。

**良い例1** 「本のタイトルとサブタイトル」にイタリック体を使う例

- Slater, Philip N. 1980: *Remote Sensing—Optics and Optical Systems*. Addison-Wesley Publ. Co., Inc.
(フィリップ・N. スレーター著『リモートセンシング——光学および光学システム』アディソン・ウエズレイ出版社、1980年発行。)

  ➡ 「本のタイトル、サブタイトル」(下線部) にはイタリック体を使う。

**良い例2** 「論文・レポートのタイトル」にイタリック体を使う例

- Elterman, L. 1970: *Vertical-Attenuation Model With Eight Surface Meteorological Ranges 2 to 14 Kilometers*. AFCRL-70-0200, U.S. Air Force, Mar. (Available from DTIC as AD 707 488.)
(L. エルターマン著「2-14 Km の8つの表面気象範囲による垂直減衰モデル」『米国空軍発行機関誌 AFCRL-70-0200』1970年3月号。(照会番号 AD 707 488として DTIC から入手できる。))

  ➡ 長い「論文・レポートのタイトル」(下線部) にはイタリック体を使う。

**良い例3** 「編著のタイトル」にイタリック体を使う例

- Bowker, D. E.; Davis, R. E.; Von Ofenheim, W. H. C; and Myrick, D. L. 1983: Estimation of Spectral Reflectance Signatures From Spectral Radiance Profiles. *Proceedings of the Seventeenth International Symposium on Remote Sensing of Environment, Volume II*, Environmental Research Inst. of Michigan, pp. 795–814.
(D.E. ボーカー、W.H.C. フォンオッフェンハイム、D.L. マイリック編著「スペクトル放射プロファイルから分光反射率サイン (飛跡) の評価」『環境のリモートセンシング17回国際シンポジウム講演収録集第Ⅱ集』ミシガン環境研究所、1983年、

795–814頁。)
　⮕「編著のタイトル」（下線部）にはイタリック体を使う。

( 良い例 4 )　「定期刊行物のタイトル」にイタリック体を使う例
- Allen, William A.; and Richardson, Arthur J. 1968: *Interaction of Light With a Plant Canopy*. J. Opt. Soc. America, vol. 58. no. 8. Aug., pp. 1923–1928.
  （ウイリアム・A. アレン、アーサー・J. リチャードソン共著「植物林冠での光の相互作用」『米国光学学会誌』1968年58巻8号、1923–1928頁。)
　⮕「定期刊行物のタイトル」（下線部）にはイタリック体を使う。

( 良い例 5 )　「論文・記事のタイトル」にはイタリック体を使わない例
- Weidner, Elizabeth H.; and Druramond, J. Philip 1981: A Parametric Study of Staged Fuel Injector Configurations for Scramjet Applications. AIAA-81-1468, July.
  （エリザベス・H. ワイドナー、J. フィリップ・ドルラモンド共著「スクラムジェット機に応用のための段階的燃料噴射器構成のパラメトリック研究」『AIAA-81-1468』1981年6月。)
　⮕「論文・記事のタイトル」（下線部）には、イタリック体は使用しない。

( 良い例 6 )　「学位論文のタイトル」にはイタリック体を使わない例
- Nemeth, Michael Paul 1983: Buckling Behavior of Orthotropic Composite Plates With Centrally Located Cutouts. Ph.D. Diss., Virginia Polytechnic Inst. & State Univ., May.
  （ミカエル・ポール・ネメス著「中心位置に切り抜きを有する直交異方性の複合材プレートの曲げ挙動」博士号論文、バージニア科学技術専門学校およびバージニア州立大学、1983年5月。)
　⮕「学位論文のタイトル」（下線部）には、イタリック体は使用しない。

■読み手に馴染みのない外国語にはイタリック体を使う。しかし、「外国語の固有名詞」（例：Challais-Meudon, Gottingen）、「外貨の通貨単位」（例：euro,

4.13. イタリック体 (Italics)

yuan)、「文書の外国語タイトル」あるいは「英語に借用された外来語」にはイタリック体は使わない（外来語語句の参考書や Skillin et al.(1974) を参照）。

■属、種、変種の生物学上の名前にはイタリック体を使用する。しかし、上位の分類では使用しない。詳細については CBE (1978) を参照されたい。

■特定の航空機、宇宙船、船舶あるいは列車の名前にはイタリック体を使用する。しかし、一般の航空機・船舶の名前または一般名称、あるいは略語の S. S. (Steam Ship：蒸気船) あるいは H.M.S. (Her Majesty Ship：英海軍の船舶) には、イタリック体を使用しない。例をあげよう。

( 良い例1 )　特定の船舶、宇宙船にはイタリック体を使用する例

- S.S. *United States* (蒸気船ユーナイティッドステイツ号)
  - 特定の船舶名にはイタリック体を使用する。

- Space Shuttle *Columbia* (スペースシャトル・コロンビア号)
  - 特定の宇宙船名には、イタリック体を使用する。

- *Apollo 12* (アポロ12号)
  - 特定の宇宙船名には、イタリック体を使用する。

( 良い例2 )　一般の航空機、一般名称にはイタリック体を使用しない例

- DC-3 (DC スリー)
  - DC-3 は、よく知られた旅客航空機名なので、イタリック体は使用しない。

- F-14 Tomcat (F-14 トムキャット)
  - F-14 Tomcat は、よく知られた戦闘機名なので、イタリック体は使用しない。

- Project Apollo (アポロ計画)

第4章　テクニカルライティングに必須の句読点使用の基本

> 🠖 アポロ計画は、よく知られた宇宙計画の名前なので、イタリック体は使用しない。

## 4.13.6. ローマン体以外の書体におけるイタリック体

　本章においてこれまで述べてきたイタリック体の使用ルールおよび指針は、使用する地の文章（周囲の文章）がローマン体であることを前提としている。もし地の文章がローマン体でなければ（例えば、サンセリフ体など）、以下に示すように調整が必要である。

■記号には、地の書体がイタリック体でなくても、イタリック体を使う。

■ローマン体のイタリック体で通常印刷される項目は、記号を除いてイタリック体のローマン体を使う。

> 🠖 例：*a priori*（アプリオリ、先天的（ラテン語））

この例のように記号以外の**外来語はイタリック体のローマン体**で通常印刷される。

■ローマン体のイタリック体で通常印刷する項目は引用する場合、記号を除いて、「大文字」と「サイズの小さい大文字」（スモールキャピタル）、あるいは「太字」（ボールド）を使う。

> 🠖 例：*Priori*→P<small>ALAZZO</small> <small>DEI</small> P<small>RIORI</small>（プリオーリ館（イタリア・ペルージャにある建物））

　この例のように *Priori* の1つの用例として、例えば P<small>ALAZZO</small> D<small>EI</small> P<small>RIORI</small> を引用する場合には、「大文字」（この例では2つのP）と「サイズの小さい大文字」（スモールキャピタル：この例では下線部の <small>ALAZZO, DEI, RIORI</small>）、あるいは太字 **P<small>ALAZZO</small> <small>DEI</small> P<small>RIORI</small>** を使う。（出典：リーダース英和辞典第2版、リーダーズ・プラス）。

244

## 4.13.7. 句読点のイタリック体

　標準の書体ルールでは、句読点はその前にある文字の書体で組まれる（Chicago Press 1982）。すなわち、句読点の前の文字がイタリック体であるなら句読点もイタリック体にする。しかしながら、このルールは、丸カッコや角カッコには適用されない。

　Skillin et al. (1974) はまた、丸カッコと同様に引用符、疑問符、および感嘆符の書体は、文脈により決めるべきであることを勧めている。

## 4.14. 引用符（Quotation Marks）

　引用符は、「他の情報源や直接話法から引用された語」、あるいは「まわりの文から区別する必要のある語」を**囲い込むため**に使われる。引用符は、囲い込みのため一対が必要である。しかしながら引用符は過度に使用されると、視覚上文を読むのを困難にする。
　「二重引用符」(" ") はよく使われるが、「単一引用符」(' ') は二重引用符内でしか使われない。

### 4.14.1. 引用符の正しい使い方

　他の情報源から広範に引用する場合、引用符を正しく使用する必要がある。そのため、Chicago Press（1982）の第2部10章等を参考にすることお勧めする。

■引用符は、他の情報源から一語一句そのままに取られた内容を囲い込むために使われる。引用は「句」から、いくつかの「パラグラフ」まで長さは様々である。例をあげよう。

**良い例1　引用が句である例**

- Diehl argued that a transonic research plane was necessary to demonstrate that the sound barrier was "just a steep hill."
（ディールは遷音速（音速に近い）研究用航空機が、音速のバリア（障壁）は「単に険しい丘」であることを証明するため必要であると主張した。）
  ➡ 引用句（"just a steep hill"）は、引用符（" "）（二重引用符）で囲い込まれた短い、そのまま引用された語句を示す。

**良い例2　引用が長いパラグラフである例（ダッシュのある例）**

- As Richard P. Hallion has explained: "They gave the fuselage a pointed nose then gradually thickened the body—that is, increased the cross-sectional area—until the fuselage reached its maximum diameter near the middle."

## 4.14. 引用符（Quotation Marks）

（リチャード・P. ハリオンは次のように説明した。「彼らは次に徐々に本体が厚くなるようにした先がとがった突出部を胴体部につけた——すなわち、断面積を増やした——これは、胴体部が中央部の近くで最大直径になるまで行った」と。）

➡ ダッシュで囲まれた挿入節（下線部）を有する、長いパラグラフの引用文の例である。

■引用した情報源は、それが文脈上明らかなように、あるいは参考文献として常に明示しておかねばならない。

■長い引用文は、通常本文から離して小さい字で掲載する。そのような一塊の引用文は引用符によって囲い込みをしない。例をあげよう。

（良い例） **長い引用文は本文から離して小さい字で掲載する例**

- Stack allowed Whitcomb to present his area rule at the next meeting of Langley's elite technical seminar.

At the end of presentation there was silence. Finally, Adolf Busemann stood up. Turning to his colleagues, the pioneer of swept wing technology remarked, "Some people come up with half-baked ideas and call them theories. Whitcomb comes up with a brilliant idea and calls it a rule of thumb."

（スタック氏は、ホイットコム氏にラングレーの上級テクニカルセミナーの次回ミーティングにおいて彼が断面積法則のプレゼンテーションをすることを許した。

プレゼンテーションの終わりに、沈黙があった。最後にアドルフ・ブスマンが立ち上がった。彼の仲間の方向を向き、後退翼技術のパイオニアである彼は次のように述べた。「ある人は不完全なアイデアを思いつき、それを理論と呼んだ。ホイットコムは素晴らしいアイデアを思いつき、それを経験則と呼んだ」。）

➡ 小さい字の文 At the end of ... thumb. は長い引用文を示し、読みやすくするため、引用符によって囲い込まず、このように本文から離して掲載する。

特に引用文内の二重引用には注意を要する。上記で、もし引用文を本文から

外さず本文に入れ、引用符で囲い込んだ場合には、アドルフ・ブスマンの言葉 Some people... a rule of thumb. は、単一引用符(' ')で囲い込まなければならない。

## 4.14.2. 区別を必要とする語句に使う引用符

引用符は、意味を明確にするため「本文から区別する必要のある語を囲い込む」ために使われる。**イタリック体はほとんど同じ目的のために使われ**(4.13.3.項239頁参照)、時には引用符と互換できる。

■意味を定義する語あるいは句は、引用符で囲い込む。例をあげよう。

〔良い例1〕 意味を定義する語に引用符をつける例
- The operator presses the letter *n* to indicate "no" and the letter *y* to indicate "yes."
  (オペレーターは、"no"を示すため文字 *n* を、"yes"を示すため文字 *y* を押す。)
  ➡ ここで、*n*, *y* の意味を定義するため、no および yes を引用符で囲い込む。

〔良い例2〕 意味を新しく定義する語に引用符をつける例
- The word *pultruded* is defined to mean the opposite of "extruded."
  (語 pultruded(引き出される)は、"extruded"(押し出される)の反対を意味する語として定義される。)
  ➡ ここでは、*pultruded* の意味を定義するため extruded を引用符で囲む。

■単に語句自体として使う語には、引用符で囲い込むのではなく、通常イタリック体を使う。例をあげよう。

〔良い例〕 引用符を使わずイタリック体を使う例
- A colon is not used after *that is*, *for example*, or *such as*.
  (コロンは *that is, for example*, あるいは *such as* の後では使われない。)
  ➡ *that is, for example, such as* は、意味を定義しているのではなく、単に

## 4.14. 引用符 (Quotation Marks)

語句として使っているので、文の残りと区別するためにイタリック体を使う。

■entitled（～と題する）、the term（用語）、marked（印をつけた）、designated（指定した）、classified（分類した）、named（名前をつけた）、enclosed（同封した）、cited as（～として引用した）、referred to as（～と称する）、signed（署名した）の後に続く語句は、引用符で囲い込むことが必要である。
しかしながら、known as（～として知られる）、called（～と呼ばれる）、あるいは so-called（いわゆる）の後に続く語句は、<u>その語句がスラング（俗語）など特殊な語でなければ引用符で囲む必要はない</u>（G.P.O. 1984）。

■もちろん、すでにイタリック体の語句（例えば、本のタイトル等において）はさらに引用符を使って区別するようなことはしない。

■使用しようとするスラングあるいは特殊な技術用語が、読み手に馴染みがあると予想される場合には、機械的にこれらの用語を引用符で囲い込んではならない。例をあげよう。

( 悪い例 )　一般的用法の語に引用符を機械的につけた例
● The pilot "captured" the glide slope at an altitude of 300 m.
（パイロットは、高度300m で滑空スロープを「捕らえた」。）
　⊃ 語 captured は一般的な語でかつ通常の用法であるので、引用符をつける必要がない。何もつけない The pilot captured the glide slope at an altitude of 300 m. が自然な表現である。

( 良い例 )　特殊な専門用語には引用符をつける例
● Recently, "cepstrum" analysis has come into prominence; the name is derived from inverting the first four letters in spectrum.
（最近、「ケプストラム」解析が著名になってきた。その名前は <u>spectrum</u> の最初の4文字を逆にしたものからきている。）
　⊃ このような特殊な専門用語 cepstrum は、読み手に馴染みがないと予想

されるので引用符をつけて区別する。

なお、このような専門用語には通常、始めて登場する場合にのみ、引用符をつける。

■標準外の用法である「造語、スラングあるいは科学技術用語」は引用符で囲い込む。例をあげよう。

良い例1　一般用語を特別な意味で使用する場合には引用符をつける例
- Synoptic data (or "snapshots" of global parameters) are required.
  (概観的なデータ（すなわちグローバル変数の「スナップ写真」）が必要である。)
  ➡ 一般用語 snapshot を特別な意味で使う場合には、引用符で囲い込む。

良い例2　一般用語を特別な意味で使用する場合には引用符をつける例
- If the results satisfied a set of general, and sometimes intuitive, criteria, they were accepted as being "good."
  (もしその結果が一連の一般基準を満たし、時に直感的判断基準を満たしたなら、その結果は「良」として受け入れられた。)
  ➡ 一般用語 good を特別な意味で使う場合には、引用符で囲い込む。

なお、このような用語は始めて登場する場合にのみ通常、引用符をつける。

■イタリック体を使わない「論文・レポートあるいは本の部分（章、項）」のタイトルおよび「出版された論文、記事等」のタイトルは、引用符で囲い込む（イタリック体を使用する場合については4.13.5.項241頁参照）。

良い例1　イタリック体を使わない場合のタイトルの例（論文・レポート）
- The aircraft is described in more detail under the section entitled "Flight Facility."
  (その航空機は「飛行設備」というタイトルの項で、より詳細に説明される。)
  ➡ Flight Facility は、レポートの中の項のタイトルであるので、通常イタ

4.14.引用符（Quotation Marks）

リック体が使われるが、イタリック体を使わない場合にはこのように引用符で囲い込む。

> **良い例2** イタリック体を使わない場合のタイトルの例（出版記事）

- The runway is marked in accord with FAA circular AC 150/5300-2B, "Airport Design Standards—Site Requirements for Terminal Navigational Facilities."

（滑走路は、FAA（米連邦航空局）の circular AC 150/5300-2B、すなわち、「飛行場設計基準——空港ターミナル運行施設の立地必要条件」に従って表示がつけられる。）

　　◯ 出版記事（規則）のタイトルは、イタリック体を使わない場合には引用符で囲む。

■「NASA ラングレー編集部門」は、**参考文献リストおよび引用文献では引用符は省いている**。なぜなら、これらの章における引用箇所にすべて引用符をつけるのは目障りで読むのを困難にする理由からである。

## 4.14.3. 他の句読点とともに使う引用符

引用符は、他のすべての句読点とともに使われる（以下の各例文は訳者が付加）。

■「閉じ引用符」は、文脈に関係なく、常にコンマおよびピリオドの後につく。

＜コンマの後につく「閉じ引用符」の例＞

　　◯ "They're all fools," Vera told herself.（Chicago Press 1993: 178）
　　（「みんな馬鹿だ」とベラはつぶやいた。）

＜ピリオドの後につく「閉じ引用符」の例＞

　　◯ Vera said calmly, "I've no idea what you mean." （Chicago Press 1993: 178）
　　（「あなたが何を言おうとしているのかわからない」とベラはおだやかに言っ

た。)

■「閉じ引用符」は常にコロンおよびセミコロンの前につく。例をあげよう。

＜コロンの前につく「閉じ引用符」の例＞
🡪 Kego had three objections to "Filmore's Summer": it was contrived; the characters were flat; the dialogue was unrealistic. (Chicago Press 1993: 184)
(ケゴは「フィルモアの夏」に3つの反対理由をもっていた。すなわち、でっちあげられたこと、人物がつまらないこと、そして対話が現実離れしていたことである。)

＜セミコロンの前につく「閉じ引用符」の例＞
🡪 Curtis assumed that everyone in the room had read "Mr. Prokharchin"; he alluded to it several times during the discussion. (Chicago Press 1993: 182)
(カーティスはその部屋の全員が、「ミスタープロハーチン」という本を読んでいたと思いこんでいた。というのも彼は討議中何回もミスタープロハーチンをそれとなくほのめかしていたから。)

■「閉じ引用符」は引用文の省略された部分を示す省略符の後につく。まれに省略符のみで引用を終えることがある。

＜省略符の後につく「閉じ引用符」の例＞ (引用文が省略された場合の例)
🡪 The warning at the end of his article clearly places the blame: "In today's litigious society..." (Rubens 1992: 251)
(彼の記事の終わりの警告は次のように明らかに非難している。すなわち「今日の訴訟社会において……」。)

■他の句読点（例えば、疑問符）はそれらが引用文の内容の一部でなければ、「閉じ引用符」の後につけられる。例をあげよう。

## 4.14. 引用符 (Quotation Marks)

**＜引用文の一部でない疑問符は「閉じ引用符」の後につける例＞**

➡ Did she say, "I refuse to testify"? (Rubens 1992: 250)
（彼女は「証言を断る」と言いましたか？）
この例に示すように疑問符は引用文 "I refuse to testify" の一部でないので疑問符は「閉じ引用符」の後につける。

## 4.15 省略符（Ponits of Ellipsis）

省略符（省略符号）(..) は、**等間隔に置かれた3つのピリオド**で示されるが、引用文中の省略箇所を示すために、**正式な書類で使われる**。例をあげよう。

**良い例** 引用文中における省略箇所を示すため使われる省略符
- This combination caused Wright to wonder whether "since the interference velocities due to <u>...</u> walls are of opposite signs <u>...</u>, opposite effects might be so combined in a slotted tunnel as to produce zero blockage."
（この組み合わせは、「……の壁による干渉速度が、……の反対の兆候を有するので、相反効果が溝穴のあいたトンネル部で組み合わされてゼロ閉塞を生じる」かどうか、ライトに不思議に思わせた。）

⇒ 引用文中の省略個所を示すため、省略符（下線部）を使う。

■省略符は以下の場合には使ってはならない（Chicago Press 1982）。

- 文章の引用文の前後には、省略符は使わない。
- 独立文で始まる「長い引用文」の前には、省略符は使わない。
- 独立文で終わる「長い引用文」の後には、省略符は使わない。

■引用文中における省略符の前後に使われる句読点は、その句読点が意味を強調するのであれば、そのまま使われる。例をあげよう。

**良い例1** 引用文中における省略符の前につくコロンの例（意味を強調）
- "The gangs were of all races and conditions <u>:</u> ... part of the huge compost of America."
（「その一団はすべての人種および事情を有していた。すなわち、……アメリカの巨大な培養土（成長に必要な養分）の部分であった。」）

⇒ 省略符の前の句読点（この場合コロン）（下線部）は文の意味を強調する

4.15. 省略符（Ponits of Ellipsis）

ため使われているので、省略しない。

**良い例2**　引用文中における省略符の後につくコンマの例（意味を強調）
- "In the city of Hampton alone, hundreds of families emigrated..., scores were made jobless, houses were empty and business generally suffered."
（「ハンプトン市だけでも、何百という家族が移住し……、多数の人が失業し、家は空き家になり、ビジネスも一般に悪くなった。」）

  ⊃ 省略符の後の句読点（この場合コンマ）（下線部）は文の意味を強調するため使われているので、省略しない。

■文末のピリオドは、常に省略符の前につけられ、そして意味を強調するため文中の省略符の後にもつけられる。例をあげよう。

**良い例1**　省略符の前につく文末のピリオドの例
- At a Mach number of 0.98, "the needle of the Mach meter took an abrupt jump past M=1.0 and went against the peg, which is a distance equal to about 0.05 in Mach number past 1.0...."
（マッハ数0.98で、「マッハ計の針が突然M＝1.0（マッハ1.0）を飛び越し、境界の杭まで行ったが、マッハ1.0……を超えたマッハ数約0.05に等しい距離である」。）

  ⊃ 引用文の末尾のピリオド（下線部）は、省略符の前につける。

**良い例2**　省略符（文中）の後につくピリオドの例（意味を強調）
- "When the Mach number went off the scale, the pilot shut down all cylinders.... Preliminary NASA data work-up indicates that a Mach number of 1.06 was reached."
（「マッハ数が目盛りを振り切ったとき、パイロットはすべてのシリンダー……を閉じた。予備のNASAのデータチェックによれば、1.06マッハ数が到達されたことを示す。」）

  ⊃ 文中省略符の後にピリオドをつける。これにより文意が強調される。

第4章 テクニカルライティングに必須の句読点使用の基本

## 4.16 疑問符（Question Mark）

疑問符（?）は、直接疑問文（直接尋ねる文で疑問符で終わる文）が「独立文」、「文中の節」あるいは「直接引用」であるかどうかに関係なく、**直接疑問文を終了するため**に使われる。例をあげよう。

**良い例1** 直接疑問文が独立文である例（疑問符をつける）

- What system identification procedure should be used for a statically unstable aircraft<u>?</u>
  （どのシステム識別手順を静的に不安定な航空機に使用すべきか？）
- ➡ 独立文である直接疑問文を終了するため、疑問符を文末につける。

**良い例2** 直接疑問文が文中の節である例（疑問符をつける）

- The question addressed by this research project is, <u>What system identification procedure should be used for a statically unstable aircraft?</u>
  （本研究プロジェクトによって取り組まれた課題は、どのシステム識別手順を静的に不安定な航空機に使用すべきか？である）
- ➡ 「文中の直接疑問文」（下線部）を終了するため、疑問符を文末につける。

**良い例3** 直接疑問文が直接引用である例（疑問符をつける）

- In reference 2, Jones asks, "<u>What system identification procedure should be used for a statically unstable aircraft?</u>"
  （参考文献2において、ジョーンズは、「どのシステム識別手順を静的に不安定な航空機に使用すべきか？」と質問している。）
- ➡ 直接引用における直接疑問文（下線部）を終了するため、疑問符（?）は「閉じ引用符」の前につける。

直接疑問文が文中に含まれている場合（上記の **良い例2**）、疑問文の最初の語（この場合 What）を**大文字にするかどうかは、書き手の選択にまかされて**いる。

### 4.16. 疑問符 (Question Mark)

■疑問符は、文中の疑問詞が when, how, why のような場合には不必要で、かつ大文字は使わない。これらの疑問詞にはしばしばイタリック体が使われる。例をあげよう。

**良い例** 文中の疑問詞には小文字のイタリック体を使う例

- The announcement should answer the questions *who*, *what*, *where*, *when*, and *why*.
  (その発表は、「だれ、なに、どこ、いつ、そしてなぜ」の質問に答えなければならない。)

  ➡ 文中の疑問詞には小文字でイタリック体を使う。

■疑問符は、以下の例に示すように間接疑問文（従属節として表現された疑問文でコンマで終わる文）の後にはつけない。

**良い例** 間接疑問文には疑問符はつけない例

- This research project addresses <u>what system identification procedure should be used for statically unstable aircraft</u>.
  (本研究プロジェクトは、どのシステム識別手順が静的に不安定な航空機に使用されるべきかについて述べている)

  ➡ 間接疑問文（下線部）の後には疑問符はつけない。ピリオドをつける。

## 他の句読点とともに使われる疑問符

■疑問符は、ピリオドあるいはコンマの代わりにつけることができる。

■疑問符は、「引用の一部」あるいは「丸カッコ内の内容の一部」となっていない場合、「閉じ引用符」の後あるいは「閉じカッコ」の後につける。例をあげよう。

**良い例1** 疑問符が引用部分の一部でない例（「閉じ引用符」の後につける）

- Because of the ambiguous use of the slash, the reader might well ask the question, <u>What</u> is meant by "molecular/atomic collision"?

(スラッシュのあいまいな使用のため、読み手が、「分子／原子の衝突」は何を意味するかという質問をするのはもっともである。)

🡺 疑問符が引用部分 "molecular/atomic collision" の一部となっていないので、「閉じ引用符」(下線部) の後に疑問符がつく。

( 良い例2 )　疑問符が丸カッコ内の内容の一部でない例 (「閉じカッコ」の後につける)

- The obvious question is, how accurate is this estimate (compared with the accuracy of the input measurements)<u>)</u>?

(明らかな質問は、「この推定はいかに正確か (入力測定の値の正確さと比較して)」である。)

🡺 疑問符が丸カッコ内の内容の一部 (compared with the accuracy of the input measurements) となっていないので、「閉じカッコ」(下線部) の後に疑問符がつく。

■疑問符が文の終わりにくる場合、ピリオドは省く。疑問符が文中にある場合、疑問符の後にコンマはつけない。もし句読点が必要であれば、セミコロンを疑問符の後につける。例をあげよう。

( 良い例1 )　疑問符が文中にある場合コンマはつけない例

- The obvious question is, how good is this estimate<u>?</u> and equation (6) provides a tool for answering it.

(明らかな質問は「この評価はいかに良いか?」であって、方程式(6)は、それに答える手段を与えている。)

🡺 疑問符が文中にある場合、このように疑問符の後にはコンマはつかない ([?,] とはならない)。

( 良い例2 )　疑問符が文中にある場合セミコロンを使う例 (疑問文の詳細を述べる)

- The reader might well ask the question, What is meant by "molecular/atomic collision"<u>?;</u> the slash gives no clue to the meaning.

(読み手はよく次のような質問、すなわち、「分子／原子の衝突は何を意味するか?」という質問をするかもしれない。しかしながらこのスラッシュ (/) は何の

4.16.疑問符（Question Mark）

意味か不明である。)

➡ さらに疑問文の詳細を述べるために、このように疑問符のあとにセミコロン（;）をつける。

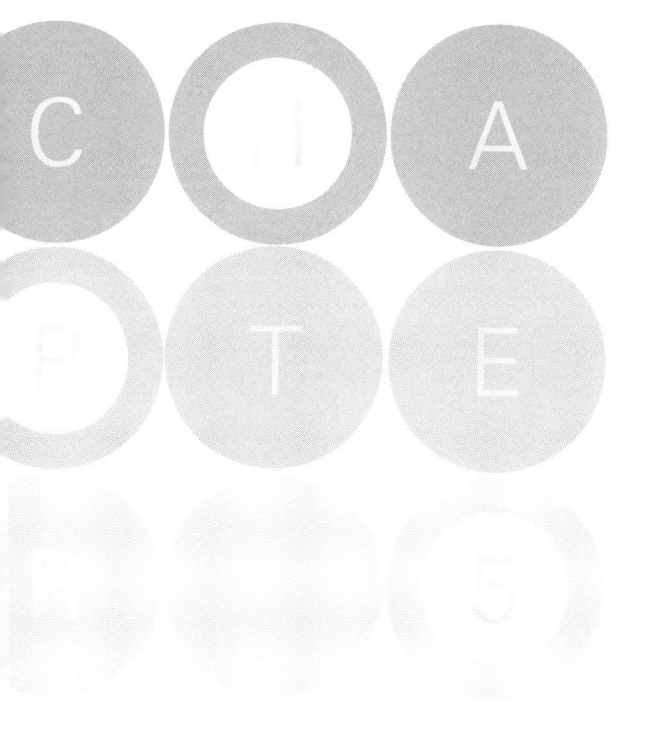

# 第5章
## テクニカルライティングにおける大文字使用の基本

第5章　テクニカルライティングにおける大文字使用の基本

## 5.1. 大文字を効果的に使うには

　大文字の使用について考えられるすべての問題点に対処するルールを提供することは不可能である（G.P.O. 1984）。実際に何を大文字にすべきかについては、**「一般に受け入れられている規則」**の問題というより、むしろ**「編集方式あるいは好み」**の問題である。
　さらに言うなら、「固有名詞」や「その形容詞」の大文字の使用について明確な規則はあるが、**何が固有名詞であるかについて意見が分かれている。**
　そこで、まず、「大文字の使用」にあたって、以下の「大文字使用の3原則」を定義しておかなければならない（見出し、番号づけは訳者による）。

### ＜大文字使用の3原則＞
(1) 「すべて大文字」（full cap）」の原則。
　　これは、語句のすべての文字を大文字にするという原則である。例：LIKE THIS
(2) 「大文字および小文字」（Caps & lc（lowercase））の原則。
　　これは、語句の主要文字の最初を大文字にし、残りは全て小文字にするという原則である。例：Like This
(3) 「大文字および小さいサイズの大文字」（Caps and small caps）の原則。
　　これは、語句の最初の文字を大文字にし、次に小文字の代わりに小さいサイズの大文字からなる特殊の書体にするという原則である。例：LIKE THIS

　見出し、タイトル、キャプション（図表の説明文）のような文書の要素は、**「文スタイル」**か**「表題スタイル」**のいずれかにより、以下に示すように大文字が使用される。

■「文スタイル」（sentence style）では、最初の文字のみ大文字にすることが必要である。もちろん、固有名詞も同様である。

■「表題スタイル」（headline style）では、すべての主要語を大文字にすることが

## 5.1. 大文字を効果的に使うには

必要である。これは、上記(2)の「大文字および小文字」(Caps & lc (lowercase))の原則そのものである。

出版社は、大文字の使用について**「ダウン・スタイル」**（大文字の使用を最小限にした組版様式）を好む。すなわち、**「アップ・スタイル」**（大文字を多用する組版様式）よりも、大文字を少なく使う様式を好む傾向がある（Chicago Press 1982）。

本章では、「大文字使用についての指針」および「NASAラングレー編集部門」における「大文字使用の選択基準」について述べる。固有名詞およびその形容詞の大文字使用については、個人間と同様に専門家間でも意見が相当異なり、編集者や書き手間で一致をみることはまず不可能である。

しかしながら、重要なのは、**一つの書類内では一貫性をもって使用する**ということである。

次の5.2項から5.4項では、より明確な「大文字使用のルール」について、最後の5.5項では最もやっかいな、「固有名詞とその形容詞の大文字使用のルール」について述べる。

## 5.2. 文スタイルにおける大文字使用

「文、引用文およびキャプション（図表の説明文）のような事柄の始めには、大文字を使用する」ということは、「NASA ラングレー編集部門」では当然の取り決め事項となっている。これについては、ほとんど説明する必要がない。しかしながら、本項では簡単にこれらについて述べ、かつ「NASA ラングレー編集部門」の大文字使用について**推奨する方式**を示す。

### 5.2.1. 文の大文字

文の最初の語頭には通常大文字が使用される。

■丸カッコで囲い込まれた独立文は以下の例のように大文字で始める。

**良い例**　丸カッコで囲い込まれた独立文の文頭は大文字にする例

- The foregoing approach is now applied to a tetrahedral grid. (**The tetrahedral grid was chosen because of its attractive features for space construction.**) A typical repeating element is first isolated from the grid.
  (前述の方法は4面体格子に現在応用されている。（なお、この4面体格子は宇宙ステーションの建設にとって魅力ある特徴を有するため、選ばれたのである。）代表的な繰り返し要素がまず最初にその4面体格子から分離される。)

  ➡ 下線部は、完全に意味をなす独立文として丸カッコで囲い込まれているので、文頭を大文字にする。

■しかしながら、1つの文の中で、丸カッコで囲い込まれた文の「最初の語」は大文字では始めない。例をあげよう。

**良い例**　文中で丸カッコで囲い込まれた独立文の文頭は大文字にしない例

- In applying the foregoing approach to a tetrahedral grid (**the tetrahedral grid was chosen because of its attractive features for space construction**), a typical repeating element is first isolated from the grid.

(前述の方法を4面体格子（この4面体格子は宇宙ステーションの建設に魅力ある特徴を有するために選ばれたのであるが）に応用する際、代表的な繰り返し要素が、まず最初にその4面体格子から分離される。)

> 下線部は、最初の（**良い例**）とは異なり、他の文の末尾ではなく、文の途中に挿入されているので、文頭を大文字にしない。

■文章内に「文の断片」がまれに見られるが、これらは大文字で始める。例をあげよう。

（**悪い例**） 文の断片の文頭を小文字にした例
- Can system identification procedures be applied to statically unstable aircraft? **if** so, to which aircraft?
（システム識別手順は静的に不安定な航空機に適用できるか。もし適用できるなら、どの航空機に適用できるか。）

> if so, to which aircraft? は文の断片（下線部）である。文頭のifは新しい文の始まりであるため、ifと小文字にせず、Ifと大文字ではじめるべきである。

（**良い例**） 文の断片の文頭を大文字で始める例
- Can system identification procedures be applied to statically unstable aircraft? **If** so, to which aircraft?
（システム識別手順は静的に不安定な航空機に適用できるか。もし適用できるなら、どの航空機に適用できるか。）

> このように大文字のIf（下線部）で始めるのが正しい。

■コロンの後の最初の語には、その文が独立文であるとき、原則として大文字を使用する。しかしながら、コロンの後の独立文に**大文字を使用するかどうかは書き手の選択次第**である。例をあげよう。

（**良い例1**） コロンの後の独立文を大文字で始める例
- The toughness of pseudo-maraging steel degrades at cryogenic

temperatures: **At** -320°F, its Charpy impact energy is 6 ft-lb.
(擬似マルエージ鋼の靭性は極低温で低下する。すなわち、華氏マイナス320度で、そのシャルピー衝撃エネルギーは6フート・ポンドである。)

➡ コロンの後の独立文は、通常、大文字（この例では At）で始める。

**良い例2** コロンの後の独立文を小文字で始める例
- The toughness of pseudo-maraging steel degrades at cryogenic temperatures: **at** -320°F, its Charpy impact energy is 6 ft-lb.
(擬似マルエージ鋼の靭性は極低温で低下する。すなわち、華氏マイナス320度で、そのシャルピー衝撃エネルギーは6フート・ポンドである。)

➡ 書き手の選択により、このように小文字の at で始めてもよい。

## 5.2.2. 引用文の大文字

■引用された（引用符 " " で囲い込まれた）資料文の冒頭には、大文字を使用する。

■文の残りの部分（しばしばコンマがつけられる）と構文上結合されていない直接引用（他人の書いた文をそのままの形で引用する）文は、引用原文の最初の文字が大文字でない場合であっても、大文字で始める（Chicago Press 1982; Skillin et al. 1974)。例をあげよう。

**良い例1** 引用された文が直接引用文である例（大文字で始める）
- <u>In the law establishing the NACA, Congress states</u>: "**It** shall be the duty of the Advisory Committee for Aeronautics to supervise and direct the scientific study of the problems of flight with a view to their practical solution."
(NACA を設立する法令において、「実際的な解決の見地から飛行問題の科学的研究を監督し指示することは、米国航空諮問委員会（NACA）の職責であるものとする」と議会は陳述している。)

➡ 引用符がつけられた直接引用文は、「文の残りの部分」（下線部）と構文上結合されていない（コロンではっきり分離されている）。そこで引用原

文が間接引用（他人の書いた文を要約して引用すること）でitと小文字が使われていたとしても、直接引用する場合にはこのように大文字Itで始める。

しかしながら、引用語句が文の残りの部分に従属する場合は、引用原文の最初の文字が大文字であっても以下に示すように小文字で始める。

良い例2　引用語句が文の残りの部分に従属する例（小文字で始める）
- <u>Congress established the NACA in 1915</u> "**to** supervise and direct the scientific study of the problems of flight with a view to their practical solution."

（実際的な解決の見地から飛行問題の科学的研究を監督し指示するために、議会は1915年にNACAを設立した。）

　⊙ 引用語句が文の残りの部分の主文（下線部）に従属する場合には、このように小文字toで始める。

■引用文の省略符がピリオドにつづく場合（すなわち、省略符の3つのドット（...）とピリオドの1つのドット（.）で計4つのドット（....）となる場合）、省略符につづく文の最初の語は、引用原文の最初の語が大文字でない場合であっても、以下の例に示すように大文字で始める。

良い例　引用文の省略符がピリオドに続く文は大文字で始める例
- "The airplane then accelerated to a Mach number of 0.98<u>....</u> **The** needle of the Mach meter took an abrupt jump past M=1.0."

（その航空機はそれから、マッハ数0.98...に加速した。マッハ計の針は急にM=1.0を飛び越えた。）

　⊙ 省略符（...）がピリオド（.）に続く文の最初の語は、大文字（The）で始める。

## 5.2.3. 疑問文の大文字

直接疑問文（直接質問する文であり、疑問符？がつく）が文中にある場合、疑

第5章 テクニカルライティングにおける大文字使用の基本

問文の最初の語を大文字にするかどうかは著者の選択次第である。

( 良い例 1 )　**直接疑問文を大文字で始める例**
- The question addressed by this research project is, **What** system identification procedure should be used for a statically unstable aircraft?
 （この研究プロジェクトによって出された質問は、どのシステム識別手順を静的に不安定な航空機に利用すべきか、である。）
   ➡ 直接疑問文の最初の語をそのまま大文字（この例では What）で始めてもよい。

( 良い例 2 )　**直接疑問文を小文字で始める例**
- The question addressed by this research project is, **what** system identification procedure should be used for a statically unstable aircraft?
 （この研究プロジェクトによって出された質問は、どのシステム識別手順を静的に不安定な航空機に利用すべきか、である。）
   ➡ このように、直接疑問文の最初の語を小文字（この例では what）で始めてもよい。

しかしながら、以下に示すような間接疑問文（質問が文の一部になる文）では、大文字は使えない。

( 良い例 3 )　**間接疑問文は常に小文字にする例**
- This research project addresses <u>**what** system identification procedure should be used for statically unstable aircraft</u>.
 （この研究プロジェクトは、どのシステム識別手順が静的に不安定な航空機に使用されるべきかを述べている。）
   ➡ このような間接疑問文（下線部）の最初の語は常に小文字（この例では what）で始める。

## 5.2.4. 箇条書きの大文字

■箇条書き（縦方向に改行してリストを表示する）の個々の項目は、独立文であ

るかどうかに関係なく、大文字で始める。

**良い例1** 箇条書き項目が独立文でない例（不定詞句の例）
- The purposes of this report are
    1. To evaluate the performance of the instruments
    2. To expand the data base

（本レポートの目的は、
    1．機器の性能を評価すること、
    2．データベースを拡張することである。）

➡ 箇条書き項目が、独立文でない不定詞句の場合であっても、それぞれの項目は大文字（この例では To）で始める。

**良い例2** 箇条書き項目が独立文である例
- We can define the requirements of the power converter as follows:
    1. Energy conversion should be high.
    2. Efficiency should be independent of laser wavelength.

（我々は出力変換器の要求事項を以下のように定義できる。すなわち、
    1．エネルギー変換は高いこと。
    2．（エネルギー）効率はレーザーの波長に関係ないこと。）

➡ 箇条書き項目が独立文である場合、大文字で始め、文の終わりにピリオドをつける。

**良い例3** 箇条書き項目が「名詞＋説明文（独立文）」である例
- Support systems for the facility supply the following:
    1. Air—The 600-psi system can deliver a flow rate of 300 lb/sec for 3 min.
    2. Cooling water—The closed-loop system delivers 450 gal/min at 550 psig.
    3. Gaseous propellants—Hydrogen, oxygen, and nitrogen are supplied from 60 000-ft tube trailers at 2400 psia.

（その施設のサポートシステムは以下に示すものを供給する。

1．空気：その600-psiシステムは、3分間に1秒あたり300ポンドの流量を放出することができる。
2．冷却水：その閉鎖ループシステムは550psigで1分あたり450ガロンを放出できる。
3．ガス状推進燃料：水素、酸素、および窒素は60 000-ftの燃料トレーラー車から2400psiaで供給される。）

➡ 箇条書き項目が「名詞＋説明文（独立文）」（下線部）の場合、名詞は大文字で、次の説明文の独立文も大文字で始め、末尾にはピリオドをつける。

 Skillin et al.（1974）は、**文でない箇条書き項目**を大文字にするかどうかは書き手の選択に任されると述べているが、「NASA ラングレー編集部門」は上記の(**良い例 1**)（269頁）のように**大文字の使用を勧める**。

■箇条書きでない（項目を1つの文中で続けて説明する）場合、項目には大文字は使われない。例をあげよう。

(**良い例**) 文中で改行せずに項目を続けて説明する例（大文字は不使用）
● The purposes of this report are (1) to evaluate the performance of the instruments and (2) to expand the data base.
(本レポートの目的は、⑴機器の性能を評価すること、そして⑵データベースを拡張することである。)

➡ 改行しない（すなわち項目を1つの文中で続けて説明する）場合は、下線部（この場合 to）に示すように、大文字は使われない。

## 5.2.5. 文でない要素の大文字

 表の項目、図のキャプション、あるいは脚注のような「文でない要素」には、大文字がよく使用される。「NASA ラングレーの論文・レポート」における様式として、以下に示す**6つの要素**については、**大文字を使用する**。

⑴ 追い込み見出し。

(2) 語、句、文からなる表のサブタイトル、頭注、囲み見出し、および項目。
(3) テキストあるいは表についての脚注。
(4) 図のキャプション。この具体例として以下に3つの（ 良い例1－3 ）を示す。

( 良い例1 )　「図のキャプション＋追い込み見出し」の例
- Figure 1. Three-view sketch of the research aircraft. Dimensions are in inches.
  （図1．研究用航空機の3次元略図。寸法単位はインチで示す。）
  ➡ 図の見出し内の2つの文頭（下線部は**追い込み見出し**）は、それぞれ大文字で始める。

( 良い例2 )　図のキャプションが分詞で始まる例
- Figure 1. Computing scheme for algorithm.
  （図1．アルゴリズム用の計算理論体系）
  ➡ 図の見出しの文頭の現在分詞も、大文字で始める。

( 良い例3 )　図のキャプションが過去分詞の例
- Figure 1. Concluded.
  （図1．得られた結論）
  ➡ 図の見出し語の過去分詞も、大文字で始める。

(5) 図であることを示す文字（「NASA ラングレー編集部門」は、図を示す文字に対し、すべて大文字の FIGURE よりも**最初の文字のみ大文字の Figure** にすることを推奨する）。
(6) 記号の等式における語句。例えば、$C m =$ Pitching moment$/qS$ において最初の文字は、この場合大文字にする。

第5章　テクニカルライティングにおける大文字使用の基本

## 5.3 表題スタイルにおける大文字使用

　表題（ヘッドライン）スタイルでは、「主要語の語頭をすべて大文字にする」ことが必要である（これは、すでに述べた「大文字および小文字」（Caps & lc (lowercase)）の原則と呼ばれるものである）。どの言葉が主要語であるかについては、不幸にもこの道の専門家間においても意見が大きく異なる。表題における大文字使用の「NASAラングレー編集部門」のルールは、G.P.O. (1984) に基づいており、以下に示す**大文字使用の10のルール**に従っている（見出し、項目番号は訳者が付加）。

**＜表題スタイルにおける大文字使用の10のルール＞**

(1) 冠詞（a, an, the）、前置詞あるいは副詞（at, by, for, of, in, up, on, to）、接続詞（and, as, but, if, or, nor）には大文字を使用しない。とはいえ、実際には、このルールにおいても<u>「4文字以上の語は主要語」とみなし、大文字を使用する</u>。

(2) 表題の最初の語と最後の語は、以下の例に示すように大文字を使用する。
- <u>P</u>rocedure After All Questionnaires Are <u>I</u>n
  （すべての質問表が回収されてからの手順）
  ⇒ 最初の語は大文字（この例ではP）を使用し、そして最後の語は前置詞であっても（この例では前置詞のin）、大文字のIn を使用する。

(3) ハイフンでつながれた複合語の2つの要素（語）は、大文字を使用する。ただし、数字の複合語の2番目の要素（語）（Twenty-one の、-one など）は大文字を使用しない。例をあげよう。

**良い例1**　ハイフンのついた前置詞を有する複合語の表題の例
- Application of the Pin Level Stuck-<u>A</u>t Fault Model to VLSI Circuits
  （ピンの信号レベル縮退故障モデルの大規模集積回路への応用）
  ⇒ ハイフンのつけられた複合語 Stuck-At は通常小文字を使う前置詞 at で

あっても、大文字を使用する。

> 良い例2　ハイフンのついた前置詞を有する複合語の表題の例

- Vapor-Screen Systems for In-Flight Flow Visualization
  (飛行中の（気流の）流れの可視化のためのベイパースクリーンシステム)
    - ➡ ハイフンのつけられた複合語 In-Flight では、通常小文字の前置詞 in にも、大文字を使用する。

> 良い例3　ハイフンのついた数字の複合語のタイトルの例

- Evaluation of Twenty-one High-Resolution Graphics Work Stations
  (21台の高解像度図形表示ワークステーションの評価)
    - ➡ ハイフンのつけられた数字を示す複合語 Twenty-one の2番目の語 one には、小文字を使用する。

(4) 3語以上のハイフンのついた語句では、以下の例に示すように最初の語句と主要語である他の要素に、大文字を使用する (Skillin et al. 1974)。

- Drag-Due-to-Lift Measurements for a High-Speed Fighter
  (高速ジェット戦闘機のための揚力による（機体の）抗力測定)
    - ➡ 4語のハイフンのついた語 Drag-Due-to-Lift の最初の語 Drag（抗力）には大文字が使用される。また、Drag を修飾する Due-to-Lift（揚力による）は主要語であるので、大文字を使用する（ただし前置詞 to は小文字）。

(5) 通常小文字で書かれる短い語が重要な大文字語と並列して使用される場合、その短い語には大文字を使用する。

- Carbon-Fiber Risk In and Around Airports
  (空港内および周辺の炭素繊維の危険性)
    - ➡ 通常小文字の短い語である前置詞 in, around は、重要語句（この例では Airports）と並列して使用される場合には、大文字の In, Around を使用する。

(6) 「不定詞の to」には、以下の例に示すように**大文字を使用する**（が、ある

第5章　テクニカルライティングにおける大文字使用の基本

参考書、例えば、Chicago Press（1982）では、不定詞 to を小文字にするよう勧めていることに注意）。

**良い例1**　不定詞の To が表題になる例（大文字を使う）

- Grain-Refining Heat Treatments <u>To Improve</u> Cryogenic Toughness of High-Strength Steels

（高張力鋼の極低温の靱性を改良するための結晶粒微細化熱処理）

➡ To Improve の To は前置詞ではなく不定詞であり、このように大文字（To）にする。

**良い例2**　前置詞の to が表題になる例（小文字を使う）

- Grain-Refining Heat Treatments Resulting in Improvements <u>to Cryogenic Toughness</u> of High-Strength Steels

（高張力鋼の極低温の靱性に対する改良をもたらす結晶粒微細化熱処理）

➡ 不定詞ではなく、前置詞として使われる to は、大文字にしない。

(7)　通常小文字で書かれる略語、特に「測定単位の略語」は、以下に示すように大文字は使用せず、常に小文字を使用する。

**良い例1**　測定単位の略語が表題になる例（常に小文字を使う）

- Toughness of <u>1-ft</u> by <u>1.5-ft</u> Specimens

（1フィート X 1.5フィート角の試料の靱性）

➡ 通常小文字の略語である測定単位の ft は、そのまま小文字で使う。

しかしながら、スペルアウトされた（略語が使われていない）測定単位は、以下に示すように大文字にする。

**良い例2**　略語でない測定単位が表題になる例（大文字を使う）

- Flow Visualization in the 0.3-<u>Meter</u> Transonic Cryogenic Tunnel

（0.3メートルの遷音速極低温風洞における機体の空気流の可視化）

➡ 略語が使われていない測定単位の meter は、大文字（Meter）にする。

5.3. 表題スタイルにおける大文字使用

(8) 表題スタイルの大文字は固有名詞に対して使用される（5.5.項280頁参照）。

以下(9), (10)に示す要素は、好みの問題であるがNASAラングレーの論文・レポートでは**表題スタイルとして大文字を使用する**。

(9) 表示された（追い込み見出しでない）見出しには大文字を使用する。
　　⇒ 見出しの例は以下の「資料11-1：表の構成」に示されるStub head（角見出し）、Column spanner（囲み見出し）、Row head（行見出し）、Column head（列見出し）を参照。

Exhibit 11-1: Parts of a Table

Table 7-1: Tests of Propellant Vent Ports

| Propellant Vent Port | Flow | | Pressure | |
|---|---|---|---|---|
| | Specified (psi) | Actual (psi) | Specified (psi) | Actual (psi) |
| Model 635 | | | | |
| External Internal | 100.0 | 102.7 | 10.2 | 10.4 |
| Aft | 28.0 | 28.0 | 3.0 | 2.9 |
| Mid | 14.0 | 14.7 | 1.5 | 1.6 |
| Stern | 28.0 | 28.1 | 2.5 | 2.5 |
| Model 635-AX | | | | |
| External Internal | 120.0 | 122.7 | 12.0 | 11.4 |
| Aft | 30.0 | 28.9 | 3.0 | 2.9 |
| Mid | 15.0 | 14.0 | 1.5 | 1.5 |
| Stern | 32.0 | 29.3 | 2.5 | 2.4 |
| NOTE: Tests performed at 72°F and 65% relative humidity. | | | | |

Labels: Stub head, Title, Column spanner, Column head, Row head, Field spanner, Notes

（Rubens 2001：276転載許諾）

(10) 表のタイトルには大文字を使用する。例をあげよう。

**良い例1**　表のタイトルの例（大文字を使用）
● Table IV. Test Results for HP-9-4-20（表IV．HP-9-4-20の試験結果）

> Test results と通常 results を小文字にするが、好みで大文字 Results を使ってもよい。

**良い例2** 表のタイトルの例（大文字を使用）

- Table IV. <u>Concluded</u>（表 IV. 結論づけられた内容）
  > concluded と小文字にする場合もあるが、大文字（Concluded）を使う。

## 5.4. 頭字語と略語における大文字使用

略語と頭字語への大文字使用を検討する前に、まず略語と頭字語を明確に区別しておかなければならない。**略語（abbreviation）は、「語あるいは句」の短縮形**である。例えば c.o.d.（cash on delivery：代金引き換え払い)、ft.（foot：フート）、lb.（pound：ポンド)、St.（Street：街路、通り)、publ.（publication：出版）のように、ピリオドが後に続く。略語は、これらの短縮形が辞書、参考書において掲載され標準的な使い方となったものである。

一方、**頭字語（acronym）は、「連続する語の最初の文字をとって作られた語」**（Skillin et al. 1974）である。例えば、NASA（National Aeronautics and Space Administration：米国航空宇宙局)、NASTRAN（NASA Structural Analysis：NASA 構造解析)、STIF（Scientific and Technical Information：(NASA の) 科学技術情報)、NASP（National Aero-Space Plane：国家航空宇宙機）等で、これらにはピリオドは使われず、一般には知られていないので定義（カッコ内に元の言葉をスペルアウトして説明）することが必要である（➡ 2.5. 項 50 頁も参照)。

### 5.4.1. 頭字語の大文字

頭字語は常に大文字で作られる。当初頭字語であったものが現在では一般用語になって使われているものもある。例えば laser（レーザー)、radar（レーダー）である。しかし、通常、頭字語はすべて大文字で書く。

➡ 頭字語 LASER（light amplification by stimulated emission of radiation）が一般用語化され小文字の laser となった。同じく RADAR（radio detection and ranging）も、一般用語化され、小文字の radar となった。これらの語は現在では小文字の語として辞書に掲載されている。

■頭字語はしばしば、ある特定のプログラムや研究プロジェクトを表わす造語として作られるが、一般的には理解することが困難であるので、スペルアウトして定義したものを添えることが必要である。そして固有名詞であるものを除き、頭字語を「スペルアウトして定義する際には」大文字を使ってはならない。例をあげよう。

第5章　テクニカルライティングにおける大文字使用の基本

(悪い例)　頭字語を定義するのに大文字を使用した例

- The best electronic publishing systems combine <u>What You See Is What You Get</u> (WYSIWIG) features with the power of noninteractive text formatters.
（最もよい電子出版システムは、「画面上で見たままの状態を、プリンタなどに出力できる」（WYSIWIG）という特徴を「対話式でないテキストフォーマットツール」の能力とを組み合わせている。）

　⇨ 下線部のように頭字語を定義するのに大文字を使うのは間違いである。

(良い例)　頭字語を定義するのに小文字を使用する例

- The best electronic publishing systems combine <u>what you see is what you get</u> (WYSIWIG) features with the power of noninteractive text formatters.
（最もよい電子出版システムは、「画面上で見たままの状態を、プリンタなどに出力できる」（WYSIWIG）という特徴を「対話式でないテキストフォーマットツール」の能力とを組み合わせている。）

　⇨ 頭字語を定義するには、このように大文字を使わず、小文字を使う。

■頭字語が固有名詞の場合には、定義するのに以下のように大文字を使う

(良い例)　頭字語を定義する文字が固有名詞の例（大文字を使用）

- Langley is involved with the <u>National Aero-Space Plane</u> (NASP) Program.
（ラングレーは米国宇宙船開発（NASP）計画に参加している。）

　⇨ 頭字語NASPを定義する文字が下線部のような固有名詞の場合には、このように大文字を使う。

■なお、頭字語を定義するのにイタリック体で書く必要はない。

## 5.4.2. 略語の大文字

　G.P.O. (1984) によれば、「一般に、略語は、省略される語あるいは語句の主要語を大文字にする方法に従う」とある。知られていない略語の形を決めるのに最も良い方法は、参考書、例えば、辞書の *Webster's Collegiate or Unabridged*

## 5.4. 頭字語と略語における大文字使用

*Dictionary* やスタイルマニュアルの G.P.O.（1984）を参照することである。

■一般に、主要な語が大文字となる（「大文字および小文字」(Caps & lc (lowercase)) の原則により）タイトルあるいは見出しのような題目において、通常小文字で書かれる略語、特に測定単位の略語には、そのまま小文字が使用される（⮕ 5.3.項274頁も参照）。例をあげよう。

**（良い例1）** 通常小文字の測定単位の略語には小文字を使う例
- Noise Exposure From 10:00 p.m. to 6:00 a.m.
  （午後10時から午前6時まで騒音暴露）
  - ⮕ 通常小文字である時間を示す略語 p.m.および a.m.はそのまま小文字で使う。なお、前置詞 to もそのまま小文字で使う。しかし前置詞 From は、4文字であるので大文字が使われる。

**（良い例2）** 通常小文字の測定単位の略語には小文字を使う例
- Toughness of 0.5-cm-Thick Specimens
  （厚さ0.5cm（センチメートル）の試料の靱性）
  - ⮕ 通常小文字の略語である測定単位 cm はそのまま小文字で使う。

## 5.5. 固有名詞とその形容詞における大文字使用

5.1.項で述べたように、「固有名詞とその形容詞の大文字使用について」は明確なルールがある。**問題は、何が固有名詞であるかについて意見が一致していないことである。**

固有名詞は、特定の「人物」、「場所」、あるいは「もの」として定義される。このことから、組織、政党、暦の区分、歴史上の出来事、および休日には、人の名前や地理上の名前と同じように大文字が使用される。

ある特定の語や句が固有名詞かどうかについての見解の相違はよく起こる。「NASAラングレー編集部門」は、現在の傾向に従い、**「ダウン・スタイル」**すなわち、できるだけ**大文字を少なく使うことを推奨している。**以下にその指針を示す。

もし特定の名詞について大文字を使うかどうかの問題がでてきた場合は「辞書」、Skillin et al. (1974)、G.P.O. (1984)、あるいはChicago Press (1982) のような参考書を参照することをお勧めする。

■一般に、固有名詞および固有名詞の意味で使われる派生語は以下の例に示すように大文字が使われる。

<固有名詞>
- Italy
  （イタリア（国名））
- Rome
  （ローマ（都市名））
- Alps
  （アルプス（山の名前））
- Newton
  （ニュートン（人名））

<派生語>
- Italian
  （イタリア人）
- Roman（of Rome）
  （ローマ人）
- Alpine
  （アルプス人種の人）
- Newtonian
  （ニュートンの説を奉ずる人）

■しかしながら、独立した意味を有する「固有名詞の派生語」には大文字を使

## 5.5. 固有名詞とその形容詞における大文字使用

わない。例をあげよう。

- roman（ローマ数字）
  - ➡ 固有名詞 Roman（古代ローマ人の）の派生語
- pascal（パスカル（圧力の単位））
  - ➡ 固有名詞 Pascal（人の名前）の派生語
- pasteurize（低温殺菌する）
  - ➡ 固有名詞 Pasteur（パスツール）の派生語
- italicize（イタリック体を使用する）
  - ➡ 固有名詞 Italia（イタリア）の派生語

Skillin et al.（1974）は以下の例に示すように、「固有の意味をもつ固有名詞の形容詞と一般的意味をもつ派生語を区別することは、場合によっては困難である」と述べている。

&lt;固有の意味をもつ固有名詞の形容詞&gt;

- Coulomb's Law
  （クーロン（人名）の法則）
- G. B. Venturi
  （G. B. ベンチュリ（人名））
- Gauss' equation
  （ガウス（人名）の方程式）
- Euclidean algorithm
  （ユークリッド（人名）の互除法）

&lt;一般的意味をもつ派生語&gt;

- 20 coulombs
  （20クーロン（電荷の単位））
- venturi tube
  （ベンチュリ管（一般名））
- Gaussian distribution
  （ガウス分布（一般名））
- euclidean geometry
  （ユークリッド幾何学（一般名））

辞書は、この問題に対しての手引きとなる良い参考書であるが、必ずしも最終的な答えを出してくれない。例えば、*Webster's Ninth New Collegiate Dictionary* では、上記の euclidean geometry（ユークリッド幾何学）は、しばしば大文字の E を使う場合があることから、「語頭は小文字でも大文字でも許される」と述べている。このことから、ある特定の分野での「大文字の使用」、および書き手による「大文字・小文字の選択使用」が広く行われていると言え

第5章　テクニカルライティングにおける大文字使用の基本

る。

■固有名詞の中での普通名詞は大文字が使用されるが、単独で使用される場合には、大文字は使用されない。例をあげよう。

- The experimental investigation was conducted in the Langley 16-Foot Transonic **Tunnel**. This single-return **tunnel** has continuous air exchange.
  （実験調査がラングレーの16フィートの遷音速風洞で行われた。この回流式風洞は連続空気交換機能を有している。）
  - ◯ the Langley 16-Foot Transonic Tunnel（下線部）は固有名詞であるのでTunnelと大文字が使われる。一方、普通名詞のsingle-return tunnelではtunnelと小文字を使う。

■しかしながら、普通名詞が単独で、よく知られた固有名詞の短縮形として使われる場合には、以下の例のように大文字が使用される。

- United States, the States
  （アメリカ合衆国、すなわち、その合衆国は）
  - ◯ 固有名詞 United States の短縮形である States の最初の文字は大文字となる。

- U.S. Army, the Army
  （アメリカ合衆国陸軍、すなわちその陸軍は）
  - ◯ 固有名詞 U.S. Army の短縮形である the Army の最初の文字は大文字となる。

- President of the United States, the President
  （アメリカ合衆国の大統領、すなわちその大統領は）
  - ◯ 固有名詞 President of the United States の短縮形である the President の最初の文字は大文字となる。

## 5.5. 固有名詞とその形容詞における大文字使用

■固有名詞の複数形には、大文字が使用される（G.P.O. 1984）。

- Seventh and Ninth <u>Streets</u> （7番街と9番街）
- <u>Lakes</u> Eerie and Ontario  （エリー湖とオンタリオ湖）
- Langley 16-Foot and 30- by 60-Foot <u>Tunnels</u>
（ラングレーの16フィートの風洞と30フィート×60フィートの風洞）

■呼称の目的のため、数あるいは文字とともに使われる「普通名詞」には大文字は使用されない（G.P.O. 1984）（下線は普通名詞を示す）。

- <u>chapter</u> 4  （第4章）
- <u>figure</u> 1  （図1）
- <u>case</u> 8  （実例8）
- <u>part</u> I  （第Ⅰ部）
- <u>reference</u> 25  （参照文献25）
- <u>run</u> 234  （プログラムの実行234）

■定冠詞 the が、公式の名前の一部である場合には、大文字が使用される。

- <u>The</u> College of William and Mary
（ウイリアム・アンド・メアリー短期大学）
  ⇒ the は短期大学名（公式名）の一部であるので大文字が使われる。

- <u>the</u> National Aeronautics and Space Administration （米国航空宇宙局）
  ⇒ 公式名は「NASA」のみであるので、the をつける場合は小文字の the となる。

### 5.5.1. 個人名と肩書き

人名への大文字使用において、まれに疑問がでてくることがあるが、以下の基準に従うとよい。

■外国語の名前で、d', de, du, von のような不変化詞は、名前（first name）あるいは肩書き（title）が前に来なければ、以下に示すように大文字が使用される。

第 5 章　テクニカルライティングにおける大文字使用の基本

- E. I. du Pont　（E. I. デュポン）　　● Du Pont（デュポン）
  ➡ du は冒頭に来なければ小文字にする。

- Theodore von Karman
  （シオドア・フォン・カラヤン）
- Von Karman Institute
  （フォン・カラヤン協会）
  ➡ von は、このように冒頭に来ると大文字にする。

■「普通名詞」として使われるようになった個人名には、大文字を必要としない（下線部のように小文字になる）。

- the units curie　（キュリー点：温度単位）
- watt　　　　　　（ワット：電力の単位）
- newton　　　　　（ニュートン：力の単位）
- kelvin　　　　　 （ケルビン：温度の単位）

しかしながら、以下の温度単位を示す場合には大文字が使用される。
- degree Celsius　　（摂氏温度）
- degree Rankine　　（ランキン温度）
- degree Fahrenheit　（華氏温度）

■民間および職業上の肩書きは、名前の一部として人名の前に来る場合には大文字が使用される（Chicago Press 1982）。

- President Reagan　　　　（レーガン大統領）
- Director Petersen　　　　（ピーターセン取締役）
- Chief Scientist Barnwell　（バーンウエル主席科学者）
- Engineer-in-Charge Reid　（レイド担当技術者）

■しかしながら、このような肩書きには、併記された人名と同格を示す場合に

## 5.5. 固有名詞とその形容詞における大文字使用

は、大文字は使用しない。

- the chief scientist, Richard Barnwell
  （主席科学者である、リチャード・バーンウエル）
  - ➡ 下線部は人名と同格を示す肩書き（役職名）であるので、大文字は使わない。

- the chief of Materials Division, Darrel Tenney
  （材料事業部の主任である、ダレル・テニー）
  - ➡ 下線部は人名と同格を示す肩書き（役職名）であるので、大文字は使わない。

■個人名に続く、もしくは個人名の代わりの「民間および職業上の役職名」には、大文字はほとんど使用されない（Chicago Press 1982）。例をあげよう。

- Richard Petersen, director of Langley Research Center; the director
  （リチャード・ピーターセン、ラングレーリサーチセンターの取締役。役職名は取締役）
  - ➡ 個人名の後の役職名、およびセミコロンのあとの個人名に代わる役職名には、大文字は使わない。

- A. J. Hansbrough, chief of the Research Information and Applications Division; the division chief
  （A. J. ハンズボロー、研究情報応用部の主任。役職名は部門主任）
  - ➡ 個人名の後の役職名およびセミコロンのあとの個人名に代わる役職名には、大文字は使わない。

- Perry Deal, chief test pilot（ペリーディール、テストパイロット主任）
  - ➡ 個人名の後の役職名には、大文字は使わない。

- Richard A. Culpepper, test director; the test director
  （リチャード A. カルペッパー氏、試験部門の試験部長。役職名は試験部長）

第5章 テクニカルライティングにおける大文字使用の基本

⇒ 人名の後の役職名および、セミコロンのあとの個人名に代わる役職名には大文字は使わない。

■しかしながら、最高の地位を示すためには、氏名の後の「普通名詞」の肩書きに、大文字が使用される。

- Ronald Reagan, President of the United States
 (ロナルド・リーガン、アメリカ合衆国の大統領)
  ⇒ 大統領は一人しかいない最高の地位であるので大文字Pを使用する。

■特定の読み手への書類においては、個人名の一部、あるいは個人名の代わりとして使用される「普通名詞」には、大文字を使用してもよい (Skillin et al. 1974)。

この例として、「NASAラングレー」の**メモ**、**レター**、**内部書類**においては、Director, Associate Director, Division Chief, および Branch Head には、**大文字を使用**している。

## 5.5.2. 地理上の名前

特定の地域、地方、国、および地理的特性を示す場合には、は以下のように大文字が使用される。

■地理的特徴を示す場合、大文字が使用される。

- Northern Hemisphere　　（北半球）
- Arctic Circle　　　　　　（北極圏）
- Equator　　　　　　　　（赤道）
- Southern Hemisphere　　（南半球）
- North Pole　　　　　　　（北極点）
- Tropic of Cancer　　　　（北回帰線）

しかしながら、以下のような場合（一般的に示す）には大文字は使われない。

- equatorial　　（赤道の、酷暑の）
- polar region　（極地方）
- the tropics　（熱帯地方）

## 5.5. 固有名詞とその形容詞における大文字使用

■地域、地方の名前を示す場合、大文字が使用される。

- Middle East （中東）
- Gulf States （湾岸諸国）
- Great Plains （大平原：カナダ・米国にまたがる大草原地帯）
- Corn Belt （コーンベルト：米国中西部のトウモロコシ生産地帯）
- North and South (Civil War Period) （北部と南部（南北戦争の頃））
- Southeast Asia （東南アジア）
- North Atlantic States （北大西洋諸国）

なお、上記の Gulf States および North Atlantic States は、米国人口調査局によって使われている米国政府による地域の区分の例である。なお完全なリストは G.P.O. (1984) を参照されたい。

■しかしながら、以下のような一般の場所を示す形容詞には大文字は使用しない。

- western Virginia （バージニア西部）
- eastern Gulf states （湾岸諸国東部）
- northern manufacturers （北部の製造業者）
- northern Michigan （ミシガン北部）

なお、特定の地域を指定するために地理上の方角を名前の一部として使用する場合には大文字が使用される。

➡ Northern Ireland （北アイルランド）

■河川、山、湾、市の名前を示す場合には、大文字が使用される。

- James River （ジェームス川）
- Mount Everest （エベレスト山）
- New York City
- San Francisco Bay （サンフランシスコ湾）
- Del Marva Peninsula （デル・マルバ半島）
- Lake Michigan

（ニューヨーク市）　　　　（ミシガン湖）

■しかしながら、以下のように特定の名前でなく、一般的な名前を示す場合には大文字は使用されない。

- The satellite orbit often crossed the **Sahara Desert**. In parts of this **desert**, seasonal transitions occur between **desert** and vegetated land.
  （その衛星の軌道はしばしばサハラ砂漠を横切った。この砂漠のある部分で、季節の移り変わりが、砂漠と草木の生育した土地間で起こる。）
  ➡ the Sahara Desert は特定の砂漠である「サハラ砂漠」を示すので、大文字を使用するが、下線部のように砂漠一般（desert）を示す場合には、大文字は使わない。

■湖、市、河川のような通常一般的な名称が、ある特定の場所を示すために使用される場合、例外的にわずかではあるが、以下に示すように大文字が使用される。

- the Canal（Panama Canal）
  （運河（一般の運河ではなくパナマ運河を指す））
- the Channel（English Channel）
  （海峡（一般の海峡ではなく英国海峡を指す））

## 5.5.3. 官公庁の名前

　行政部門や他の組織の公式名称を示す場合には、以下のように大文字が使用される。

■行政上の名称には、大文字が使用される。

- Canada　　　　　（カナダ）　　　　● United States　　（米国）
- New York State（ニューヨーク州）　● Ontario Province（オンタリオ州）
- Northwest Territories（ノースウェストテリトリーズ州（カナダ））

- Virgin Islands　　　　　（ヴァージン諸島）

■政府部門の名称には、大文字が使用される。

- U.S. Government　　　　　（米国政府）
- Executive Department　　　（執行部）
- U.S. Congress　　　　　　（米国議会）
- Environmental Protection Agency　（米国環境保護庁）
- U.S. Army　　　　　　　　（米国陸軍）
- U.S. Navy　　　　　　　　（米国海軍）
- Technical Editing Branch　　（技術編集支局）

しかしながら、以下のような一般的表現には、大文字は使用されない。
- naval power　　　　　　（海軍力）
- the government　　　　（政府）
- congressional committee（議会委員会）

■組織の名称および組織のメンバーの場合、大文字が使用される。

- Democratic Party, Catholic Church　（民主党、カトリック教会）
- a Democrat, a Catholic（members）（民主党員、カトリック教徒）
- Democratic administration, Catholic doctrine（民主党政府、カトリック教義）
- Society of Automotive Engineers　　（自動車技術者協会）

しかしながら、以下のように一般用語として使われる場合には、大文字は使用されない。
- democratic government（a democracy）（民主政府（民主政治））
- catholicity（character of being liberal）　（普遍性（自由であるという特質））

## 5.5.4. 公共の場所と公共機関の名前

公共の場所、施設、建築物には、以下のように大文字が使用される。

第5章 テクニカルライティングにおける大文字使用の基本

- White House　　　　　　　　（ホワイトハウス）
- Langley Research Center　　（ラングレーリサーチセンター）
- National Transonic Facility　（国家遷音速施設）
- H. J. E Reid Auditorium　　　（H. J. E リード記念音楽堂）

しかしながら、以下のような場合には、大文字は使用されない。
- building 1195B　（1195B の建物棟）

■ラングレーリサーチセンターにある恒久的研究施設（および他の恒久的施設）には、以下に示すように大文字が使用される。しかし一時的な（すなわち、公式には恒久的でない）装置や施設には大文字は使用されない。

■恒久的施設の場合には、以下の例に示すように大文字を使用する。

- Langley Aircraft Landing Dynamics Facility
  （ラングレー航空機着陸動力学施設）
- Langley 55-Foot Vacuum Chamber
  （ラングレー55フィートの真空室）

■一時的な施設の場合、下線部のように大文字は使用しない。

- neutron generator at the Langley Research Center
  （ラングレーリサーチセンターにある中性子発生装置）
- outdoor anechoic test apparatus at the Langley Research Center
  （ラングレーリサーチセンターにある戸外吸音試験装置）

## 5.5.5. 暦（月、曜日、休日等）と時間の名称

いろいろな休日、歴史的な出来事およびその他の時間の名称には、以下に示すように大文字が使用される。

■月、曜日の名前の場合には、大文字を使用する。

## 5.5. 固有名詞とその形容詞における大文字使用

- January（1月）
- Sunday（日曜日）
- December（12月）
- Thursday（木曜日）

しかし、季節の名前には、以下に示すように大文字を使用しない。
- fall（秋）
- spring（春）

■歴史的な出来事の場合には、大文字を使用する。

- Revolutionary War
  （革命戦争）
- Renaissance
  （ルネサンス）
- Sputnik Crisis
  （スプートニク危機）
- Louisiana Purchase
  （ルイジアナ購入）

■休日の名称の場合には、大文字を使用する。

- Veterans Day（復員軍人の日）
- Thanksgiving（感謝祭）
- Memorial Day（戦没将兵記念日）
- Presidents' Day（大統領の日）

■特定の時間帯を示す場合には、大文字を使用する。

- Greenwich mean time　（グリニッジ平均時）
- Pacific standard time　（太平洋標準時）

しかし、タイムゾーン（時間帯）を示す場合には、以下のように大文字は使用しない。

- eastern standard time　（東部標準時間（米国））
- mountain daylight time　（山岳夏時間（米国））
- noon（正午）

## 5.5.6. 科学技術の名称

いくつかの科学上のルールにおいては名称の大文字使用の慣例があり、例えば、天文学上の天体の名前および地質学上の土壌群の名前については、以下に示すように大文字が使用される。

■地質学上の名前の場合には、大文字を使用する。

- Upper Cambrian Period, Bronze Age（geologic periods）
   （後期カンブリア紀、青銅時代（地質紀））
- Laterite, Tundra（soil groups）
   （紅土、ツンドラ（土壌のグループ））

■天文学上の名前の場合には、大文字を使用する。

- North Star, Halley's Comet　　（北極星、ハレー彗星）
- Venus, Earth（the planet）　　（金星、地球（惑星））
- the Sun, the Moon（Earth's）　（太陽、月（地球の））

しかしながら、以下の場合には大文字は使用されない。
- <u>earth</u>　　　　　　（土地）
   ➡ 地球ではなく土地を意味する場合、大文字は使用しない。
- <u>moons</u> of Jupiter（木星の衛星）
   ➡ 月ではなく衛星を意味する場合、大文字は使用しない。

■生物学上の名前の場合には、大文字を使用する。

- Arthropoda（phylum）（節足動物（門））
- Crustacea（class）　　（甲殻綱（類））
- Agnostidae（family）　（アグノストゥス（科）：三葉虫）
- Agnostus（genus）　　（アグノストゥス（属）：三葉虫）

しかしながら、以下の場合には、大文字を使用しない。
- *canadensis*（species）　（カナダツガ（種））

生物学上の名前における大文字使用についての詳細は、CBE（1978）あるいは他の専門参考書を参照されたい。

## 5.5.7. 著作物のタイトル
著作物および芸術作品のタイトルには、大文字が使用される。

■歴史的文書の場合には、大文字が使用される。

- Declaration of Independence　（独立宣言（米国））
- Treaty of Paris　　　　　　　（パリ条約）

■文書、エッセイ、記事のタイトルの場合には、以下の例に示すように大文字が使用される。

- Slater, Philip N. 1980: *Remote Sensing—Optics and Optical Systems.* Addison-Wesley Publ. Co.,Inc.
 （フィリップ・N. スレイター著　1980年『リモートセンシング——光学的特性と光学システム』（アディソン・ウエズレー社））
   ➡ イタリック体で示されるタイトルには、大文字（下線部）を使用する。

- Elterman, L. 1970: *Vertical-Attenuation Model With Eight Surface Meteorological Ranges From 2 to 14 Kilometers.* AFCRL-70-0200, U.S. Air Force, Mar. (Available from DTIC as AD 707 488.)
 （L. エルターマン著「2-14 Km の 8 つの表面気象範囲による垂直減衰モデル」『米国空軍発行機関誌 AFCRL-70-0200』1970年3月号。（照会番号 AD 707 488 として DTIC から入手できる。））
   ➡ イタリック体で示される記事のタイトルには、大文字（下線部）を使用

第5章 テクニカルライティングにおける大文字使用の基本

する。

- Bowker, D. E.; Davis, R. E.; Von Ofenheim, W. H. C; and Myrick, D. L. 1983: <u>E</u>stimation of <u>S</u>pectral <u>R</u>eflectance <u>S</u>ignatures <u>F</u>rom <u>S</u>pectral <u>R</u>adiance <u>P</u>rofiles. *Proceedings of the Seventeenth International Symposium on Remote Sensing of the Environment, Volume II*, Environmental Research Inst. of Michigan, pp. 795-814.
 (D.E. ボーカー、W.H.C. フォンオッフェンハイム、D.L. マイリック編著「スペクトル放射プロファイルから分光反射率サイン（飛跡）の評価」『環境のリモートセンシング17回国際シンポジウム講演収録集第Ⅱ集』ミシガン環境研究所、1983年、795–814頁。)

 ▶ 講演収録のタイトルには、大文字（下線部）を使用する。

- Allen, William A.; and Richardson, Arthur J. 1968: <u>I</u>nteraction of <u>L</u>ight <u>W</u>ith a <u>P</u>lant <u>C</u>anopy. *J. Opt. Soc. America*, vol. 58, no. 8, Aug., pp. 1923-1928.
 (ウイリアム・A. アレン、アーサー・J. リチャードソン共著「植物林冠での光の相互作用」『米国光学学会誌』1968年58巻8号、1923–1928頁。)

 ▶ 機関誌のタイトルには大文字（下線部）を使用する。

タイトルの大文字使用に関しては、「ダウン・スタイル」(Chicago Press 1982) がいくつかの出版社によって推奨されている。しかし、「NASAラングレー編集部門」は「アップ・スタイル」（大文字を多用する組版様式）を勧める。

■公表されたコンピュータプログラム名の場合、大文字が使用される。例をあげよう。

- <u>O</u>ptimal <u>R</u>egulator <u>A</u>lgorithms for the <u>C</u>ontrol of <u>L</u>inear <u>S</u>ystems (ORACLS)
 (線形システムの制御用最適レギュレーターアルゴリズム（ORACLS))

- Interaction of Structures, Aerodynamics, and Controls（ISAC）
 （構造の相互作用、空気力学、および制御（ISAC））

- Aircraft Noise Prediction Program（ANOPP）
 （航空機騒音予測プログラム（ANOPP））

■しかしながら、以下のような一般化されたプログラム名には大文字は使用されない。

- extended least squares algorithm（module of ISAC）
 （拡張最小 2 乗アルゴリズム（ISAC のモジュール））
- optimization algorithm（in ORACLS）
 （最適化アルゴリズム（ORACLS における））

■公法（一般法）の場合には、大文字が使用される。

- Freedom of Information Act 　（情報の自由化制定法）
- Executive Order No. 24 　　　（執行命令 No.24）
- Public Law 271 　　　　　　　（公法 271）

■美術作品および音楽作品の場合には、大文字が使用される。

- Blue Boy, Whistler's Mother 　（青色の少年、ホイッスラーの母（美術作品））
- Star Spangled Banner 　　　　（星条旗よ永遠なれ（アメリカ国歌））

## 5.5.8. その他の固有名詞

以下にその他の固有名詞の種類を示すが、大文字が使用される。

■人種と部族の名前の場合には、大文字が使用される。

- Asian（アジア人）　　　　- Caucasian（カフカス人）

## 第5章 テクニカルライティングにおける大文字使用の基本

- <u>N</u>ordic（北欧人）
- <u>C</u>herokee（チェロキー族）

■商標名の場合には、大文字が使用される。

- <u>K</u>evlar
 （ケプラー（防弾チョッキ））
- <u>X</u>erox
 （ゼロックス（複写機））
- <u>M</u>acintosh
 マッキントッシュ（パソコン））
- <u>P</u>lexiglas
 （プレキシガラス（アクリル樹脂の窓））

　商標の所有者を保護するため、商標は形容詞として使用すべきである（例 Macintosh（マッキントッシュ）→Macintosh personal computer（マックのパソコン））。さらに、NASAの方針では、商標が与えられている場合には、**商標の所有者名を掲載する**。

■研究ミッション、プログラムおよび乗り物（宇宙船等）の公式名の場合には、大文字が使用される。

- <u>P</u>roject <u>M</u>ercury　　　　　　　　　　（マーキュリー計画）
- <u>S</u>pace <u>S</u>huttle　　　　　　　　　　　（スペースシャトル）
- <u>A</u>ircraft <u>E</u>nergy <u>E</u>fficiency <u>P</u>rogram　（航空機エネルギー効率プログラム）
- <u>A</u>pollo 12　　　　　　　　　　　　　（アポロ12号）
- <u>S</u>pace <u>S</u>tation *Freedom*　　　　　　　（宇宙ステーション　フリーダム）

■しかしながら、以下の下線部に示すような一般名の場合には、大文字は使用しない。

- <u>a space shuttle</u>（スペースシャトル）
    ➡ 一般名であるので、小文字にする。

- Space Shuttle <u>orbiter and external tank</u>（スペースシャトルの宇宙船と外部タンク）

## 5.5. 固有名詞とその形容詞における大文字使用

　　⬈ スペースシャトルは公式名で大文字であるが、下線部は一般名であるので小文字にする。

- Langley <u>basic research program</u>（ラングレーの基礎研究プログラム）
　　⬈ ラングレーは固有名詞なので大文字にするが、下線部は一般名であるので小文字にする。

- <u>space station</u>（宇宙ステーション）
　　⬈ 一般名であるので、小文字にする。

## 用語解説

本書にでてくる用語の定義を以下に示す。これらの定義は一般的に Skillin et al. (1974) の定義に従っている。

■ア行

- アポストロフィ（apostrophe）：句読点であって所有形を示すため、略語、符号、記号の複数形を形成するため、および省略された語を短縮して示すために使われる（'）。
- 引用符（quotation mark）：別の情報源、直接論述から引用された語句、あるいは区別を必要とする語句を囲い込むために使われる句読点（' ' または " "）。
- 英文法（grammar）：語の分類、語の変化（格、性、時制を区別するための形の変化）、および文における機能を研究することをいう（Webster's New Collegiate Dictionary）。
- en ダッシュ（en dash）：数が含まれることを示すため、あるいは複合修飾語を2語の要素につなぐため使われる句読点（–）。
- em ダッシュ（em dash）：ダッシュのこと。ダッシュを参照。
- オープンスタイル（句読点）（open style of punctuation）：誤解を防ぐため、必要な句読点のみを使う様式のこと。

■カ行

- 解説（exposition）：物事がどのようにして、なぜ起こるかを説明すること。
- 格（case）：文において、他の語との関係を示す名詞あるいは名詞相当語句の形あるいは地位（主格，所有格，目的格がある）をいう。
- 角カッコ（brackets）：句読点で [ ] のこと。編集の際の挿入、校正および引用書類と参考文献の内容を囲い込むため、使用される（数学用ではない）。
- 仮定法（subjunctive mood）：願望、事実に反する条件、あるいは要求を示す動詞の形。

- 関係代名詞（relative pronoun）：従属節の名詞に取って代わって、節を文の残りの部分とつなぐ代名詞。
- 冠詞（article）：a, an と the を指し、前者は不定冠詞，後者は定冠詞と呼ばれる。
- 間接引用(文)あるいは間接疑問(文)（indirect quotation or question）：従属節として表現された引用（文）あるいは疑問（文）のこと。
- 疑問符（question mark）：直接疑問文を終了するために使われる句読点（?）。
- クローズスタイル（句読点）（close style of punctuation）：文法上許せばすべて句読点を使う様式のこと。
- 形容詞（adjective）：名詞、代名詞あるいはその他の名詞相当語句を修飾する語。
- 原級（positive degree of modifier）：質の存在を示す修飾語（例：good（良い））。
- 固有名詞（proper noun）：特定の人、場所、あるいは物の名前。
- コロン（colon）：分離するために使われる、および「リスト、節、引用句」を導入するために使われる句読点（:）。
- コンマ（comma）：分離するためおよび誤解を避けるため、文の要素を囲い込むために使われる句読点 (,)。

■サ行

- 最上級（superlative degree of modifier）：あるもののグループの中で、最大か最小かの質を示す修飾語のこと（例：best（最善）、least（最少））。
- 指示代名詞（demonstrative pronoun）：存在していること、あるいは近くにあるものを指す代名詞（this, these）あるいは、離れたものを指す代名詞（that, those）のこと。
- 時制（tense）：動詞によって表わされる、動作あるいは存在の時間関係のことをいう。
- 従位接続詞（subordinating conjunctions）：従属節を独立節に結合する接続詞。
- 集合名詞（collective noun）：「人」あるいは「もの」の集団の名前。

- 修飾語（modifier）：別の語あるいは語のグループの「語の意味」に影響を与える語、句、節。制限的修飾語、非制限的修飾語を参照。
- 従属節（dependent clause）：独立節に従属するあるいは依存する節。
- 主語（subject）：文が何について述べているかを示す、修飾語を有する名詞相当語句。
- 述語（述部）（predicate）：修飾語および目的語を有する文における動詞のこと。
- 受動態（passive voice）：主語が動作を受ける動詞あるいは文のこと。
- 叙述（narration）：何が起こったかを述べること。
- 準動詞（verbal）：話法の一つとして使用される動詞から由来した語、「動名詞、分詞、不定詞」の総称をいう。動名詞、分詞、不定詞を参照。
- 省略符（points of ellipsis）：省略を示すため、特に引用物からの省略を示すのに使われる、等間隔で置かれた3つのピリオド（...）で表わされる。
- 助動詞（auxiliary verb）：態（voice）、法（mood）、時制（tense）を示すために他の動詞と使われる動詞（are, can, do, have, may, must, shall, will）。ここでbe動詞は助動詞に分類されていることに注意。
- 所有格（possessive case）：所有を示す名詞。
- スラッシュ（slash）：and/orに、分数（x/y）に、per（m/sec）を示すためにそして詩を引用する場合に使われる句読点（/）であって、文法の基本に従わず、一時的な複合語、特に二者択一を示すのに使われる。
- 制限的修飾語（句・節）（restrictive modifier）：定義する修飾語であって、このことから、これを省略すると基本文の意味を変えることになる修飾語（句・節）のこと。
- 節（clause）：主語と述部を有する語の集まり。
- 接続詞（conjunction）：文、節、句、あるいは語を結合する連結語のこと。
- 接続副詞（conjunctive adverb）：独立節を結合するため、等位接続詞として使われる副詞（例：therefore, however, thus, hence, otherwise）。
- 絶対主格（nominative absolute）：文に文法的に結合されていない、かつ分詞によって修飾される名詞あるいは名詞相当語句。
- セミコロン（semicolon）：等位節、連続した長い、句読点を付けられた要素、説明句や説明節、および省略節を分離するのにコンマでは十分でな

いときは、いつでも使われる句読点（;）。
- 先行詞（antecedent）：代名詞が参照する名詞、あるいは名詞相当語句。
- 前置詞（preposition）：名詞相当語句すなわち、前置詞の目的語をコントロールするそして、句を文につなぐ語。
- 相関接続詞（correlative conjunction）：パラレルな文の要素をつなぐ一対の語句（例：either...or, both...and, not only...but also）のこと。

■タ行
- 態（voice）：主語が動作を行う（能動態）か、動作を受ける（受動態）かを示す動詞の形。
- 代名詞（pronoun）：名詞の代わりに使われる語。
- ダッシュ（dash）：文の要素が内部コンマを有する場合あるいは強調、驚きが必要な場合に、文の要素を囲い込んだり、分離するために使われる句読点（―）。
- 直接引用（文）（direct quotation）：言葉を言い変えず、そのまま繰り返す引用（文）のこと。間接引用（文）を比較参照。
- 直説法（indicative mood）：事実を示す動詞の形。
- 等位形容詞（coordinate adjectives）：名詞を独立して修飾する形容詞のこと。
- 等位接続（coordinating conjunction）：文法的に等しい文の要素、すなわち、「語と語」、「句と句」、「節と節」を結合する接続をいう。等位接続詞、相関接続詞の所を参照。
- 等位接続詞（coordinate conjunction）：等しいランクの「語、句、および節」を結合する接続詞（例：and, but, or, nor）。
- 同格語（appositive）：2つの名詞の中で、最初の名詞の意味を繰り返したり、明確にする2番目の名詞のこと。
- 動詞（verb）：動作、存在状態を表わす語。
- 動名詞（gerund）：名詞として使われるingで終わる動詞。
- 独立節（independent clause）：それ自身が1つの文の集まりで作られている節（完全に意味をなす）で、文の残りの部分が依存する節。

■ナ・ハ行

- 人称代名詞（personal pronoun）：人に関する代名詞で、1人称代名詞は「I, we」、2人称代名詞は「you」、3人称代名詞は「he, she, they」で表される。
- 能動態（active voice）：主語が動作を行う文あるいは動詞のこと。
- ハイフン（hyphen）：行末で分離された語、語の接頭辞と接尾辞および複合語をつなぐために使われる句読点 (-)。
- 漠然とした参照（broad reference）：特定の先行詞よりも、前の文あるいは節の考えを参照するため、代名詞を使用すること（そのため文意が曖昧になる）。
- パラレリズム（parallelism：並行法）：論理的に等しい考えを同じ文法構造で述べること。
- 比較級（comparative degree of modifier）：他と比べて大きいか小さいかの質を示す修飾語のこと（例：greater（より大きい）、smaller（より小さい））。
- 非制限的修飾語（句・節）（nonrestrictive modifier）：基本文の意味を制限しないあるいは限定しない修飾語（句・節）のこと。
- ピリオド（period）：陳述文および命令文、他の完全な考えの終わりを示すため、および略語を示すために使われる句読点 (.)。
- 描写（description）：心象（心に浮かぶイメージ）を与えること。
- 複合修飾語（unit modifier）：もう1つの語を修飾する語の組み合わせ。
- 複合述部（compound predicates）：同じ主語を有する文における、2つ以上の述語。
- 副詞（adverb）：動詞、形容詞、および他の副詞を修飾できる語。
- 普通名詞（common noun）：ある種類、族の呼称。
- 不定詞（infinitive）：副詞、形容詞、あるいは名詞として使われるtoが前につく動詞。
- 分詞（participle）：形容詞として使われる動詞であって、現在分詞はing、過去分詞はedで終わる。
- 文スタイルにおける大文字（sentence style capitalization）：「最初の文字」のみを大文字にする様式のこと。例えば、図のキャプションあるいは

表の項目。
- **表題スタイルにおける大文字**（headline style capitalization）：「全ての主要語」を大文字にする様式のこと。
- **法**（mood）：動作あるいは存在状況の方法を示す動詞の形で、直説法、命令法、仮定法がある。直説法、命令法、仮定法を参照。

■マ行
- **丸カッコ**（parentheses）：非制限的要素、あるいは挿入的要素を囲い込むために使われる句読点（（ ））。
- **名詞**（noun）：人、場所、ものを示す語。普通名詞、固有名詞を参照。
- **名詞相当語句**（substantive）：名詞として使われる語、句あるいは節。
- **命令法**（imperative mood）：命令を示す動詞の形。
- **目的格**（objective case）：動詞，前置詞，準動詞の目的語である名詞。

■ラ行
- **論拠**（argumentation）：理由を挙げることによって納得させること。

## 参考文献

AIP (Hathwell, David; and Metzner, A. W. Kenneth, eds.) 1978: *Style Manual*, Third ed. American Inst. of Physics.

Bernstein, Theodore M. 1981: *The Careful Writer-A Modern Guide to English Usage*. Atheneum.

Buehler, Mary Fran 1970: *Report Construction-A Handbook for the Preparation of Effective Reports*. Foothill Publ. (Sierra Madre, California).

CBE 1978: *Council of Biology Editors Style Manual*, Fourth ed.

Chicago Press, Univ. of, 1982: *The Chicago Manual of Style*, Thirteenth ed.

Cook, Claire Kehrwald 1985: *The MLA's Line by Line-How To Edit Your Own Writing*. Houghton Mifflin Co.

Ebbitt, Wilma R.; and Ebbitt, David R. 1982: *Writer's Guide and Index to English*, Seventh ed. Scott, Foresman & Co.

Fowler, H. W. 1944: *A Dictionary of Modern English Usage*. Oxford Univ. Press.

Government Printing Office, U.S., 1984: *Style Manual*. Mar.

Houp, Kenneth W.; and Pearsall, Thomas E. 1984: *Reporting Technical Information*, Fifth ed. Macmillan Publ. Co., Inc.

IRS [1962]: *Effective Revenue Writing 1*. Training No. 82-0 (Rev. 5-62), U.S. Treasury Dep.

Linton, Calvin D. [1962]: *Effective Revenue Writing 2*. Training No. 129 (Rev. 7–62), IRS, U.S. Treasury Dep.

Mills, Gordon H.; and Walter, John A. 1978: *Technical Writing*, Fourth ed. Holt, Rinehart and Winston.

Murdock, Lindsay R. 1982: Use of Hyphens in Unit Modifiers. *Tech. Commun.*, Second Quarter, pp.6–7.

Rathbone, Robert R. 1985: *Communicating Technical Information-A New Guide to Current Uses and Abuses in Scientifc and Engineering Writing*, Second ed. Addison-Wesley Publ. Co.

Rowland, Dudley H. 1962: *Handbook of Better Technical Writing*. Business Reports, Inc. (Larchmont, New York).

Skillin, Marjorie D.; Gay, Robert M.; et al. 1974: *Words Into Type*, Third ed. Prentice-Hall, Inc.

Tichy, H. J.; and Fourdrinier, Sylvia 1988: *Effective Writing for Engineers, Managers, Scientists*, Second ed. John Wiley & Sons, Inc.

Van Buren, Robert; and Buehler, Mary Fran 1980: *The Levels of Edit*, Second ed. JPL Publication 80–1, Jet Propulsion Lab., California Inst. of Technology, Jan.

# 訳・解説者参考文献リスト

片岡英樹 2004『必携技術英文の書き方55のルール』創元社、4, 62, 70, 90, 117, 149, 182, 183, 229頁。

片岡英樹 2007『技術英文　効果的に伝える10のレトリック』丸善。

片岡英樹編 1999『特許法務英和・和英辞典』国際語学社。

片岡英樹 1994『ハイテク企業における英語研修』国際語学社。

加藤寛一郎 1982『航空力学入門』東京大学出版会。

綿貫陽・宮田幸久・須貝猛敏・高松尚弘著 2003『ロイヤル英文法　改訂新版』旺文社、598頁。

『研究社新英和辞典』第5版。

『研究社リーダーズ英和辞典』第2版。

『三省堂グランドコンサイス英和辞典』2001。

江川泰一郎 1982『英文法解説』金子書房。

エゴン・クラウゼ（大島耕一監修、足立孝、小林晋、酒井勝、菱田久志翻訳）2008『流体力学―流体力学、気体力学、空気力学実験』シュプリンガージャパン。

日本航空宇宙学会編 2005『航空宇宙工学便覧』丸善。

メアリ・K・マカスキル（片岡英樹訳）2008-2009「テクニカルライティングのバイブル：NASAによる英文テクニカルライティング（NASA SP-7084)」『月刊研究

開発リーダー』(技術情報協会) 2008年12月号～2009年5月号。

メアリ・K・マカスキル (片岡英樹訳・解説) 2009『NASA に学ぶテクニカルライティング』京都大学学術出版会。

Bly Robert W.; and Blake, Gary 1982: *Technical Writing: Structure, Standards, and Style*. McGraw-Hill Company. p62.

Bly Robert W.; and Blake, Gary 1993: *The Elements of Technical Writing*. A Simon & Schuster Macmillan Company (Broadway, New York).

Chapman Robert L. 1979: *Roget's International Thesaurus*. Harper & Row, Publishers.

Chicago Press, Univ. of, 1993: *The Chicago Manual of Style*, 14th ed. pp.161, 162, 178, 182, 184, 185.

Conway William D. 1987: *Essentials of Technical Writing*. Macmillan Publishing Company.

Ballard, Philip B. 1934: *Thought and Language*. University of London Press, Ltd. p 173, [One word one meaning, one meaning one word, is the rigid and inviolable law.].

Brooks, Cleanth; and Warren, Robert P. 1958: *Modern Rhetoric*, second ed. Harcourt, Brace and Company.

Bush, Donald W.; and Campbell, Charles P. 2000: *How to Edit Technical Documents*. University Press.

Connor, Ulla 1996: *Contrastive Rhetoric: Cross-cultural aspects of second-language writing*. Cambridge University Press.

Dupre, Lyn 1998: *BUGS in Writing: A Guide to Debugging Your Prose*. Rev. ed. Addison Wesley Longman, Inc.

Good Edward C. 2002: *Whose Grammar Book Is This Anyway?* Capital Books, Inc. (Herndon, Virginia), pp.198, 307–308, 365.

Fowler Henry W. 1996: *The New Fowler's Modern English Usage*, Third ed. Clarendon Press (Oxford, England).

Lay, Mary M. 1982: *Strategies for Technical Writing: A Rhetoric with Readings*. Holt , Rinehart and Winston.

Long, Percy Waldron 1915: *Studies in the Technique of Prose Style*. Priv. Print. p79, [The ideal may be expressed as one book, one subject; one chapter, one phase of it; one paragraph, one topic; one sentence, one thought.].

Markel, Mike 2004: *Technical Communication*, Seventh ed. Bedford/St. Martin's (Boston, MA.).

Marks, Percy 1934: *Better Themes: A College Textbook of Writing and Re-writing*. Harcourt, Brace and Company, Inc. p73, [ONE SENTENCE, ONE IDEA].

Pfeiffer, William S. 1998: *Pocket Guide to Technical Writing*. Prentice-Hall, Inc. p1.

Rubens, Philip 1992: *Science and Technical Writing, A Manual of Style*. Henry Holt and Company, Inc. (New York, New York), pp.250, 251.

Rubens, Philip 2001: *Science & Technical Writing, A Manual of Style*. Second edition, Routledge (New York, New York). p276.

Strunk, William Jr. and White E.B. 2000: *The Elements of Style*, forth ed. Allyn and Bacon.

*The Random House Unabridged Dictionary* (Random House, Inc. 2006).

Turabian, Kate L. 2007: *A Manual for Writers of Research Papers, Theses, and Dissertations*, Seventh ed. The University of Chicago Press.

Ulman, Joseph N.; and Gould, Jay R. 1972: *Technical Reporting*, Third ed. Holt, Rinehart and Winston, Inc.

Weisman, Herman M. 1985: *Basic Technical Writing*, Fifth ed. Charles E. Merrill Publishing Company.

Online available 2011, http://www.bartleby.com/141/ (Strunk, William Jr. 1918: *The Elements of Style*).

Online available 2011, http://dictionary.reference.com/

Online available 2011, http://grcpublishing.grc.nasa.gov/editing/ACRONYM.cfm

Online available 2011, http://jstc.jp/koeiken/koeigo.html (「テクニカルライティングの範囲」)

Online available 2011, http://www.alc.co.jp/index.html (アルク「英辞郎」)

Online available 2011, http://www.glova.co.jp/ (グローヴァ「怒涛の訳例辞書」)

# 索　引

索引は，1.和文索引，2.英文索引，の2つに分けてある。

## 1.和文索引

■ ア行

曖昧な（不要な）It...that 構文　102, 103, 123
アブストラクト（abstract：要約）　37
アポストロフィ（apostrophe）　299
　　——の機能　230, 299
　　——による語の短縮　231
　　——による複数形　230
　　——所有格を作るルール　19
誤った位置の修飾語（modifiers）　61, 113, 150
イタリック体（italics）
　　——の機能　237
　　——の慣用的用法　240, 241, 242, 243
　　外来語の——　244
　　記号の——　240
　　強調の——　237
　　句読点の——　245
　　差別化の——　239
　　専門用語の——　238
　　ローマン体以外の書体における——　244
一人称代名詞（first person pronouns）　24, 103
意味をあいまいにする語（hedging words）　104, 124
引用符（quotation marks）　299
　　——の機能　246, 247, 248
　　引用内容を囲い込む——　246
　　区別するための——　248
　　造語，スラングに使う——　250
　　タイトルに使う——　250, 251
　　単一——（single quotation marks）　246, 248
　　二重——（double quotation marks）　246
　　他の句読点とともに使う——　251, 252
引用文（quotes）　300, 302
　　——における引用符　246, 299
　　——における大文字使用　266
　　——における省略符　255
　　——を導入するコロン　179
　　——を分離するコンマ　203
　　直接——　203
　　——中で角カッコを使用する場合　236
　　間接——　300
英文法（grammar）　299
　　——の機能　18
　　——の定義　299
エムダッシュ（em dash）→ダッシュ参照
エンダッシュ（en dash）　299
　　——の機能　299
　　数に使う——　189
　　日付に使う——　189
　　複合修飾語に使われる——　190
大文字使用（capitalization）　262
　　アップ・スタイル　263, 294
　　——の3原則　262
　　引用文の——　266
　　箇条書き項目　269
　　官公庁の名前　288
　　休日の名称　291
　　研究ミッション，プログラム名　296
　　建築物，施設名　290
　　公共の場所の名前　290
　　個人名　284
　　コロンのあとの——　177, 266

固有名詞とその形容詞　280
暦と時間の名称　290
コンピュータプログラム名　294
商標名　296
省略符のあとの——　267
人種と部族の名前　295
数式の——　271
図のキャプション　271
図であることを示す文字　271
政党　289
生物学上の名前　292
組織およびそのメンバー　289
ダウン・スタイル　263
地理上の名前　286
地質学上の名前　292
著作物のタイトル　293
天文学上の名前　292
頭字語の——　277, 278
頭字語の定義に——　278
特定の時間帯　291
乗り物　296
ハイフンのついた複合語の表題　273
不定詞 to の——　274
文スタイルにおける——　262, 264, 303
文中の疑問符　257, 268
文の断片　265
表題スタイルにおける——　262, 272, 304
表題スタイルの10のルール　272
表の角見出し　275
表の囲み見出し　275
表の行見出し　275
表のタイトル　275
表の列見出し　275
丸カッコ内の文　264
追い込み見出しの——　271
民間および職業上の肩書き　284
略語の——　277, 279
歴史的な出来事　291
「大文字および小文字」の原則　262
「大文字および小さいサイズの大文字」の原則　262
オープンスタイル（open style of punctuation）　156, 191, 299

■ カ行

解説（Exposition）　35
外来語（foreign words）　244
角カッコ（brackets）　299
　　　数学用でない——　236
　　　編集上の——　236
書くコミュニケーション技術　3, 4
箇条書き（itemization）　119, 177, 269
　　　——の機能　118
　　　——項目が独立文の場合のピリオド　158, 269
　　　——項目の大文字　269
　　　——項目の数字の後にピリオド　161
　　　——項目のダッシュ　184, 185
　　　——によりリストを表示するコロン　177
　　　——による強調　148
　　　——のパラレリズム　119
頭文字語（initialism）　50
肩書き（titles）
　　　——の大文字使用　284, 285
仮定法（subjunctive mood）　40
　　　——現在　40
　　　——過去　41
　　　——を必ず使用すべき2つの場合　40
　　　可能性の乏しい条件を示す——　41
　　　現在の事実に反する条件を示す——　42
関係（詞）節（relative clause）　29, 30, 206
関係代名詞（relative pronouns）　27, 28, 30, 31, 76
　　　——の定義　300
　　　——の機能　26
　　　——の曖昧な先行詞　27, 28
　　　——の先行詞　26, 27

that の省略　30
　　　which と that の使いわけ　28, 29
　　　who と whom の正しい使い方　30, 31
簡潔（brevity）
　　　語数を減らす5つの方法　126
　　　冗漫をさける　121
　　　タイトルを――にする　128, 129
冠詞（articles）　50, 51, 52, 300
　　　――の繰り返しによる強調　148
　　　――の省略（法）　52, 53
　　　――を等位形容詞では繰り返す　51
感傷的虚偽（pathetic fallacy）　109
間接引用文（indirect quotation）　179, 180, 300
間接疑問文（indirect question）　257, 268, 300
間接構文（indirect constructions）　100, 102, 103
　　　不要な there is の――　100
記号（symbols）
　　　――のイタリック体使用　244
　　　――の複数形の作り方　230
擬人法（personification）　109
　　　行き過ぎた――（感傷的虚偽）　109, 110
疑問符（question mark）　300
　　　――の機能　256, 300
　　　直接疑問文のあとの――　256, 258
　　　他の句読点とともに使われる――　257
疑問文（questions）
　　　――をコンマで分離する　203
　　　間接――　257, 268
　　　直接――のあとの疑問符　256
　　　文中の――の大文字使用　256, 268
脚注（footnotes）　270, 271, 275
強調（emphasis）　11, 16
　　　――のイタリック体　237
　　　――の位置　149, 150, 151
　　　曖昧をなくし――する　124
　　　箇条書きによる――　148

　　　コロンによる――　153, 176, 178
　　　コンマによる――　152, 202
　　　主語と動詞の倒置による――　113, 114
　　　セミコロンとダッシュの――の比較　186
　　　ダッシュによる――　153, 154, 185, 186, 187
　　　動詞を――する　105, 106
　　　パラレリズムによる――　148
句（phrases）
　　　共通の末尾を有する挿入――のコンマ　213, 214
　　　導入副詞――のコンマ　197, 198
句読点（punctuation）→クローズスタイル，オープンスタイル参照
　　　――の4つの機能　156
国の名前（country names）
　　　――とその派生語は大文字　280
クローズスタイル（close style of punctuation）　156, 300
形容詞（adjectives）　300→等位形容詞参照
　　　――の位置　50, 112, 113
　　　――の冠詞　51, 52
　　　誤った位置の――　112, 113
　　　主語と動詞間の――　113, 114
　　　述部――のハイフン　57
　　　――の比較級の例　133, 134
　　　――の最上級の例　133, 135
　　　複合修飾語の――のハイフン　57, 58
結果の理由（論拠：Argumentation）を述べる場合　37
懸垂準動詞（dangling verbals）→動名詞，不定詞，分詞参照
懸垂分詞（dangling participles）　83, 84
　　　――の修正　93, 94
　　　――はだらしない英語か　85
語（words）
　　　――の複数形を作るには　230
個人名（personal names）
　　　――の大文字使用　283, 284

——に使われるコンマ　217
コミュニケーション技術　3
　　　書く——　2, 3
固有名詞（proper nouns）　300
　　　——の中での普通名詞　282
　　　——の一般的意味をもつ派生語　281
　　　——における大文字使用　280
　　　——の所有格　19
　　　——における定冠詞 the の使用　283
　　　——の複数形　283
暦と時間の名称（calendar divisions）
　　　——には大文字使用　290, 291
コロン（colon）　300
　　　——の機能　172, 300
　　　——による強調　153
　　　——のあとの大文字使用　178, 266
　　　——の慣用的用法　180
　　　as follows, the following のあとの——
　　　　176, 177
　　　such as, that is, for example のあとの
　　　　——　173
　　　引用における——　179
　　　箇条書きリストを導入する——　177
　　　節と節の間の——　178
　　　等式を導入する——　178
　　　独立文のあとの——　174
　　　他の句読点と使う——　180
　　　リストにおける——　175, 176
コンマ（comma）　300
　　　——の機能　191, 300
　　　同格を示す——　209, 210, 211
　　　導入句，導入節における——　196,
　　　　197, 205, 206
　　　——で数を区切る　217
　　　——で氏名を囲い込む　217
　　　——で住所を囲い込む　215, 216
　　　——で地名を囲い込む　215
　　　——で等位形容詞を分離する　152
　　　——で日付を囲い込む　215
　　　——の慣用的用法　214
　　　——を and で置き換え（強調）　152

　　　共通の末尾の挿入句における——
　　　　213
　　　重文の述部間の——　194
　　　修辞的副詞（直接副詞）に使われる——
　　　　150, 151, 212
　　　省略構文における——　202, 203
　　　制限的修飾語の前の——　199, 200
　　　絶対主格の句を囲い込む——　214
　　　対照句の——　212, 213
　　　直接引用文を——で分離　203
　　　直接疑問文を——で分離　203
　　　等位形容詞間の——　152, 200, 201
　　　独立節間の——　191, 192
　　　内部の節あるいは句に使う——　199
　　　非制限的修飾語における——　204,
　　　　205
　　　非制限的関係節における——　206
　　　他の句読点とともに使う——　217,
　　　　218
　　　連続した要素における——（serial
　　　　comma）　195

■ サ行

サマリー（summary：概要）　36, 37
指示代名詞（demonstrative pronouns）　32,
　　33, 300
時制の順序（sequence of tenses）　38, 39
　　　主動詞と従属動詞の——　38, 39
斜線（solidus）　227
従位接続詞（subordinating conjunctions）
　　74, 300
従位接続詞（subordinating conjunctions, that）
　　77
　　　——の機能　77
　　　——の省略　77, 78
　　　——を誤ってくり返した例　78
集合的主語（collective subjects）　46
修辞的な連結語（rhetorical linking words）→
　　接続副詞参照
修辞的副詞（rhetorical adverbs）→接続副詞
　　参照

住所（addresses）
　　──に使うコンマ　215, 216
修飾句の種類　214
修飾語の最上級　133, 135, 300
修飾語の比較級　133, 134, 303
重文の述部（compound predicates）
　　──をコンマで分離　194
熟語（idiom）　66
　　前置詞の──　66, 68
　　動名詞の──　82
　　独立分詞の──　85, 86
　　不定詞の──　82
主語（subjects）　301
　　──と動詞の関係を改善　111, 112
　　──を明確にし, 力強くする　99
　　集合的──　46
　　動詞由来の──　105, 106
受動態が適切である５つの場合　42, 107
準動詞（verbals）　111, 301
　　──の定義　80, 111, 301
　　懸垂──　82, 83
条件を示す節（〜であれば）　75, 209
冗長な there are 構文　122
商標（trade names）
　　──の大文字使用　296
冗漫（wordiness）をさける　121
省略構文（elliptical constructions）
　　──のコンマ　202
　　──のセミコロン　170
省略符（points of ellipsis）　301
　　──の機能　254, 301
　　──のあとのピリオドに続く文は大文
　　　字　267
　　引用文中の──　255
叙述（Narration）　35, 36, 37
助動詞（auxiliary verbs）　301
　　──の定義　301
　　省略できない──　48
所有格（possessive）
　　──を作るルール　19
　　共同の事物の──　20

固有名詞の──　19
代名詞の──　22
無生物名詞の──　20, 21
スタイルガイド（style guide：表現形式集）　i, 15
「すべて大文字」（full caps）　262
　　──の定義　262
図のキャプション（figure captions）　271
　　──の大文字使用　271
　　──の末尾のピリオド　161
スラッシュ（slash）　301
　　──の正しい使い方　227, 301
スラング（slang）　249
　　──は引用符で囲い込む　250
制限的（restrictive）
　　──関係節　206
　　──句　199, 200, 206
　　──修飾語（導入要素）　199, 301
　　──同格語　210
　　──副詞節　207, 208
性差別につながる語（sexist language）　25, 26
正式な書類（formal writing）
　　──における語の短縮　231
　　──におけるセミコロンの使用　167
　　──にはコロンを使う　178, 231
　　──の省略符　254
「広い範囲」の日付にはダッシュ　188
生物学上の名前（biological names）　292
　　──にイタリック体の使用　292, 293
　　──に大文字使用　292
節（clauses）→副詞節参照
　　──間のセミコロン　74
　　──における関係代名詞（制限的, 非制限的）　28, 29
　　──におけるコロン　178
　　──におけるダッシュ　187
　　──のあとのセミコロン, ピリオド, コンマ　166
　　──のあとのピリオド　158
従属節　301

独立節　302
接続詞（conjunction）　301
　　従位——　74, 75, 76, 77, 78, 79
　　相関——→相関接続詞参照
　　等位——　70, 302
接続副詞（conjunctive adverbs）　74, 118, 166, 301
　　文頭に置かれた——（強調）　151
　　文中に置かれた——（強調）　151
　　——however（対比するための）　73, 74
絶対主格（nominative absolute）　89, 301
　　——の機能　214
　　——の句におけるコンマ　214
　　——の名詞句　214
　　——を独立分詞と混同してはならない　88
接頭辞（prefixes）
　　——のハイフン　220
　　複合語に使う——　222
接尾語（suffixes）
　　——のハイフン　222
説明句, 説明節（explanatory phrases and clauses）　186, 187
　　——を紹介する語句（for example, that is, namely）　185, 186, 187
セミコロン（semicolon）　301
　　——の機能　165, 301
　　コンマにとって代わられる——　170
　　省略構文の——　170
　　節（間）の——　165, 192
　　接続副詞の前の——　166
　　他の句読点とともに使う——　170, 171
　　連続する要素の——　167, 168
先行詞（antecedents）　302
　　——の関係代名詞　27, 28
　　——の指示代名詞　137
　　——の問題　22, 23, 24
前置詞（prepositions）　302
　　——の数を減らす方法　129
　　——の繰り返し　67, 68, 69

熟語をつくる——（前置詞熟語）　66, 68
　　文の終わりの——　66, 67
　　文末の——は避ける　66
　　——句　68
相関構文（correlative construction）　142, 146
　　非類似を示す——　142
　　類似を示す——　143
　　as...as の——　142
　　the...,the...の——　146
相関接続詞（correlative conjunctions）　72, 73, 302
　　——によりパラレルを保つ　72, 73
　　both...and の例　72
　　either...or の例　73
　　not only...but also の例　72
測定単位　272, 279
　　——の略語　159, 272, 279

■ タ行

対照句（antithetical elements）　212
　　——をコンマで囲い込む　212, 213
タイトル（titles）
　　——を簡潔にする　128
　　イタリック体を使う——　241, 242
　　イタリック体を使わない——　242
　　著作物の——　293, 294
　　「最小語で最大の情報」がゴール　130
代名詞（pronouns）　302
　　——の性　25, 26
　　——の先行詞　22, 23, 24, 138
　　一人称——　24, 25, 103
　　指示——　32, 33, 300
　　所有格——　22
　　人称——　24, 303
　　漠然とした参照　32, 33, 104
　　不完全な比較　33, 34, 136, 138
ダッシュ（dash）　181, 302
　　——の機能　181, 302
　　——による強調　153, 154, 186, 187

——の慣用的用法　187, 188
　　箇条書き項目の——　184, 185
　　節間の——　185
　　中断要素をもつ独立文の——　183
　　同格語と分離する——　184
　　非制限的要素（修飾語）を囲い込む——　183
　　他の句読点とともに使う——　188
地質学上の名前（geologic names）
　　——の大文字　292
直接引用文（direct quotation）　179, 203, 266
直接疑問文（direct question）　256, 268
直説法（indicative mood）　40, 302
地理上の名前（geographic names）
　　——の大文字　286
　　——のコンマ　215
定冠詞（definite article）
　　——が公式な名前の一部である場合　283
　　——が不要の場合　51
　　——に大文字を使用しない場合　272
　　——の省略　52, 53
　　——を繰り返す場合　51
テクニカルライティング　2-11, 15, 16, 18, 24, 32, 43, 87, 94, 98, 103, 109, 121, 132, 136, 169
　　——の3C　9, 10, 11, 15
　　——の定義　ii, 4, 5
　　——の基本　iii
　　——の6原則　9, 10, 11
　　——には受動態がよく使われる　24
　　——は必須の書き方の技術　5
　　——では無生物主語が使われる　109
　　——におけるSSJの原則　7
等位形容詞（coordinate adjectives）　302
　　——の定義　50, 302
　　——の強調　152
　　——のコンマ　200
　　——かどうかを決めるチェック方法　201, 202
　　コンマで——を分離する場合　152

等位接続詞（coordinate conjunctions）　70, 302
　　——の機能　70, 165
　　——によって結合された主語　44, 45
　　——によって結合された場合の動詞の数　44, 45
　　——の3つのタイプ　70
　　——のandの誤った使用　70, 71
　　——のand, forで結合される独立節　192
同格語（appositives）　302
　　——に使われるor　210
　　——の記号　211
　　——を示すコンマ　209, 210
　　——を強調するダッシュ　182
　　非制限的——　210
同格の記号（symbolic appositives）　211
動詞（verbs）　302 → 動作動詞，動詞の数，動詞の時制参照
　　——の受動態（passive voice）　42, 99, 101
　　——の態（voice）　42, 105, 106, 302
　　——の3つの法（mood）　40, 304
　　主語と——の関係の修正方法　113
　　主語と形容詞間の——　114
　　主動詞（principal verb）　38, 39
　　従属動詞（subordinate verb）　38
　　受動動詞（passive verb）　99
　　連結動詞（linking verb）　99, 110
動作動詞（active verb）
　　——の定義　99
　　——を使って力強くする　105, 106, 110, 117
　　弱い——　105
動詞の数（verb number）　43
　　集合的主語における——　46
　　動名詞主語における——　80, 81
　　等位接続詞によって結合された場合の——　44
　　介在する句を有する場合の——　45, 46

——は主語と一致すべき　43
動詞の時制（verb tense）　35, 300
　　論説の4要素における——　35, 36
　　論文・レポートにおける——　35, 36
　　——の3つの基本指針　38
等式（equations）
　　——におけるコロン　178
　　——における語句の大文字　271
頭文字（acronyms）
　　——の定義　277
　　——を定義するのに大文字は使わない　278
倒置法（inversion）　67, 94, 198, 199
同綴異義語（homographs）　221
導入句および導入節（introductory phrases, clauses）　196, 197, 198
　　慣用的挿入（導入）句　169, 173, 185
導入副詞句（introductory adverbial phrase）　197
動名詞（gerunds）　302
　　——の定義　80
　　——による能動的構文　111
　　——の主語　80
　　懸垂している——　83, 84
特殊な専門用語（jargon）
　　——には引用符をつける　249
独立節の時制　36
　　レポートの——　36
独立分詞（absolute participles）　85
　　熟語になった——　85, 86
　　熟語になっていない——　87
独立分詞構文（absolute participle construction）　214

■ ナ・ハ行

二者択一の whether　75
能動態と受動態（active voice and passive voice）　42, 107, 108, 109, 301, 303
乗り物の名前（craft names）
　　——のイタリック体の使用　243
　　——の大文字使用　296

ハイフン（hyphen）
　　——の機能　219
　　行末の——　219
　　接頭辞の——　220, 221
　　接尾辞の——　222
　　複合修飾語の——　54, 225, 226
　　複合動詞の——　224
　　複合名詞の——　223
　　分綴の——　219
パラレリズム（parallelism）　147, 148, 303
　　——の定義　115, 303
　　——における箇条書き　118, 119, 120
　　——に接続副詞を使用　118
　　——に相関接続詞を使用　117
　　——に等位接続詞を使用　70, 71
　　——による強調　147, 148
　　——を使用する場合とは　115
パラレル構造（parallel construction）　115, 116, 148
パラレルでない文　68, 115
比較（comparisons）
　　——が曖昧　132
　　——が不完全　33, 34, 136, 137, 138
　　——の基準の欠如　139, 140
非制限的（non-restrictive）
　　——関係節　28, 206
　　——句　205, 212
　　——修辞的副詞　212
　　——対照句　212, 213
　　——中断語句　213
　　——同格語句　210
　　——副詞節　207
非制限的修飾語（non-restrictive modifiers）　303
　　——の定義　204, 303
　　——に囲い込みのダッシュの使用　181, 182, 183
　　——の前後にコンマの使用　200, 205
日付（dates）
　　——間のエンダッシュ　189
　　——のコンマ　215

——の連続を示すエンダッシュ　189
　　　——の複数形　230
　　　——を区切るのにコンマの代わりにスペースの使用　217
表（tables）
　　　——のタイトルの大文字使用　275
　　　——の見出しの大文字使用　275
描写（Description）　35, 36, 37
表題スタイル（Headline style）における大文字　272, 304
　　　——使用の10のルール　272, 273, 274, 275, 276
ピリオド（period）　303
　　　——の慣用的用法　160, 161
　　　——の機能　158, 303
　　　箇条書き項目が独立文の場合の——　158
　　　図のキャプションの——　159
　　　他の句読点と使う——　162, 163
　　　略語の後の——　159
複合語（compound words）
　　　——のハイフン　223
　　　——の表題の大文字使用　272
　　　——につける接頭辞　222
　　　——をつなぐエンダッシュ　190
　　　一時的な——のハイフン　224
　　　常用——のハイフン　223
複合修飾語（unit modifiers）　53, 303
　　　——のスラッシュの使用　227, 229
　　　——にハイフンの使用　58, 226
　　　——をつなぐエンダッシュ　190
　　　わかりにくい長い——　53, 54, 55
　　　——を前置詞句に置き換えて明確にする　54, 55, 56
　　　ハイフンのつかない——　57
　　　ハイフンのつく——　58
複合動詞（compound verbs）
　　　——のハイフン　224
複合名詞（compound nouns）
　　　——のハイフン　223
副詞（adverbs）　303

　　　——の位置　61, 62
　　　誤った位置の——　61, 62
　　　修飾が曖昧な——　62
副詞節
　　　コンマで囲い込む——　207
　　　制限的あるいは非制限的な——　207, 208
　　　——の9つの分類　208, 209
副詞的接続詞（adverbial conjunctions）　74, 75, 76
　　　——の as, since, while, if　75
　　　二者択一を明確にする whether　75
　　　限定的意味で使用の while　76
副詞的分詞（adverbial participles）　90
　　　——の使用は文法的に間違い　90, 91
　　　——の定義　90
不定冠詞（indefinite article）　50
　　　——の省略　52, 53
　　　略語、頭字語の——　50
不定詞（infinitives）　82, 303
　　　——の定義　80, 303
　　　活力のあるライティングの——句　111
　　　懸垂している——　82, 83
　　　分離——　63, 64, 65
不定詞 to
　　　——の大文字使用　274
不必要な different　143
不必要な It...that 構文　123
分詞（participles）　303→独立分詞，懸垂分詞参照
　　　——の定義　80, 303
　　　活力のあるライティングの——　111
文スタイル（Sentence style）における大文字　240, 242, 303
分綴（word division）　190
　　　——のルール　219, 220
文の断片（fragment sentences）
　　　——における大文字　265
文の語数を減らす（shortening text）5つの方法　126, 127

分離不定詞（split infinitive） 63

■ マ行

間違った使用の compared with　140, 141
間違って省略された be 動詞　48
丸カッコ（parentheses）　304
　　──の機能　232, 304
　　他の句読点とともに使う──　233, 234, 235
見出し（headings）
　　追い込み──（run-in headings）　271
　　──の大文字　271, 275
　　角──（stub head）　275
　　囲み──（column spanner）　275
　　行──（row head）　275
　　列──（column head）　275
無終止文（run-on sentence）　193
名詞（nouns）　304→固有名詞参照
　　──節　71
　　──の格　19
　　──の所有格　19
　　主格の──　19
　　動詞由来の──　105, 106
　　目的格の──　19

普通名詞　283, 284, 286, 303
命令法（imperative mood）　40, 304

■ ラ行

リスト（lists）　175, 176→箇条書き参照
　　──の項目の番号づけ　174
　　不定詞句の──を導入するコロン　176
　　名詞句の──を導入するコロン　176
略語（abbreviations）
　　──の定義　277
　　──の大文字使用　277, 279
　　──の冠詞　50
　　──のピリオド　159
　　──の複数　230
レトリックのパターン（rhetoric pattern）　6
論説の4要素　35
連続コンマ（serial comma）　195
論拠（Argumentation）　35, 37
論説（Discourse）　35
　　──の4要素　35
論文・レポートの時制　35, 36

## 2. 英文索引

■ 数字

3 C　15

■ A

a majority of　125
a mixture of　68
a priori　57
abbreviation　277
ability of　71
abstract　37
accelerate　12, 128
acceptable　47
accompanied by　28
accustomed to　212

achieved　208
acoustic treatment　71
acronym　50, 277
Act　295
actuate　12
added to　44
additive　228
addresses　257
administer　12
admissable　178
aerodynamic codes　28
Aeronautics　43
affecting　237
agreed to　63, 106

agrees with　46
Ahead of　127
aide in　82
algorithm　281
allowed　126
allowed to mix　182
alloys　132
alluded to　171, 252
altered by　229
although　62, 76, 200
altitude　58
ambiguous use　257
amount of　235
analogous to　66
analysis　128, 249
and/or　45
angle of attack　58
Anglo-American　57
annoyed by　171
apparatus　43, 290
appears in　46
appears to be　123
applied to　265
apply equations (6) to (12)　61
appreciably　154
approximated　27
approximately　12
approximation　61
arbitrary factor　87
argued that　246
As discussed in　196
as follows　269
as hard as　143
as well as　46
associated with　212
assumed that　171
astronaut　136
asymmetrically　106
at the end of　171
atmosphere　112
attempt at　66

attempt to　66
attractive materials　41
attributed to　47
availability　27, 28
available　23
available from　215
average properties　154, 186
axial force　138

■ B

back pressure　103
background level　28
base　25
based on　197
became　36
because　23, 26
because of　165, 257
beginning at　127
behavior　180
better than　136
between　189
between… and… の構文　189
both… and…　72
boundary condition　23
bring　65
broke down into　127

■ C

calculated for　51
can be approximated by　178
can be attributed　37
can be rewritten　91
candidate material　124
captured　249
carried into　126
carried on　215
caused　237
caused no damage　148
causes　22
changed with　36
characteristics　127

chemical reduction   12
chief   285
chosen for   210
classified information   31
cleared   31
Clearness   9, 10, 15
coefficients   83
coincident with   66
combine   81
combustion   112
come into prominence   249
come up with   247
comfortable with   196
commercially available   133
compared with   140, 258
comparison with   132
completely   64
complicate   30
component   83
composites   168
compounded by   44
compression   115
computed from   153
concept of   210
concerning   86
Conciseness   9, 10, 15
concluded that   78
conclusion   179
conducted   282
conducted in   68
configurations   105
confusion and uncertainty   44
considering   86
consist of   176
consisted of   216
continuous   282
contoured nozzle   112
contrived   180, 252
control material   141
controls   72
controls the accuracy of   86

conversion   269
convey   4
co-op   221
cope with   82
Correctness   9, 11, 15
correlation with   66
corresponding to   239
could be placed elsewhere   205
could be reduced   33
Coulomb's Law   281
criteria   43
cross braced   224
cross section   170
cross-brace   224
crossed   288
cryogenic materials   139
cryogenic service   89
cyclic exposure   119

■ D

data   43
data base   269
daylight time   291
decreased from   149
define   25
defined for   205
defined to   163
degradation   120
Degradation of   119
degraded   119
delivers   185
demonstrate that   246
depend on   110
dependence of   91, 108
dependent on   110
depending on   86, 120
derived from   31, 249
designed for   29
developed for   27, 28
differ from   144
different   143

different from  66, 144
different than  144
diffused  112
diffusing to  119
Diffusion of  119
Dimensions  271
disagree with this hypothesis  67
disagreement between  47
discarded  217
discrete  127
discrete locations  114
discussed  161
display  167
dissolve  12
distinct  122
dominant component of  117
dominates  117
donated  26
dopant  14
doubly disadvantaged  26
downward accelerations  126
dry-power nozzle  137
ductility  151
due to the fact that  125
during  165
during the discussion  252

■ E
effect  103
effort  94
either... or...  73
Emphasis  11
emphasized  22
en route  215
enclosing  52
Encouraged by  94
Energy conversion  158
enjoyed  234
environmental variables  173
enzyme reaction  12
equatorial  286

equivalent to  76
error analysis  145
especially  234
essentially normal  93
estimate  258
evaluate  158
even though  200
eventually identified  238
expanded  112
expelled from  115, 116
experienced  135
experienced an increase in  141
experimental investigation  282
Expert-Term Operating Writing  5
exposure  36, 151
expression  80, 279
extended  295
extensive  139, 168

■ F
fabricated from  48
failed to  37
favored  171
feasible  103
fiber-reinforced  41
Finite bodies  30
first-order solution  88
flight tested  56
Flow Visualization  273
for example  23, 154, 169
for reducing  111
for reduction of  111
force  71
formation  57
formats  72
from... to... の構文  190
function  152

■ G
generally  166
generally speaking  86

greater than   33

## H

hardness   89
have a place as   38
heating rates   149
herein   212
higher than   134
Honesty   9
however   118, 151, 193

## I

identification   256
identify   55
if   207
if not all   213
immediately   64
implicit in   66
in accord with   251
in better agreement with   34
in more detail   250
in other words   169
In reference   179
in terms of   205
in the presence of   138
in the range of   121
incidence   141
include   175
inconsistent   62
incorporate   12
increase   55
increased   36
increases with   124
independent   212
independent of   158, 187, 269
indicate   38
indicated that   148
indicating   39, 100
indication   99
inhibited   27
initialism   50

insisted on   163, 234
instead of   92
instructed that   40
instrumentation   63
integral equations   22
integrating   81
internally mounted   60
interpretation   146
into   80
Introduction   161
intuitively difficult   67
investigate   12
involved with   278
is defined to   248
is due to   24
is easily accessible   27
is soluble to   12
It appears that   102
It is believed that   103
It is obvious that   102
It might be expected that   123
iteration   58

## J

judging   86
just behind   112
justified this assumption   39
lacks the property of hardness   13
large reduction in   102
larger than   199
lasant gas   182

## L

LASER   277
least squares representation   90
lie between   212
listened to   42
logarithmic derivative   90
low-cost process   28
lower than   137

## ■ M

majority of 26
manifest 239
mass flow rate 104
may be operated in 115
may be placed in 214
may not 26
mean time 291
means that 32
meant by 257
micro-organism 221
might be required 179
might hurt 77
might well ask 258
mood 40
more than 134
most 135
most common 29, 206
most commonly used 29
Most of 47
mounted inside 60
much worse 167
multi-ply 221
must be provided 83

## ■ N

namely 169
nat'l (national) 231
nearly 62, 213
neglected 88
Neither... nor... 44
noble gases 184
nonaligning 85, 93
not as... as... 142
not only... but also... 68, 73
not..., but... 238
Notable characteristics 71

## ■ O

objections to 180
observed 127
obtained from 170, 195
obvious question 258
Obviously 103
occasion 163
occur between 288
occurred at 193
of which 217
one at a time 48
one-sided spectrum 153, 183
only 61
optimization 295
options 161
overall noisiness 150

## ■ P

packed with 192
parallelism 67, 68
Parts of a Table 275
passed through 47
payloads 33
peaks at 191
perceive 26
percent 127
performance 158
phenomena 43
plotted as arrows 200
plotted in 211
possesses the quality of solubility 12
precludes 84, 93
predicted for 213
prediction 33
preferred 85
presented in 101
primary structures 168
Priori 244
probable 99
probably 108
producing 93
professional writing 4
Professional-Oriented Writing 5
profiles 36

Project Apollo    243
provided that    78, 85
provides    195
provides a tool for    258
provides it with    14
pseudo-steady-state    222
pumped    112
purpose    176
puzzled by    180

■ R
RADAR    277
random process    206
rate    47
rated    150
ratio    24
really    65
reasonably stationary    199
recalibrate    63
recommendation    37
recommends that    40
re-cover    221
recursive relation    25
reduction    101
referred to as    171
refuse    253
regarding    44, 86
regulated    33
related to    28
relative humidity    275
remain anonymous    26
remote sensing    174
replaced    62
required to    45
requirements    158, 269
residue    58
result from    228
resulted in    104, 119
reverse    99
right-of-way    223
rigorously defined    197

Risk    273
RNA viruses    13
rose to speak    42
rotation    21
rule of thumb    247
runoff    127

■ S
satellite orbit    288
satisfied    250
sensed at discrete locations    113
separated into    152, 173
serves as    118
set in motion    13
seven-term function    77
shall be the duty of    266
should be used for    256
significantly    213
similar in    169
similar to    66
simulator    58
since    207
slightly    167
smaller than    199
Soon after    198
sophisticated    12
source term    23
space experiments    53
Space Shuttle    243
spectrum    117
SSJ の原則    7
stand within    163
standard deviation    145
state-of-the-art    223
states    179
statically    256
statistical analysis    145
steady    198
steel alloys    133
stir    81
strain    51

strength  20
stress-strain curve  52
stretched to correct for  76
studied on  75
subjects  150
Substituting  80, 91
successfully  236
such as  113
suggested that  44
summary  37
supervise and direct  267
supplied from  185

■ T

take advantage of  33, 110
take up the question  171
technical communication  4
technical writing  4, 5
tends to  124
that is  169
the beginning of interaction between  55
the following  176, 184
The lower..., the more...  146
then  115
thermal exposure  119
Three-view sketch  271
thus  32, 88, 151
to reduce  111
total velocity  84
tougher  132
toughness  102, 141, 279
toward a constant value  54
transfer  238
transferred to  88
transmitted to  31
transparency  9, 10
treated as  165
trends  75
try to  197
Turbulent  53
two-dimensional wing section  75

■ U

unanimously preferred  165
undergo  30
un-ionized  221
un-uniform  221
up to  179, 203
Up to now  41
upward velocities  126
used for  173

■ V

valid for  61
variance with  66
vary appreciably  186
velocity  93
venturi tube  281
voltage regulation  33

■ W

warning at the end of  252
welded to  48
well-known  46, 57
what you mean  251
what you see is what you get  278
Whatever  23
where  76, 207
whereas  76
whether  44
while  76
widespread use  27, 28
will lase  210
with a view to  266
With reduction of drag  105
with respect to  77, 78
with the exception of  125
withdraw  81
work load  82
would be calculated  75

■ Y

yielding a first-order solution  87

## 訳・解説者略歴

### 片岡英樹（かたおか・ひでき）

岡山大学医学部　非常勤講師（国際コミュニケーション）
元国立循環器病センター研究所　講師（テクニカルライティング）
国際技術コミュニケーション教育研究所　代表
産業カウンセラー（厚生労働大臣認定）、特許・技術翻訳アドバイザー

1964年国立大学工学部卒業後、数社の大手ハイテク企業において、半導体の開発設計、海外生産、海外商品企画、貿易（輸出入実務）、海外駐在、国際財務・法務（連結決算業務）、英文特許申請業務および海外現地法人の Managing Director として国際ビジネスに従事。この間ミシガン大学に派遣されテクニカルライティングコース修了後、グローバル人材養成の責任者として、各種グローバル研修、英語研修プログラムの企画および講師を務める。現在、独立し、多くの企業、大学、研究所において論文・レポート、特許・契約書、マニュアル、仕様書、プロポーザル、レター、E メール等の英文テクニカルライティングを長年にわたって指導啓蒙しており、その指導法には定評がある。

日本英語コミュニケーション学会会員、日本医学英語教育学会会員、日本メディカルライター協会会員、日本工業英語協会会員。

著書に『ハイテク企業における英語研修』『特許法務英和・和英辞典』（いずれも国際語学社刊）、『必携技術英文の書き方55のルール』（創元社）、『技術英文　効果的に伝える10のレトリック』（丸善）、『NASA SP-7084ハンドブックに学ぶテクニカルライティング』（京都大学学術出版会）等がある。

---

NASA に学ぶ
英語論文・レポートの書き方
―NASA SP-7084テクニカルライティング―

2012年2月25日初版1刷発行
2019年1月15日初版4刷発行

著　者　　メアリ・K・マカスキル
訳・解説者　片岡英樹　Ⓒ2012
発行者　　南條光章
発行所　　共立出版株式会社
〒112-0006
東京都文京区小日向4丁目6番地19号
電話　（03）3947-2511（代表）
振替口座　00110-2-57035
URL　www.kyoritsu-pub.co.jp

印刷・製本　藤原印刷

一般社団法人
自然科学書協会
会員

検印廃止
NDC 507, 816.5, 021
ISBN 978-4-320-00588-4　Printed in Japan

JCOPY ＜出版者著作権管理機構委託出版物＞
本書の無断複製は著作権法上での例外を除き禁じられています．複製される場合は，そのつど事前に，出版者著作権管理機構（TEL：03-5244-5088，FAX：03-5244-5089，e-mail：info@jcopy.or.jp）の許諾を得てください．